商务馆对外汉语专业本科系列教材

总主编　赵金铭　齐沪扬　范开泰　马箭飞

审　订　世界汉语教学学会

跨文化交际概论

吴为善　严慧仙　著

图书在版编目(CIP)数据

跨文化交际概论/吴为善,严慧仙著. —北京:商务印书馆,2009(2025.10 重印)
(商务馆对外汉语专业本科系列教材)
ISBN 978-7-100-05924-4

Ⅰ.①跨… Ⅱ.①吴… ②严… Ⅲ.①文化交流—高等学校—教材 Ⅳ.①G115

中国版本图书馆 CIP 数据核字(2008)第 108633 号

KUÀ WÉNHUÀ JIĀOJÌ GÀILÙN
跨文化交际概论
吴为善 严慧仙 著

商 务 印 书 馆 出 版
(北京王府井大街 36 号 邮政编码 100710)
商 务 印 书 馆 发 行
北京市白帆印务有限公司印刷
ISBN 978-7-100-05924-4

2009 年 4 月第 1 版 开本 787×960 1/16
2025 年 10 月北京第 13 次印刷 印张 16
定价:58.00 元

内容简介

本教材依据对外汉语专业（本科）的教学目的和课程设置的实际需要编写，是跨文化交际通论性教材。教材以对外汉语专业本科生为主要对象，也可供中文系、外语系本科生及相关的研究生和教师参考。

本教材力避与外语专业同类教材的重复，努力出新，突出对外汉语专业的特点，体现出学术性、实用性和原创性。在对跨文化交际的基本概念等进行界定后，全书从文化背景与跨文化交际、社会环境与跨文化交际、规范系统与文化过滤、跨文化语用对比分析、跨文化语篇对比分析、非言语行为差异与跨文化交际、性别差异和性别歧视与跨文化交际等角度进行阐述。教材吸取当前外语学界“跨文化交际”研究的成果，适应对外汉语专业的特点和需要，创建了不同于外语专业“跨文化交际”教材的框架。教材编写遵循以下基本原则：适当地淡化纯理论的探讨，重在实际案例的分析；弱化对西方文化的系统介绍，强化中国文化的阐述；在分析传统文化差异的基础上，尽可能多地分析中国改革开放以来所产生的文化变异现象；转变立足“翻译”的思路，着眼于现时的口语交际。

前　言

对外汉语教学专业的设立已经有二十多年的历史了。早在1983年经教育部批准北京语言学院在外语系内就设置了对外汉语教学专业，以培养对外汉语教师为主要目标。不久，北京外国语大学、上海外国语学院和华东师范大学也相继开设了类似的专业。

此后几年，该专业一直踽踽独行，没有名目。直至1988年，教育部颁布《普通高等学校本科专业目录》和《普通高等学校本科专业设置规定》，在一级学科中国语言文学类(学科代码0501)下，设“对外汉语”(学科代码050103)二级学科，这一专业才正式确立。

当初，设置这一专业，是为招收第一语言为汉语的中国学生，培养目标是将来能从事对外汉语教学及中外文化交流等工作。故该专业特点是，根据对外汉语教学对教师知识结构和能力的要求设计课程和确定教学内容。在1989年“对外汉语教学专业会议”(苏州)上，进一步明确了这个培养目标，并规定专业课程应分为三类：外语类、语言类和文学文化类。1997年召开“深化对外汉语专业建设座谈会”，会议认为，根据社会需要，培养目标可以适当拓宽，要培养一种复合型、外向型的人才，既要求具有汉语和外语的知识，又要求有中国文化的底蕴；既要求懂得外事政策和外交礼仪，又要求懂得教育规律和教学技巧。这一切只能靠本专业的独特的课程体系、有针对性的教材以及特定的教学方法才能完成。

近年来，世界风云变幻，中国和平崛起。随着汉语加快走向世界，对外汉语教学事业获得蓬勃发展。目前开设对外汉语专业的高等学校已有一百三十多所。大发展带来了丰富多彩，也伴随着不规范。对外汉语作为一个专业，既无统一的教学大纲，也无标准的课程设置，更无规范的教材。在业内对对外汉语教学的学科内涵，也还存在着不同的认识。目前，设立本专业的院校只能本着各自的理解，依据本单位的教学资源与教学条件设置课程，自编或选用一些现成的教材。

有鉴于此，在国家汉办的指导下，商务印书馆以其远见卓识，决定组织全国各高校对外汉语教学资深人士，跨校协商，通力合作，在初步制订专业课程大纲的基础上，编写一套对外汉语专业系列教材，以适应目前本专业对教材的迫切需求。

本教材以赵金铭、齐沪扬、范开泰、马箭飞为总主编，教材的编者经多次协商讨论，决定本着下列原则从事编写：

一、总结以往的经验，积成多年来对外汉语教学成果，以课程在教学计划中的地位、性质、任务和作用为依据，规定课程的基本内容，划定教学范围，确立教学要求。

二、密切关注语言学，特别是汉语语言学研究的最新进展，全面吸取汉语作为第二语言/外语教学研究的最新成果，着重体现语言规律、语言教学规律和语言学习规律。

三、教材的教学内容力求贯彻“基础宽厚，重点突出”的原则，注重基本理论、基本知识和基本技能，既要加强基础理论的教学，更要加强实践能力的培养。对课程的实践性教学环节应有明确、具体的要求，并有较强的可操作性。

四、教材要全面显示汉语作为第二语言/外语教学的性质、特点和规律，为加快汉语走向世界，为汉语国际推广，培养外向型、复合型的人才。

五、谨守本科系列教材的属性，注意教材容量与可能的课时量相协调，体现师范性，每一章、节之后，附有思考题或练习题。特别要注意知识的阶段性衔接，为本—硕连读奠定基础，留有空间。

基于上述考虑，我们对对外汉语专业的教学内容作了权衡与取舍。本着培养目标所要求的内涵，教材内容大致围绕着四个方面予以展开，即：基础知识、专业知识、教学技能和教师素质。我们把拟编的对外汉语专业本科系列教

材组成五大板块,共22册。每个板块所辖课程及教材主编如下:

一、语言学、应用语言学和汉语

1.现代汉语　齐沪扬(上海师范大学)

2.古代汉语　张　博(北京语言大学)

3.语言学概论　崔希亮(北京语言大学)

4.应用语言学导论　陈昌来(上海师范大学)

5.汉英语言对比概论　潘文国(华东师范大学)

二、中国文学文化及跨文化交际

6.中国现当代文学　陈思和(复旦大学)

7.中国古代文学　王澧华(上海师范大学)

8.中国文化通论　陈光磊(复旦大学)

9.世界文化通论　马树德(北京语言大学)

10.跨文化交际概论　吴为善(上海师范大学)

三、汉语教学理论、第二语言习得理论与实践

11.对外汉语教学导论　周小兵(中山大学)

12.第二语言习得研究　王建勤(北京语言大学)

13.对外汉语本体教学概论　张旺熹(北京语言大学)

14.对外汉语教学课程论　孙德金(北京语言大学)

15.双语与双语教育概论　关辛秋(中央民族大学)

16.华文教学概论　郭　熙(暨南大学)

17.世界汉语教育史　张西平(北京外国语大学)

四、对外汉语教材、教学法与测试评估

18.对外汉语教学法　吴勇毅(华东师范大学)

19.对外汉语教材通论　李　泉(中国人民大学)

20.语言测试概论　张　凯(北京语言大学)

21.对外汉语教学模式概论　马箭飞(国家汉办)

五、现代教育技术在对外汉语教学中的应用

22.对外汉语教育技术概论　郑艳群(北京语言大学)

本系列教材主要是为对外汉语专业本科生编写,也可供其他对外汉语教学工作者、研究者参考,同时也可以作为大专院校语言文学类专业的课外参考书。

目前,汉语国际推广正如火如荼,汉语作为第二语言/外语教学也面临着巨大的机遇与空前的挑战。我们愿顺应时代洪流,为汉语国际推广尽绵薄之力。大规模、跨地区、跨学校地组织人力进行系列教材的编写,尚属首次,限于水平,疏忽和不妥之处在所难免,敬祈专家、读者不吝指正。

赵金铭　齐沪扬

2007 年 6 月 5 日

目　　录

第一章　跨文化交际概述

第一节　文化、交际和语言

一　关于文化的概念

（一）文化的定义

1. 文化

“文化”这个词古已有之，但它的含义与现代的理解不一样，指与“武力”相对的文德教化。如汉代刘向《说苑·指武》中说：“圣人之治天下也，先文德而后武力。凡武之兴，为不服也；文化不改，然后加诛。夫下愚不移，纯德之所不能化，而后武力加焉。”又如晋代束广微《补亡诗·由仪》：“文化内辑，武功外悠。”《文选》李善注：“言以文化辑和于内，用武德加于外远也。”后来“文化”一词被日语借入，到近代又被日语用来作为英语 culture 的对译词。再后来“文化”作为日语借词又被现代汉语吸收，于是“文化”就同英语的 culture 有了直接的词源关系，并衍生出“文明”、“教育”等含义。文化属于人类创造的精神财富和物质财富，人性具有的共性就使得人们能共享这些财富。然而正如孔子所说的“性相近，习相远”，人性固然相通，但“习相远”导致了文化的差异。因此，克服文化差异所产生的障碍就显得很重要，这意味着在达到有效交际之前，我们必须了解别人的文化。

在文化学或文化人类学中，“文化”一词通常指人类社会区别于其他动物的全部活动方式以及活动的产品。就这一概念的核心内涵而言，它的意义是明确的，然而在实际研究中，专家们给的定义却五花八门。美国人类学家克鲁伯(Kroeber)曾搜罗并列举了西方近现代160多位学者对"文化"所下的不同定义，并从下定义的方法角度进行了分类和研究。在众多的关于文化的定义中，文化人类学家泰勒(Tylor)和马林诺夫斯基(Malinowski)两人的定义比较受人推崇。泰勒认为文化"是一个复合的整体，包括知识、信仰、艺术、道德、法律、风俗，以及人类在社会里所获得的一切能力与习惯"①；马林诺夫斯基把文化看做一种具有满足人类某种生存需要的功能的"社会制度"，是"一群利用物质工具而固定生活于某一环境中的人们所推行的一套有组织的风俗与活动的体系"②。前者着眼于文化的整合性和精神性，后者着眼于文化的功能性和制度性。

着眼于跨文化语言交际的研究，另外两位学者关于文化的定义或许更准确、更直接。社会语言学家戈德朗夫(Goodenough)指出，文化是"由人们为了使自己的活动方式被社会的其他成员所接受、所必须知晓和相信的一切组成。作为人们不得不学习的一种有别于生物遗传的东西，文化必须由学习的终端产品'知识'组成"③。本尼迪克特(Benedict)认为，文化是"通过某个民族的活动而表现出来的一种思维和行动方式，一种使这个民族不同于其他任何民族的方式"④。这两个定义都强调了文化的民族性，前者突出了民族内部的规范，后者突出了民族之间的差异。概括地讲，文化就是人们所觉、所思、所言、所为的总和，在不同的生态环境下，不同的民族创造了自己特有的文化，也被自己的文化所塑造。

一般认为，"文化"作为一个专门概念，可以有狭义和广义两种理解。狭义的理解着眼于精神方面，指社会的意识形态、风俗习惯、语用规范以及与之相适应的社会制度和社会组织。但是，精神或意识并不可能脱离人类物质生产的社会实践凭空产生或独立存在，而是在人类改造自然的社会实践中产生出来的。在这一社会实践中，人类既创造了物质财富，改善了自身赖以生存的客观物质条件，也创造了精神财富，形成了人类独有的意识形态、思维能力和生

---

①②③④ 转引自[法]维克多·埃尔《文化概念》，康新文译，上海人民出版社，1988。

活方式，使自身摆脱了“自然人”状态并获得了不断进步。在使人类生活超脱动物性并区别于动物生存的一切因素中，精神方面和物质方面始终纠结为一体，互为因果、密不可分。因此，从广义方面理解，“文化”包括精神和物质两个方面，即指人类在历史发展中所创造的物质财富和精神财富的总和。不过在通常情况下，提到“文化”，人们首先想到的是它的狭义方面，即文化的精神形态方面。

2. 文化定势

世界上大多数社会中都可能存在着若干群体或社团，这些群体或社团对地域、历史、生活方式以及价值观等方面的共享，使其成员形成、发展并强化了自己独特的文化及与之相适应的交际文化。当然，形成自己的文化，任何一个群体必须首先界定自己群体的边界。根据很多学者的观点，群体概念的形成可能以民族、种族、地域、职业、性别、政治、社团、世代、组织乃至具体的社会活动或生活形态的共享为基础。一旦一个群体形成了，相应的文化也就应运而生了。诸如中国文化和美国文化、东方文化和西方文化、强环境文化和弱环境文化、群体主义取向和个人主义取向等，都属于以国家、民族或更大范围的地域为边界所定义的文化。在进行跨文化交际研究中，学者们往往倾向于把某一文化群体的每一个成员都当做该文化定势的代表，或当做整体文化形象。这种整体式的文化取向，通常被叫做文化定势。

当然，在跨文化交际过程中，文化会因具体情景、场合不同而表现出种种差异。在社会化的过程中，由于环境、情景等时空的不断变化，人们通过交际确认、建立、维持和强化各种文化身份，习得了不同的交际文化。当他们长大成人时，他们掌握了成套的在各种不同社会情景中与人交往的规则，在不同时间、不同场合、不同情景，与不同群体的交往中，习得了不同的交际规范。也就是说，在社会化的过程中，人们习得了各种不同的群体文化、信仰文化、地域文化，形成了不同类型的社会关系和角色关系。

在文化学研究领域，通常把文化分为主流文化和亚文化。也就是说，文化的概念具有层次性，一种整体文化中往往包含了各种不同的次范畴“变体”，形成某种文化圈内的亚文化圈。亚文化产生于亚群体，亚群体是某个民族内部的群体分化，他们在亚群体中享有共同的信仰、价值观、行为准则、交往规范以及认知模式。不同亚群体之间在所觉、所思、所言、所为等方面都存在一定的差异，因此，亚文化与主流文化之间，既有"大同"的一面，也有"小异"的一面。中国是一个多民族的国家，加之地域辽阔，人口众多，亚文化现象非常明显，长江以北地区属于传统的中原文化，东南沿海地区表现为典型的海派文化，西南地区则呈现出多元的民族文化特色。这些差异常常会导致一种文化内部不同群体之间的交际出现失误、冲突。

（二）文化的特征

1. 交际的符号性

文化不是与生俱来的，而是通过符号被人们习得和传授的知识。任何文化都表现为一种象征符号的系统，也表现为人在创造和使用这些符号过程中的思维和行为方式。人是一种"符号的动物"，符号化的思维和符号化的行为是人类生活中最富代表性的特征，人类创造文化的过程，就是不断发明和运用符号的过程。人类创造了文化世界，其实质是为自己创造了一个"符号的宇宙"。在文化创造中，人类不断把对世界的认识、对事物和现象的意义及价值的理解转化为一定的具体可感的形式或行为方式，从而使这些特定的形式或行为方式产生一定的象征意义，构成文化符号，成为人们生活中必须遵循的习俗或法则。于是人们就生活在这些习俗或法则的规范之中，生活在自己创造的充满文化符号的世界之中，一方面承受着文化的制约，另一方面又通过对文化制约的承受而表现其人生的意义和价值。比如，在古代中国封建等级制度的规范中，服装的颜色是有等级规定的：帝王服饰为明黄色，高级官员和贵族服饰为朱红或紫色，中下层官员服饰为青绿色，衙门差役服饰为黑色，囚犯服饰为赭色。于是，服装颜色就成了特定身份的象征符号。在等级观念淡薄的今天，服装颜色的等级象征意义固然已不复存在，但在力求服饰的色彩或款式与年龄、性别、身份、行业、环境、习俗协调一致的追求中，人们又给色彩和款式赋予了丰富的审美意义；而在某些必须标明的社会角色（如军警、执法人员等）身上，服装颜色和款式仍具有身份象征的符号作用。再比如，我们在宴请、婚礼、葬仪以及各种庆典中司空见惯的一切，包括环境、服饰、道具、程序等，也无不具有符号性。以婚礼为例：西方国家在教堂举行婚礼，牧师主婚，新婚夫妇宣誓，交换戒指，亲朋好友陪伴，显得简朴、庄严、和谐；中国传统婚礼则程序烦琐，道具繁杂，禁忌繁多，大宴宾客，大闹洞房，感觉铺张、热闹、喜庆。

文化的符号性导致文化和交际具有同一性。交际是文化的编码、解码过程，语言是编码、解码的工具，也是它的传承和储存系统。我们可以把文化概括为“符号和意义的模式系统”。模式指文化的规则性和稳定性；符号指代表现实的语言、非语言或其他什么东西；而意义则指人们赖以生存的文化是一个意义系统，是人们对所处社会的文化取向、价值观念、社会规范等方面的诠释。只有当交际双方对同一符号的解释完全一致时，或者在很大程度上相近时，交际才有可能有效进行。否则误解、冲突就在所难免。这意味着，在交际过程中差异是潜在的危险。文化是符号和意义的模式系统也意味着交际行为的解释活动或译码活动是由文化的特定规则或规范所制约的，也就是说，只有在双方共享一套社会期望、社会规范或行为准则时，交际才能得以有效进行。

2. 民族的选择性

文化不可能凭空产生和存在，它植根于人类社会，而人类社会总是以相对集中聚居并有共同生活历史的民族为区分单位的，因此一定的文化总是在一定民族的机体上生长起来的。民族群体是民族文化的土壤和载体，文化的疆界通常总是和民族的疆界相一致，民族的特征除了体貌特征之外就是文化的特征，所谓民族性主要也是指文化上的特性。比如同为上古文明，古希腊、古印度、古埃及和古代中国的文化各有独特性；同为当代发达国家，日本和美国、欧洲各国之间在文化上也存在着差异。而当一个人口众多的民族分布在广大的地域上时，保持文化在各个层次的细节上完全一致势必不可能，于是民族文化在地域性渐变的基础上往往形成一些互有差异的亚文化，形成大传统下各具特色的小传统。小传统具有区域性，是大传统的组成部分，同时又受大传统的支配和统摄。于是在民族文化的大范围内常有多种区域性文化同时并存。比如同为中国上古文化，就有中原文化、齐鲁文化、楚文化和吴越文化的区别，并且这种区别至今仍有一定程度的保留。

因此文化具有选择性。人类可供选择的行为规则是无限的，然而每一特定文化所选择的规则是有限的。每个文化只选择对自己文化有意义的规则，因此每一文化成员的行为所遵循的规则是有限的。可以说文化的功能在于界定不同的群体。文化的这一特点，对跨文化交际来说十分重要。文化的这种集体无意识的不可避免的产物是群体或民族中心主义，从群体或民族中心主义的概念本身，我们可以看出它与交际的关系。群体或民族中心主义是人类在交际过程中的普遍现象，人们会无意识地以自己的文化作为解释和评价别人行为的标准，习惯把自己的文化当做观察别人行为的窗口，其结果是自己的行为会被无意识地认为是正确的，或是有道理的。显然，群体或民族中心主义会导致交际失误，达到一定程度时会带来文化冲突。

3. 观念的整合性

文化是群体行为规则的集合，可以被理想化地推定可能出现在某一社会或群体的所有成员的行为之中。这样，我们就有了诸如中国文化、美国文化或东方文化、西方文化等整齐划一的提法，而某一主流文化中又存在诸如亚文化或群体文化、地域文化、职业文化、性别文化等。这意味着社会组织、社会结构、社会关系、社会地位等都属于文化范畴。历史所衍生及选择的传统观念，尤其是世界观、价值观念等文化的核心成分，尽管不属于行为范畴，但也会像电脑一样为人们编制行为和思维程序，规定交际行为的内容和方式以及编码过程，因此，世界观、价值观等常被称为“文化实体”、“民族性格”。可见文化是一个由多方面要素综合而成的复杂整体，是一定区域内的一定文化群体（通常表现为民族）为满足生存需要而创造的一整套生活、思想、行为的模式。在这个整体模式中，各组成要素互相补充、互相融合、互相渗透，共同发挥塑造民族特征和民族精神的功能。

同时，整个民族文化又有一个或少数几个由价值选择结果为出发点的“文化内核”，这样的文化内核就像遗传因子一样无所不在地渗入该民族的所有文化细胞之中，发挥着整合文化的潜在作用，从而使整个文化产生一种保守性、内聚性、排异性和对外来文化要素的同化力。文化的整合性是一种文化得以自我完善和形成独特面貌的动力。它可以保证文化在随时间变迁的同时，在一定限度内维持稳定的秩序。比如在中国延续了两千余年的传统文化中，建立在血缘根基上的宗法意识形态，融自然哲学、政治哲学和伦理哲学为一体的“天人合一”世界观，以“经国济世”为目的的实用理性等精神元素，作为中国文化的“内核”，一直在文化传统的形成中发挥着“整合”作用。经过这种整合而形成的中国文化，是一个迥异于欧美文化的独特模式。而跨文化交际的误会、冲突正植根于此。由于不同文化有着不同的“内核”，必然导致在价值观念、认知模式、生活形态上的差异，这种差异在交际方面必然会形成文化的碰撞，于是交际双方如不能理解对方的文化，就会产生与交际预期的反差，结果当然是不能令人满意的。

4. 动态的可变性

文化的稳定性也是相对的，并不能保证文化在历史的长河中恒久不变。一方面，既然文化是一种为了满足人类生存需要而采取的手段，那么当生存条件有了变化，作为观念形态的文化必然要发生变化，这是文化可变性的内在原因。在人类文化史中，重大的发明（如文字、造纸术、印刷术、蒸汽机、电器、电子计算机）、重大的发现（如地理新大陆、天体运行规律、能量守恒定律）都曾给文化的变迁以巨大的推动力。这是因为新的发明创造和科学技术的进步使人们的思想行为、生活方式乃至交际模式都处在不断变化之中。另一方面，从一种文化的外部而言，文化传播、文化碰撞可能造成这种文化内部要素和结构的“量”的变化，而这种“量”的变化的不断积累也可能促使这种文化发生“质”的变化，导致进化、退化、没落、重组或转移等结果。社会的发展，国家、民族之间交往的频繁和深入，政治上的风云突变和经济上的全球化趋势都使文化不断交流、碰撞乃至发生变化。比如，佛教传入中国，曾经使中国传统文化的结构和面貌发生过深刻变化；中国的儒家思想、汉字在东南亚不少国家的文化中也曾产生过重大影响；而欧洲文化进入美洲，则导致了美洲本土文化的大量萎缩甚至部分消亡；20 世纪苏联的解体、柏林墙的消失、欧洲经济联盟的形成不仅改变着人们的政治生活，也在改变着人们的交际模式。

表层文化结构（物质形态）的变化，在速度和质量方面都远远超过深层文化结构（精神形态）的变化。比如现代生活在衣、食、住、行等方面的变化要比信仰、价值观、世界观等方面的变化明显得多。20 世纪 80 年代中国开始实施改革开放的发展战略，近 30 年来，人们的生活方式、居住条件、饮食结构、衣着习惯等“硬件”都发生了巨大的变化，这是举世瞩目的。但是在“软件”方面，质的变化却并不明显。表面上看中国的“新生代”很容易接受西方的意识形态，但随着年龄的增长，他们又“回归”了。这是文化定势决定的，是不以人的意志为转移的，因此我们必须清醒地看到，“同国际接轨”是有限的，因为能“接轨”的多数属于文化结构的表层，而不是它的深层。不管社会发展到什么阶段，深层文化的差异、冲突是无法避免的。改革开放以来，不少跨国企业、国际品牌进入中国，而“本土化”始终是一个永恒的话题，这就是文化差异导致的。从这一点来说，跨文化交际确实是一个亟待解决的难题。

二 关于交际的概念

（一）交际的本质属性

“交际即文化，文化即交际”，两者是相通的。没有交际就难以形成文化，而文化就是在交际中得以存在和发展的。符号学家把两者的关系概括为“文化是冻结了的交际，而交际是流动着的文化”，这是非常精辟的。“交际”在英语中可以有两种表述：一是 social intercource ，强调它的“社会性”（social）；一是 communication ，突出它的“交际性”。而 communication 来源于拉丁语 commonis 一词，commonis 是“共同”（common）的意思。因此，“交际”这一概念与“社会共同”、“社会共享”密切相关，“社会共同”或“社会共享”是交际的前提。事实表明，只有同一文化的人们在行为规范方面具有共性，或交际双方共享某一文化规范，才能进行有效的交际。跨文化交际是不同主流文化的人们之间的交际，当然要求双方互相理解或遵循对方的文化，只有这样，才能保证交际达到预期的目标。关于交际的本质属性，可以从以下三个方面来理解：

1. 有意识行为和无意识行为

在交际过程中，任何性质的符号都可用来交际，除了语言符号，更多的是非语言符号，包括各类行为。这是因为人们的行为有些是有意识的，而有些是无意识的。在社会化的过程中，人们的很多行为是无意识习得的，譬如站立、行走、身姿、手势乃至言语行为等。很多其他行为也同样是不知不觉学会的，并且可能在不知不觉中发生，尤其是非言语行为，如脸红、微笑、点头、皱眉头、伸舌头、眨眼睛等都会在无意识中自然流露。值得注意的是，这些行为一旦被观察或注意到时，客观上就传递了信息，交际也就发生了。研究表明，在正常交际中人们惯常的交际行为是无意识的，或意识性很弱；但在陌生的环境中，人们的交际行为有时会是有意识的，或自觉的。这意味着在与文化背景相似的人交际和与文化背景不同的人交际时，交际行为是有差异的。前者往往是无意识的，后者往往是有意识的，至少两者之间在意识程度上有所区别。这也意味着在跨文化交际中产生失误或误解是不可避免的，因为不同文化背景人的无意识行为可能与对方的文化规范相悖，而一旦这样的无意识行为被对方观察到，就会被赋予消极意义，从而会产生特定的反应。这一点在跨文化交际中应引起充分的注意。

2. 编码过程和解码过程

交际是一个编码和解码过程，信息交流是一个编码和解码的心理活动。具体地说，编码是把思想、感情、意识等编成语码（如言语或非言语行为以及书面语等符号）的过程；而解码则是对从外界接受的符号或信息赋予意义或进行解释的过程。有效的沟通，只有在发出信息的人和接收信息的人共享同一或相近的语码系统时才能实现，也就是说交际双方使用同一种语言说话。而且仅仅共享同一语言符号系统还不够，交际双方对其他相关因素的理解和把握也许更重要。交际行为是文化和社会行为，它必然发生在社会之中，并受社会众多因素的影响和制约，主要包括三个层面：(1)文化背景，涉及价值观念、文化取向、社会结构、心理因素、环境因素等；(2)交际情景，涉及交际双方的社会地位、角色关系，以及交际发生的场合、时间及谈论的话题等；(3)代码系统，主要指对接受的信息赋予意义的过程中产生的“文化过滤”机制。这些因素密切相关，相互作用，相互依存。交际过程中意义的获得是一个十分复杂的过程，由于众多变量的存在，编码人传递的信息和解码人所获取的意义之间永远是有距离的。而在跨文化交际中，因不同社会在上述因素方面存在的差异更大，这种距离往往更大、更明显。

3. 语法规则和语用规则

交际活动中交际双方必须遵循某些规则，除了固定的词法、句法等语言规则之外，还有具体的文化规范及其制约下的语用规则。同一文化的人们共享这些规则，因此他们之间的交际并不困难；但不同文化的人们相互交际时，因为在这些规则方面存在差异，交际将会产生障碍。但从另一角度看，因为这些规则的存在，也使跨文化交际成为可能。只要人们掌握了相关的文化规则，有效交际是可以实现的。在人们的交际过程中，交际者往往会对对方交际行为的结果进行预测。因为交际是在一定的文化背景和交际情景中进行的，而且交际行为有其固有的语言规则以及语用规则，因此人们的交际过程是一个交际双方对彼此的交际行为的结果进行预测的过程。这种预测过程可能是自觉的，也可能是无意识的，预测的准确程度取决于人们对交际环境因素及其与交际行为相互作用的关系的理解程度，取决于人们对文化和语用规则掌握的熟练程度和运用的灵活程度。这说明对交际的有关因素知道得越多，预测能力就越强，交际就越有成效，这也说明对交际符号系统的理解程度取决于对文化符号系统的理解程度。在跨文化交际时，可能会出现这样或那样的问题或障碍，这些问题或障碍可能与交际渠道无关，与语码无关，也不是语言系统的差异所致，而很可能就是文化、社会、环境、心理或交际情景因素造成的。因为交际双方的文化规范存在差异，所以对文化背景或交际情景因素缺乏共识。

（二）交际的构成要素

语言交际在本质上属于信息传播，是一个动态的系统构成，必须具备构成系统的基本要素。信息论认为，一个信息传播系统的构成，必须有信息的输入（X）和输出（Y）以及处于共同的变换（R），用简单的公式表示，信息传播可描述为：

$$X \xrightarrow{R} Y$$

这是一个动态过程，其中变换（R）是对信息的处理过程。通常来说信息传播系统的构成包括七个环节：

1. 传播者

传播者指信息传播者，即具有交际需要和愿望的具体的人。“需要”是指希望别人对自己作为个体而存在的认可，或改变别人的态度和行为的社会需要；“愿望”指试图与别人分享自己内心世界的欲望。从跨文化语言交际来看，传播者是产生或激发了与不同文化背景的人交流的需要和愿望的交际主体。

2. 编码

编码指传播者依据社会、文化和交往规则，运用某种语言的词法、句法等规则对语码进行选择、组合和创造信息的过程。内心所思是不能直接与别人分享的，我们必须依赖符号来表达，因此编码是一种心理活动。从跨文化语言交际来看，虽然传播者是运用某种特定的语言符号在进行编码，但必定有某种特定的社会、文化和交往规则的支撑。

3. 信息

信息指传播者编码的结果。信息是交际个体在某一特定时空的心态的具体写照，因此就面对面的交谈而言，除了语码之外，还伴随着很多交际个体的非语言的信息，以及交际环境信息。从跨文化语言交际来看，信息就是一个由语码、非语言信息及交际环境信息整合而成的综合体，其中渗透了某种特定的社会、文化密码。

4. 通道

通道是把信息源和信息接收者连接起来的物理手段或物质媒介。信息传递的手段或媒介是多种多样的，主要包括面对面交谈、电话交谈及短信、邮件往来。从跨文化语言交际来看，面对面交谈是最常见、最主要的形式，这是通过听觉和视觉途径传递信息的最直接、最有效的方式，也是最值得探讨的方式。

5. 接收者

接收者指信息接收者。信息接受者与信息传播者之间的连接可能是有意识的行为，接受者觉察到信息源的行为，作出反应，双方就建立了联系；双方的联系也可能是无意间建立起来的，信息接收者也可能由于偶然的机遇而截获或感知到进入渠道的信息源行为。无论哪种情况，信息总是以刺激人们感官的形式出现，通常以听觉或视觉的形式刺激信息接收者，激起信息接受者的反应行为。从跨文化语言交际来看，信息接受者一定是属于不同于信息传播者的另一种文化圈的交际主体。

6. 解码

解码指信息接受者将外界刺激的信息转化为意义的过程。解码是一种对信息加工的心理活动，通过对信息的理解或翻译，信息源行为就被赋予了意义。信息接受者在解码过程中，除了理解语言符号，还要解释附加的文化信息，从而准确解码。从跨文化语言交际来看，由于交际双方属于不同的文化圈，因此在解码过程中必然会进行“文化过滤”，即通过自身的文化代码系统来解释所接受的信息，若对对方的文化符号不熟悉或不理解，产生误解甚至冲突就在所难免。

7. 反馈

反馈指信息接收者对所接收的信息采取的相应行为的选择。接受者可能对信息源行为听而不闻，视而不见，不采取任何行动；也可能立即作出反应而采取相应的行动。反馈行为表现为对对方陈述的评价，对对方疑问的应答，对对方要求的表态等。如果信息接受者采取的行为符合或接近信息传播者的预期，那么交际是成功的；反之是无效的。从跨文化语言交际来看，信息接受者的反馈与信息传播者的预期是否接近，取决于双方对彼此社会、文化和交往规则的熟悉程度和语用策略的运用能力。

三　关于语言的概念

（一）语言是交际工具

1. 交际媒介与语言符号

（1）交际媒介与符号。

为了生存、发展，人们需要进行各种各样的交换。比如商品交易就是一种典型的交换。最初，人们的商品交易是直接以物换物。《诗经》中有“抱布贸丝”的叙述，就是描述有人抱着布去集市上换取其所需要的丝。《孟子》中记载了孟子同农家学派许行的辩论，其中也讲到农家学派躬耕田亩，以粮食换取农具和生活用品的事实。不过，以物换物虽然可行，但极不方便，不利于远距离、大规模的商品交易，于是人们创造了商品交易的媒介物——货币。实际上货币是一种物化的有价值的"符号"，可以作为物与物交换的中介，于是一手交钱，一手交物，方便快捷，人类的商品交易得以顺利进行。语言交际是人类社会必需的另一种交换活动，交换的是信息、思想、情感。语言交际也需要一种媒介，需要一种能代表确切含义的"符号"作为交际的中介。

什么是"符号"？简单地说，就是用某种能感知的形式来代表某种事物或现象的结合体。因此，符号由两个要素构成：一个是形式，必须是人们可感知的途径，如听觉、视觉、嗅觉、触觉、味觉等；另一个是意义，即这个形式所代表的事物或现象。形式和意义一结合，就成了"符号"。我们必须把符号同另一种现象区别开来。在山里赶路，看到远处炊烟袅袅升起，就可以知道那里有可以歇脚或投宿的人家；农夫察看天气，看到乌云密布，电闪雷鸣，意识到将有暴雨降临；中医诊断疾病，总是要号脉，看病人的气色、舌苔，闻他呼出的气息；刑侦人员破案，要收集指纹、脚印，记录和拍摄现场。远处的炊烟，乌云和电闪雷鸣，病人的脉象、气色、舌苔、口气，罪犯的指纹、脚印，这些也都代表某种确定的事物或现象，好像也是"符号"。其实，这些现象同我们讲的"符号"是不一样的，可以称为"征候"。"征候"是事物本身的特征，它同某种事物或现象有着天然的、必然的联系，可以让我们通过它来推知某种事物或现象。我们讲的"符号"，它的形式和意义却没有那种天然的、必然的联系，而是人为的，用什么样的形式代表什么样的事物或现象是社会约定俗成的。

在人类社会中，各种"符号"很多，它们在人类的交际活动中起着重要的作用。比如：古代的烽火是敌人进犯的信号；书信上插着的鸡毛是紧急的标志；男人给女人送上玫瑰花，是爱的象征；执法人员穿着各种制服，表明他们正在行使职责；煤气本无气味，却在里面添加了某种刺鼻的气体，以此作为危险的提示。最典型的是交通信号系统，它通过一组有色彩的灯光提示行人和车辆的行止：红色表示禁止通行，绿色表示可以通行，黄色表示准备行止。上述这些实例都有一个共同的特点：这些可感知的形式同其所代表的事物或现象没有必然的联系，而取决于社会的约定俗成。因此，我们也常常可以看到相同或相似的交际情景中不同的民族却使用不同的符号。比如中国人办丧事披麻戴孝，以白色为基调；西方人则穿着黑色服装参加葬礼，以表示肃穆和悼念。

人类语言是一种有声语言，用声音形式来表示意义，人们通过听觉途径来感知和理解话语。语言中的词及其排列次序就是一种符号，它能使听话者准确理解它所代表的事物或现象。如汉语中“人”，它的语音形式是 rén，是听觉可以感知的声音；它的意义是指所有的人，即“能制造工具并使用工具进行劳动的高级动物”。语言中的词就是这样的符号，是声音和意义结合的统一体，声音是语言符号的物质形式。整个语言就是由这种符号组成的一个系统。一个人脑子里贮存了符号和符号的组合规则，他就可以和别人交际，谈论各种事情了。当然，作为交际媒介也不一定就非得说话，非洲丛林密布，一些部落习惯用鼓声作为交际工具，他们利用鼓声的高低、长短及节奏的快慢来传递信息。西班牙有一个海岛峰峦起伏，这里的居民掌握一种特殊的语言——口哨语，通过口哨声音的长短、快慢和变化可以形成几百个音节，从而进行交际。

人类为什么选择声音作为符号的形式呢？这是因为它有三大优点：第一是使用方便。声音是每个人都能发出来的，本身没有任何“重量”，便于携带，人走到哪里，它就能“跟”到哪里，张嘴就能说，不需要任何专门的设备。第二是容量最大。几十个语音单位（音位）通过排列组合就可以构成几千个音节，组成数十万个词语，把现实世界中的所有事物或现象都表达出来。第三是效果最佳。说话只是动“嘴皮子”，可以大声疾呼，也可以慢声细语，古今中外，喜怒哀乐，不管多么复杂的道理、多么动人的感情，都可以通过语言表达出来。由于用声音作为语言符号的材料有着种种优越性，因而人类的祖先在长期发展过程中选用它作为交际工具的物质形式，有力地推动了人类社会的发展。

(2) 语言符号的特征。

“符号”的一个基本特点是形式和意义的结合是任意的，两者之间没有必然的联系。那么语言符号是否也具有这样的特点呢？早在战国时代，我国就有了关于名实问题的争论，荀子对此给出了论断：“名无固宜，约之以命，约定俗成谓之宜，异于约则谓之不宜。名无固实，约之以命实，约定俗成谓之实名。”意思是说，语言符号的形式和意义的结合取决于社会的“约定俗成”，而没有什么必然的、本质的联系。西方学术界争论的时间相当长，后来也基本认同了这个结论。恩格斯在《自然辩证法》中谈到这个问题时曾举过一些很有意思的例子："正"和"负"也可以反过来，"北"和"南"也一样。如果把这颠倒过来，并且把其余的名称相应地加以改变，那么一切仍然是正确的。这样，我们就可以称"西"为"东"，称"东"为"西"。太阳从西边出来，行星从东向西旋转等等，这只是名称上的变更而已。[①]

总之，"约定俗成"点出了语言符号的本质。汉语中为什么把"能制造工具并使用工具进行劳动的高级动物"同 rén 这个语音形式结合起来，这是没有道理可说的，是由社会约定俗成的。如果我们的祖先当初不把这类对象叫做 rén，而叫别的什么，也完全可以。不同的语言用不同的形式来代表同一个事物，也证明了这个基本道理。改革开放以来，国内掀起了"外语热"，大家争相学外语，有个老太太学了几个英语单词，很不理解为什么英语中对事物的称呼同汉语大不一样，讥笑他们"水是窝头(water)去是狗(go)"。其实把"水"这种事物或"去"这样的行为叫做什么，本来就没有什么规定，中国人叫 shuǐ 和 qù，英国人、美国人叫 water 和 go，取决于各自的约定而已。

"约定俗成"指的是某种社会群体的规约性。形式和意义的结合具有任意性，就是这种规约性的体现。它具有两重性：一方面，形式和意义的结合从本质上来说是任意的，用什么样的名称来指称什么样的事物没有必然的联系；另一方面，特定的名称和特定的意义一旦结合在一起，我们往往能发现它们之间结合的理由，这就叫做"理据的可探究性"。这两者是不矛盾的，好比生了个孩子，叫什么名字并没有特别的规定，只要能与别的孩子相区别便于指称就行；但实际上父母往往会慎重地考虑给孩子起一个满意的名字，或寄托某种希望，或蕴涵某种特定含义，或与某个有意义的事件发生联系，这就是起名的"理由"。语言符号也一样，比如从语源角度考察，"浅"、"贱"、"线"、"笺"都用了相同的声符，可见在造字之初它们的读音是相同的。为什么这些指称不同类的事物的名称读音会一样呢？原来水少谓"浅"，钱少谓"贱"，单根丝线叫"线"，

① 恩格斯《自然辩证法》，曹葆华译，人民出版社，1955。

单张信纸叫"笺",它们都含有"量少"的含义,这就是传统训诂学所谓的"声同义通"。

任意性通常就单个符号来说的,符号的组合就不是任意的,而是有根据的。现代语言学的创始人索绪尔(Saussure)指出:语言符号的能指和所指的结合是任意的,是约定俗成的;但他同时用了整整一节的篇幅对任意性的概念加了一个重要的注解,即"符号可能是相对地可以论证的"。他认为应该明确区分绝对任意性和相对任意性。一个没有动因,或者说不可论证的符号是绝对任意的,比如法语的 vingt(二十);而一个有动因的符号则是相对任意的,比如法语的 dixneuf(十九),因为它会使人想起它赖以构成的要素和其他跟它有联系的要素 dix(十)加 neuf(九)。他进一步指出,限制任意性的可论证性包含在要素之间相互组合的句段关系及要素与要素聚合成类的联想关系里。[①]以汉语为例,"铁"指一种金属,"路"指人或车行走的通道,这也许是任意的,但"铁路"指称用铁轨铺成的供火车通行的轨道,这就不是任意的了。

2. 交际工具与辅助工具

我们说语言是人类的交际工具,但不等于说人类的交际工具只有语言一种。除了语言之外,人类在长期的社会实践中还创造了很多交际工具,主要有以下三大类:

(1) 文字。文字是记录语言的书写符号体系,是仅次于有声语言的交际工具。有声语言给人类交际带来极大的方便、快捷,但在时间和空间上受到限制。因为使用有声语言交际,交际双方必须同时处在听觉范围之内,听不到对方说话或不同时在交际现场,交际就无法进行。文字的创制使语言由凭听觉感知的口头形式转化成为凭视觉感知的书面形式,从而克服了语言在交际中所受到的时间和空间限制,大大增强了语言的交际功能。但是同语言相比,文字属于辅助性的,处于从属地位。首先,文字是记录语言的符号系统,离开了语言,文字就没有了依托。一个民族可以没有文字,但不能没有语言。今天世界上没有文字的语言比有文字的语言多得多,我国共有民族语言 70 种以上,

① [瑞士]费尔迪南·德·索绪尔《普通语言学教程》,张绍杰译,湖南教育出版社,2001。

而有文字的语言不超过20种。其次,从人类历史的发展来看,文字的产生才数千年,而语言已存在几十万年了,在这漫长的历史时期,我们的祖先就是靠语言来进行交际的。因此文字是在语言基础上产生的一种最重要的辅助性交际工具。从跨文化语言交际来看,书面形式的交际也是仅次于口头交际的重要形式,而汉字的独特性不仅表现在习得、使用的难度上,更表现为它承载了丰富的文化信息,是汉文化的结晶。因此使用汉字进行跨文化的书面形式交际,不但具有重要意义,也是跨文化语言交际研究的课题。

(2) 盲文和手语。盲文和手语是同有声语言性质一致、功能相同的交际工具,只不过它们是属于特殊群体使用的交际工具。失明的人能习得语言,也能正常使用有声语言进行交际,但他们无法通过视觉途径阅读文字,在接受教育、感知信息时需要一种非视觉形式的符号系统来弥补他们感官上的缺失。盲文就是这样一种交际工具。盲人通过敏锐的触觉触摸盲文符号来进行"阅读",进而学习各类文化知识,扩大知识面,开阔自身的眼界。手语的使用对象是聋哑人,他们丧失了听觉,无法正常说话,只能利用手语来交际。手语不是一般正常人交际时伴随的手势,它是有规则的,不同的手势也可像有声语言那样分析出"语素"、"词"等单位,而这些单位可以按照一定的规则进行组合搭配,因此手语是一种视觉符号系统。不同民族都有手语,而且表现出相当多的共同特征,这表明了人类认知的共性;但也表现出相当多的差别,这是文化差异造成的。盲文和手语虽然不能同语言相提并论,但它们有效地解决了特殊群体的交际需要,因此同样具有重要的社会意义。

(3) 旗语、灯语和号语。这些符号系统只在有限的范围内使用,因而它们能传递的信息也是有限的。旗语主要用于航海领域,利用两面双色旗通过人的姿势、动作表达一定的意思,大多是关于航海方面的专用术语以及致敬、回应、警告等单一的意思。灯语也主要用于航海领域,是夜间使用的通讯工具,利用灯光闪现时间的长短及其组合表示一定的意思,与旗语相当。号语主要用于军事领域,是利用号声的长短及其组合传递信息,战场上的进退、军营里的作息都用号声传达。由于这类符号系统都只在特定的范围内使用,而且具有极大的功利性实用效能,它们的发展趋势是国际标准化,以便更好地为全人类发挥作用。

（二）语言是思维工具

1. 思维依托于语言

"言为心声"，即《尚书》里说的"言者，意之声"，按今天的说法就是说语言是用来表达思想的。在西方，不少哲学家、语言学家也持有同样的观点，认为语言是"思想交流的工具"，是人们头脑中"内部状态的外部表现"，句子是"表达一个完整思想的一系列词"。17 世纪英国哲学家洛克（Lock）在《论人类理解》中写过这么一段话："人们的思绪千变万化，自己和别人都能从中获得好处和乐趣。但是思维皆源出于心胸，埋藏着无法让别人看到，而且无法显露出来。没有思想交流便不会有社会带来舒适和优越，所以人们有必要找些外表能感知的符号，以便让别人也知道构成自己思想的意念。这样我们就能理解，人们为什么要用词来作为意念的符号，词用于这一目的是再自然不过的了。"[①]从这段话中可以看出，作者认为意念是存在于心里的，假如人们不打算让别人了解自己的思想，那就不需要语言。可是人们生活在社会中需要交流思想，这才需要给意念找标志。词语正是因为被用来作为标志才获得了意义。

然而，这里有一个重要事实却被忽略了。太熟悉、太平常的事往往最容易被疏忽，大家天天在说话，人人都在使用语言表达自己的想法，谁也不会去想其中的"机制"，人们只关注你说了什么和怎么说的，不太在意你想了什么和怎么想的。其实，"说什么"或"怎么说"固然重要，但更重要的是你"想什么"和"怎么想"。因为"说什么"和"怎么说"只是思考的结果，"想什么"和"怎么想"才是思考的过程。这里涉及一个重要命题，就是思维必须依赖于语言。

"思维"和"思想"不是一回事：思维是人们认识现实世界的过程；而思想是人们对现实世界认识的结果。用什么方法想问题、想得多想得少、想得到想不到，这种动脑筋去想的活动就是思维；而用不同的方法去想因而得到了不同的认识，想得多或想得少、想得到或想不到也都可能得到不同的认识，这些动脑筋想出来的结果就是思想。从这个意义上说，思维和思想并不是一回事。但

① 转引自徐烈炯《语义学》，语文出版社，1995。

思维和思想又有联系：因为不管怎么去想，总会想出来一些结果（没有结果也是一种结果）；反过来，不管是什么样的结果，总是经过想的过程得出来的。从这个意义上说，思维和思想事实上又分不开。所以广义的“思维”，就既包括不同程度或不同阶段想的过程，也包括不同程度或不同阶段想的结果。

语言与上面说的想的过程和想的结果都有非常密切的关系。关于这一点，有人打了一个很形象的比方：就好像种庄稼得有锄头、镰刀等用于耕作的农具，否则就没办法耕种、收割。那么对于人们思维的过程来说，语言也就好像是锄头、镰刀这样的劳动工具，人们正是靠了语言才能够去想问题，即进行思维活动的。又好像庄稼长成收割以后得有粮垛、仓库等用于存放粮食的地方，否则就不算收获，也不能供人们使用。那么对于思维的结果来说，语言就又好像是粮垛、仓库这样的存储工具，人们正是靠了语言才能够知道想了什么，即把思维的结果固定下来和传递下去。所以可以说，语言是思维的工具，思维的各个方面，即想的过程和想的结果，实际上都离不开语言。① 因为要表达概念，就得使用词语，比如要表达“商品”这个概念，就得使用“商品”这个词语；一些脱离具体形象的抽象概念，如“爱情”、“友谊”、“政治”、“经济”等，更得借助词语才能表达出来。而要进行判断或推理，就得用到单句，比如要表达“科学技术是第一生产力”这个判断，就得使用这样的句子；一些比较复杂的叙述和论证，如现在正在讨论的“语言与思维的关系”这个问题，更得借助许多句子，甚至是语段和篇章才可能说得清楚。

由于思维依托于语言，特定的语言形式还会对特定民族的思维产生反作用。日本学者中村元在他所著的《东方民族的思维方法》中，把语言、思维、文化联系起来考察，得出了许多精辟的见解。比如在谈到日本到现在还没有发展出用纯粹的日语来表述的哲学时，他认为原因在于纯粹的日语不像梵语、希腊语、德语那样适合于哲学的思索。因为日语没有完全确立抽象名词构成法，没有把形容词转化为相应的抽象名词的形式，日语中不存在动词不定式，也缺少关系代词，而这些语言形式是进行抽象思维的“工具”。因此当人们用日语进行严密的

① 胡明扬主编《语言学概论》，语文出版社，2000。

思考时就显得力不从心。他认为，由于这些语言体系中存在的不足之处，人们很难用日语进行准确的、科学的表述，妨碍了日本人逻辑思维能力的发展。[①]

2. 语言取决于思维

语言是人创造的，是特定民族精神创造活动的结果。这种精神创造活动就是思维，表现为人对外在物质世界的感知和认识。不同的民族有不同的思维方式，人们在从事改造物质世界的实践活动（生产活动和社会文化活动）时的体验、感受和经验，莫不通过特定的思维方式反映在语言中。可以说，语言就是人类所建立的、通过特定思维方式所感知和认识的关于外在物质世界的镜像。按照学者们的说法，客观物质世界（存在）在人们面前呈现出由思维决定的语言"样本"，语言本质上是"被领悟的存在"。

从语言产生的过程来看，是人类的精神创造活动导致了语言的产生。人类起源的历史就是人类创造性劳动形成的历史。创造性的劳动是人与动物区别的根本点，而语言正是在这一创造性劳动过程中产生的。原始人的群体劳动使语言的使用成为需要。改造自然的劳动使原始人对自然获得了新的观念，使人类的思维得以发生和发展，使语言构造所需要的意义单位得以形成。为了适应劳动的需要，直立行走的进化改造了人的发音器官，使人们能发出语言构造所需要的众多分音节的语音形式。当某些特定的音节与某些特定的意义在经常的使用中分别成为固定的单位，人们就创造出了第一批简单的词语。语言起源过程同类人猿进化过程是一致的。人类起源过程所创造的文化通常称原始文化，这种原始文化是原始人类思维发展的结果，没有原始文化的创造就不可能有原始的语言。

从现实语言的概念体系构成来看，也可以明显地看到人们对外在物质世界感知和认识的"痕迹"。唯物主义认识论的一条基本原理是"存在决定意识"，那么通过人们的感知和认识，客观的"存在"应该与语言中反映出来的"存在"是一致的。但事实并非如此，因为语言中概念体系的构成取决于我们的思维，也就是取决于我们感知和认识世界的能力和方式。比如距离地球亿万光

① 转引自戴昭铭《文化语言学导论》，语文出版社，1996。

年的某个天体固然是一种客观“存在”，但是假如尚未被我们所认知，没有编入语言的概念体系，没有赋予一定形式的语言符号，那么在我们的语言中就没有这样的“存在”。相反，客观世界中并不存在的许多事物、现象和事件，如上帝、神仙、鬼怪等虚幻概念，天堂、地狱、仙境的传说，神话和童话中虚构的人物和事件，却由于已经构成了概念和叙述，成了语言概念体系的一部分。

既然语言取决于思维，而特定的思维方式又形成了特定的文化，那么不同民族的文化差异导致语言差异就是顺理成章的了。文化人类学家沃尔夫(Whorf)关于霍比语和印欧语的对比研究就是一个很好的案例。沃尔夫把印欧语系语言看做一个同质的集合，称为 SAE。他详细地考察了 SAE 语言和霍比语中关于“时间”、“空间”和“物质”等概念与语言结构的关系，考察了文化和行为的规范与语言类型之间的关系，认为霍比语和 SAE 语言有天壤之别，其差异不是语音、词汇、语法等方面的不同，而是不同思维方式导致的“质”的差异。如欧洲诸语言区分个体名词和物质名词，而在霍比语里一切名词都是个体的；欧洲诸语言把“物质”、“实体”和“形式”相对立，霍比语却没有这种对立；英语中 lightning(闪电)、wave(波浪)、flame(火焰)、meteor(流星)等表示的概念都是名词，而在霍比语里这些表示短暂性事物的概念都是动词。沃尔夫认为，SAE 语言和霍比语的种种差异是同文化类型上的差异相联系的。①

第二节 跨文化交际

一 跨文化交际的概念及学科背景

(一) 跨文化交际的概念

“跨文化交际”的概念可以这样界定：在特定的交际情景中，具有不同的文化背景的交际者使用同一种语言(母语或目的语)进行的口语交际。

这个概念界定是明确的，它是立足于对外汉语专业的需要界定的，因而与

① 参见申小龙《语言的文化阐释》，知识出版社，1992。

一般的跨文化交际概念是有区别的。从上述概念界定来看，它包含以下几个要点：

1. 交际双方必须来自不同的文化背景

文化背景的差异是一个宽泛的概念，既指不同文化圈之间的差异，也指同一文化圈内部亚文化之间的差异。不过立足对外汉语专业，文化差异主要指不同文化圈之间的差异，尤其是中国和欧美国家的文化差异。因为从跨文化交际的实际情形来看，由于文化背景的差异导致交际失误，容易引起冲突的主要是中国和欧美国家的人际交往。中国同亚洲地区国家，如日本、韩国以及东南亚一些国家的人际交往，虽然也有文化差异的一面，但要顺利得多，这是因为这些国家与中国同属于东方文化圈，彼此之间在文化取向和交际规范方面有很多相通的地方。

2. 交际双方必须使用同一种语言交际

这是显而易见的，假如一方使用一种语言，而另一方使用另外一种不同的语言，交际是无法进行的。但是，既然交际的双方来自不同的文化背景，又要使用同一种语言，那么用来交际的这种语言对一方来说是母语，而对另一方来说必然是第二语言（习得的“目的语”）。比如一个中国人与一个美国人交谈，他们可以选择使用汉语，也可以选择使用英语，这样他们就可以用同一种语言直接交际，而不需要通过翻译这个中间环节。这样界定的着眼点也是由对外汉语专业的特点决定的。

3. 交际双方进行的是实时的口语交际

跨文化交际的途径多种多样。可以是语言符号的交际，也可以是非语言符号的交际，如商品、画报、实物、影像、演出等其他物化形式符号的交际；可以是现场的双向交际，也可以是通过媒介的单向交际，如电视、广播、报刊、广告等传播方式的交际；可以是口语交际，也可以是书面交际，如信函、公文等的来往。从对外汉语专业来看，我们着眼的主要是实时的口语交际，即双方面对面的交谈。此外也包括伴随口语交际而可能发生的书面语交际，即文字传播方式的交际。

4. 交际双方进行的是直接的言语交际

当前国内的跨文化交际研究主要集中在外语教学界。外语教学当然要注重跨文化交际，但他们的研究中有一个很重要的方面就是翻译，包括口译和笔译。因为外语专业毕业的学生将有很多是从事对外交流工作，这项工作的要求之一就是能通晓两种语言，能在跨语言交际中充当翻译角色。换句话说，文化背景的差异主要由“翻译”这个中介来解决。而对外汉语专业却不一样，这个学科的任务是教会外国人说中国话，包括中国文化的对外传播，所以着眼点在交际双方的直接交际，而不是通过“翻译”这个中介来完成交际任务。因此我们基本上不涉及翻译问题，而侧重语用规范，通过了解对方文化的价值取向和行为规范，协调双方交际中涉及的文化因素，从而保证交际的有效性。

（二）跨文化交际的学科背景

跨文化交际是一门年轻的学科，它是在国际交往日益频繁、全球经济一体化的特定时代产生的新兴学科。在中国，跨文化交际研究是改革开放的产物，是汉语国际推广战略决策的需要。跨文化交际又是一门综合性学科，它是当代社会科学学科综合研究的结果，学科背景主要涉及文化语言学、社会语言学、言语交际学。其中文化语言学凸显“文化”的侧面，社会语言学凸显“社会”的侧面，而言语交际学凸显“交际”的侧面，这三个不同的侧面都围绕语言符号与非语言符号的“语用”这个核心。正是在这个基础上建立起了这么一门综合性的语言学科。

1. 文化语言学①

文化语言学是从文化学角度对语言进行研究。它把语言看做民族文化的模式和构成民族文化的符号系统，旨趣在于揭示隐藏在语言形式、语言结构、语言运用和语言变化背后的文化内涵。文化语言学认为，人类的文化世界也就是语言世界，语言与文化有一种“互塑互动”的作用，要想透彻了解语言的文化属性、语言的文化功能以及文化对语言的影响，就必须深刻揭示语言与文化的关系。因此，语言与文化的关系就是文化语言学研究始终关注的焦点，也是文化语言学的研究对象。

文化可以分为历史文化和现时文化。历史文化是人们往昔的文化活动的

---

① 参见戴昭铭《文化语言学导论》，语文出版社，1996。

轨迹，现时文化是人们今日所从事文化活动的状态。然而文化是属于意识形态范畴的东西，人们的文化活动又是一个代代相传、连续不断的过程，历史文化和现时文化之间不可能判若鸿沟。历史文化是现时文化的渊源，现时文化又是全部历史文化当今时代的投影。任何民族的文化发展和变异都不仅不可能摆脱历史文化的影响，而且还必定要以对历史文化遗产的批判继承为根据和前提。在古今各个文化阶段中连绵不断、一脉相承的成分，就构成了这一民族的文化传统。

语言是一种精神产品，是人类心智活动的成果，又是民族文化的表现形式之一，它和人类文化的其他形式一样，具有历史的连续性和继承性。然而语言又有变化发展的一面，这种变化发展的结果形成了古今语言间的明显差异。文化语言学不仅要探讨现代语言和现时文化的关系，还要探讨古代语言和历史文化的关系；不仅要研究现代语言和历史文化的关系，也要研究语言变化同文化变化的关系。然而文化语言学对已成为历史陈迹的古代文化的某些方面的发掘，既不是要"发思古之幽情"，也不是为了猎奇览胜，而是出于建设新时代的新文化的需要。

跨文化交际研究中关于民族文化的阐述，关于文化与语言的关系的阐述，很多都来自文化语言学的研究成果。不过文化语言学的研究通常侧重某种特定民族文化和某种特定语言之间的关系，而不关注跨文化、跨语言的研究，这个领域正是跨文化交际研究的领地。

2. 社会语言学[①]

社会语言学是研究语言与社会的关系的一门新兴学科。它从不同的社会科学(社会学、人类学、民族学、心理学、地理学、历史学等)角度来考察语言，进而研究在不同的社会条件下产生的语言变异。"不同的社会条件"是一种变素，而"语言变异"也是一种变素，因此我们可以把社会语言学看成是研究社会与语言的共变的一门学科。

社会就是以共同的物质生产活动为基础而相互联系的人类生活共同体，

---

① 参见郭熙《中国社会语言学(增订本)》，浙江大学出版社，2004。

是人们交互作用的产物。这个定义揭示了社会的本质属性。但从社会语言学的关注点来看，可以把社会定义为“任何为某种或多种特定的目的而结合在一起的人的群体”。这个定义比较宽泛，涉及面也比较宽广，但是很有用。因为在讨论社会语言学时必须考虑到多种多样的社会、多种多样的社会集团。在中国历史上，除了较早时期以外，“社会”这个概念始终是与集团有关的。对于社会学家、政治学家和历史学家来说，他们或许关心的是社会的本质属性；但对社会语言学家来说，关心的是它的群体性和集团性。

语言是一个特定社会的成员所说的话，这个定义是简明扼要的，但又是不完整的。当我们试图去描写一个社会的语言时，能拿来讨论的“语言”这个概念本身就有问题。语言不是为人类世界原已存在的种种事物增设标志或名称的单纯汇集。每一社会集团都生活在多少不同于其他社会集团的社会中。这些差别既反映在言语社会的文化组成成分中，也反映在它们的语言系统中。有时候，一个社会是多语的，许多人会使用不止一种语言；而同一个人，几乎毫无例外地会随着环境的变化而调整自己的语言。

语言和社会不是各自独立的，它们之间存在着错综复杂的关系。语言是在特定的交际环境中历史地形成的。它既起源于物种的个体发生，也起源于全人类的进化和每个人的生命史，还起源于社会交际行为。语言和社会的关系是辩证的，语言是人类通过交际来应付生活、应付世界的前语言和原始语言这个序列的产物，因此语言与社会的关系的研究将把我们引入一个广阔的研究天地。

跨文化交际研究中关于社会关系的阐述，关于社会角色与言语行为的关系的阐述，很多都来自社会语言学的研究成果。不过社会语言学的研究通常侧重某种特定社会形态和某种特定语言之间的关系，而不关注跨社会、跨语言的研究，这个领域正是跨文化交际研究的领地。

3. 言语交际学[①]

言语交际学是研究言语交际现象及其规律的学科，是一门语言学分支学

① 参见刘焕辉主编《言语交际学基本原理》，江西教育出版社，1997。

科。言语交际学的出发点和落脚点是语言的使用，它研究语言用于交际的动态形式，揭示其语用规律，因此它从一开始就是站在语言科学阵地上来考察言语交际现象的。

语言学界已经取得这样的共识：人们用来互通信息、交流思想的语言，是人类社会所独有的一种特殊社会现象。其特殊性就在于它是专门用来交际的，语言的生命力和存在价值就在于交际；离开了人们的社会交际，语言既不可能产生，也不可能存在和发展。“语言是人类最重要的交际工具”这个定义就是着眼于语言的社会本质，从交际功能的角度作出的科学概括。语言的社会实践，就体现于言语交际活动中；语言的交际功能，实际上是一种社会功能。这是它的基本功能，其他功能都是由此而派生出来的。

言语交际学正是抓住语言这一社会现象的特殊性，从交际的角度来研究语言，而不是把语言以外的其他社会因素列为研究对象，即使涉及有关社会因素，目的还在于考察这些因素对言语交际所产生的影响，主要是对语言进入交际以后在结构和功能上所产生的影响。这是作为语言学分支学科的言语交际学和作为社会学分支学科的各种交际学在学科性质上的分水岭。这当然没有什么高下之分，只是出于明确学科自身性质的目的，不得不先把言语交际学从各种属于社会学的“交际学”中划分出来，使其在一片“向外拓展”的呼声中能保持清醒的学科意识，不致偏离语言学。

跨文化交际研究中关于交际规范的阐述，关于语境因素与语用规则关系的阐述，很多都来自言语交际学的研究成果。不过言语交际学的研究通常侧重某种特定语言系统和某种特定语用规则之间的关系，而不关注跨语言、跨语用的研究，这个领域正是跨文化交际研究的领地。

二 跨文化交际研究的时代必要性

（一）全球一体化的时代特征

20 世纪人类的科学技术有了突破性的发展，这极大地改变了世界的格局和人类的生活方式。现代交通高速发展，航班日益增加，游轮频繁出入，火车屡屡提速，高速公路纵横交错，家用轿车以更快的速度、在更大范围内普及，这使得人们之间的交往空前频繁。现代通讯技术高度发达，移动电话的迅速普及，可视电话的广泛应用，这使得人们之间的沟通绝对畅通。尤其是电脑的普及和国际互联网的诞生，使人类的生活形态进入了一个崭新的时代，突破了以往生活功能空间的限制，办公无纸化、商务电子化、生活网络化、沟通互动化等无不在人们眼前展现一个“虚拟的世界”。这些巨大变化的一个核心就是人和人之间的时间、空间距离被拉近了，巨大的地球被压缩成一个小小的“地球村”，人们可以像村民在小村子里一样，随时、随地地串门、聚会、交往、沟通。

与此同步，全球经济一体化的进程也日益加速。经济是一个国家、一个民族、一个地区的命脉，围绕着经济的发展，国家、民族、地区之间在政治、文化、科技、贸易等方面的交往日益频繁。这种交往可以表现为合作、援助，也可以表现为交涉、斡旋，乃至于冲突、战争，使得世界日益形成一个多元化的格局，而且变得精彩纷呈、变化无穷。事实表明，无论是哪种类型的交往，万变不离其宗的是大家必须沟通，需要接触、会晤、谈判、协商、讨论，这就是外交舞台特别精彩的根本原因。所有这些所谓的“外交”都是典型的跨文化交际，因为尽管现代科技的发展拉近了人们之间的时间和空间距离，却无法拉近人们之间的心理距离。不同的国家、民族由于不同的历史渊源、不同的社会习俗，形成了特定的文化背景，特定的文化背景又形成了不同的价值取向、思维方式、社会规范、语用规则，这些因素给跨文化交际带来的潜在的障碍、低效率的沟通、相互间的误解以及可能导致的文化冲突，都会给人类带来不必要的灾难。

跨文化交际作为一门新兴的边缘学科，正是在这样的时代背景下产生的，这个领域的研究无疑是为了适应这样一个日益发达的跨文化国际交往和人际交往的需要应运而生的。因此这门学科必须研究不同文化背景形成的价值取向、思维方式的差异，必须研究不同社会结构导致的角色关系、行为规范的差异，必须研究不同民族习俗所积淀的文化符号、代码系统的差异，必须研究不同交际情景制约的语用规则、交际方式的差异。所有这些研究不但要进行深入的理论探索，还要注重实际的应用研究，这样才能使这门学科更科学、更完善、更丰满，从而更好地为这个时代服务。

（二）汉语国际推广的战略需求

新中国成立以后，出于国际交往的需要，政府有关部门即开始组织、实施对外汉语教学，至今已经历了半个世纪。20世纪80年代改革开放以后，随着中国经济的腾飞，综合国力和国际地位的提高，“汉语热”掀起了高潮，我国的对外汉语教学事业出现了突飞猛进的发展。2005年7月我国的对外汉语教学又进入了一个新时期，以北京首届“世界汉语大会”的召开为契机，我国的对外汉语教学在继续深入做好来华留学生汉语教学工作的同时，开始把眼光转向汉语国际推广，即不但要把留学生“请进来”，更要把对外汉语教师“派出去”。这在我国对外汉语教学发展史上是一个历史的转折点，是里程碑式的转变。国家汉语国际推广领导小组强调要突出重点，切实加强汉语国际推广能力建设，切实加强师资队伍建设，突破教材开发瓶颈，继续加快孔子学院包括网上孔子学院的建设，大力提高市场运作能力。决心解放思想，创新体制，通过5至10年的努力，使汉语国际推广体系更加健全，体制更加灵活多样，从而更好地满足海外汉语学习的需求，促进我国与世界各国经济、文化的合作与交流。

国家的这个战略决策意味着将有越来越多的教师通过国家公派或校际交流途径赴国外从事汉语教学，而作为TCFL（即在非目的语环境中进行的、将汉语作为外语的教学）的教师面临的一个挑战就是必须具有很强的生存能力和适应能力，也就是说必须具有很强的跨文化言语交际能力。2006年国家公派出国教师的选拔工作无论在形式上还是在内容上都有了很大的改革，除了专业测试外，还有外语测试、心理测试等；除了进行试讲外，还要组织通过录像评课。在面试中不但强调教师的跨文化交际知识与能力，还有专家来评估教师在国外工作应具备的适应能力。这就要求我们对跨文化交际的研究能跟上时代的步伐，适应形势的需要，因此加快、加深这个领域的研究势在必行。跨文化言语交际的研究不但要有理论上的拓展和深化，还要在应用研究上下工夫，这对跨文化交际学科来说，不但是挑战，更是迫在眉睫的时代需求。

思考题

1. 如何理解"文化"的内涵?

2. 文化具有哪些特点? 请举实例说明。

3. 什么叫文化定势? 请举实例说明。

4. 什么是亚文化? 请联系中国文化的现状加以阐述。

5. 什么是符号? 如何理解语言是一种符号系统?

6. 人类社会的交际工具包括哪些类型? 请联系生活中的现象加以说明。

7. "思维"与"思想"有什么联系和区别?

8. 为什么"想什么"、"怎么想"比"说什么"、"怎么说"更重要? 请谈谈你的体会。

9. 交际的本质属性是什么? 为什么说任何交际都是文化的交流或碰撞?

10. 交际的过程由哪些要素构成的? 请叙述一个完整的实际交际过程。

11. 请联系实际解释"跨文化交际"的概念。

12. 跨文化交际与言语交际学有什么区别?

13. 请联系相关课程学到的知识谈谈言语交际中的"合作原则"。

14. 跨文化交际与文化语言学有什么区别?

15. 请联系相关课程学到的知识谈谈汉语同汉字的关系。

16. 跨文化交际与社会语言学有什么区别?

17. 请联系相关课程学到的知识谈谈当前大学生的语言变异现象。

18. 全球一体化的时代特征与跨文化交际学科有什么关系?

19. 汉语国际推广的战略需求对跨文化交际研究提出了什么新的要求?

20. 请以亲身经历谈谈你对跨文化交际的感受。

第二章　文化背景与跨文化交际

第一节　文化因素与跨文化交际

文化背景中渗透着各种文化因素，由于不同文化有不同的取向，在价值观念、思维方式、社会规范、生活形态等方面存在着明显的差异。由于文化背景不同，人们在交往时产生心理距离是很自然的，因而文化碰撞、交际失误、人际冲突总是难以避免的，而这样产生的后果往往也十分严重。

在现实生活中，人们的言行举止都自觉或不自觉地遵守各自社会的习俗规范，都是特定社会群体价值观的真实写照。比如在日常生活中，善于展示个性，崇尚标新立异，是美国社会中价值观的重要体现，是他们为人处世的信条；而在中国社会，这样的所作所为可能会被看成“另类”，受到群体的非议，难以融合到主流社会群体中。同样，中国人为人处世善于变通，可塑性极强，所谓“世事洞明皆学问，人情练达是文章”；但这样的风格在美国文化中却难以获得认同，反而会给人以不诚实、模棱两可、不可捉摸的感觉，妨碍人际关系的相处。所有这些表象背后，都是文化因素在起作用，因此在跨文化交际研究中，文化因素的探讨成为最重要的领域之一。

交际离不开赖以生存的文化，赖以生存的文化必然在交际中产生制约作用。从跨文化交际的现实情况来看，影响交际的制约因素集中体现在三个方面：一是价值观念，这是文化特质的深层结构；二是民族性格，这是文化特质的外化表现；三是自然环境，这是文化特质的历史缘由。

一　价值观念

在跨文化交际研究中，价值观是一个至关重要的问题。价值观是文化的底层，不理解价值观的差异就不能理解不同文化之间的根本差异。对于价值观的概念，国外学者进行了富有启发性的探讨，下面是一些有代表性的诠释[①]：

赫夫斯泰特(Hofstede)：价值观是喜欢某种事态而不喜欢另一种事态的大致倾向。

克鲁克亨(Kluckhohn)：价值观是个人或群体所特有的一种显性或隐性的认为什么是可取的观念，这一观念影响人们从现有的种种行动模式、方式和目的中作出选择。

赛蒙法(Samovar)和博特(Porter)：价值观通常是规定性的，告诫人们什么是好的和坏的，什么是正确的和错误的，什么是真实的和虚假的，什么是正面的和反面的，等等。文化价值观确定什么是值得为之献身的，什么是值得保护的，什么会使人害怕，什么是应该学习的，什么是应该耻笑的，什么样的事件会使人团结起来。最重要的是文化价值观指导人们的看法和行为。

上述几种对价值观的诠释从简到繁，但说的却是一个道理。每一种文化都有其独特的一套系统，而价值观是它的核心。价值观告诉人们：什么行为是社会所期望的，什么行为是社会所唾弃的；应该爱什么，应该恨什么；什么是美的，什么是丑的；什么是好的，什么是坏的；什么是正常的，什么是荒谬的；什么是正义的，什么是非正义的。价值观看不见，摸不着，但它却无处不在，对人类的活动起着规定性或指令性的作用，是人们行为的规则、思维的方式、认知的准绳、处世的哲学、推理的模式、评价的依据、道德的标准。人们在不知不觉中通过交际习得这套价值系统，而这套价值系统则变成了他们的集体无意识，变成了他们的信仰、心态、行为、生活等诸方面的可评价系统，变成了他们民族性

① 转引自贾玉新《跨文化交际学》，上海外语教育出版社，1997。

格的基石。正如叶进在议论美国价值观念时指出的那样："在美国，价值观念这个词所包含的意思是多方面的，它既指一个人的处世态度，也包括一个人的信仰和爱好，抱负与追求，希望与恐惧，傲慢与偏见。然而，一个人内心的价值观念无论多么错综复杂，甚至自相矛盾，都无可避免地在他的生活方式中表现出来。"①在中国，虽然传统的价值观并未形成系统的理论，然而一种严密的、不可抗拒的价值取向牢牢扎根于人们的心中，坚如磐石，挥之不去。

价值观具有相对的稳定性和持久性。在特定的时间、地点、条件下，人们的价值观总是相对稳定的。比如，对某种事物的好坏总有一个特定的看法和评价，在条件不变的情况下这种看法不会改变。但是，随着人们经济地位的改变，价值观也会随之改变，也就是说价值观也处于发展变化之中。一个人的价值观是从出生开始，在家庭和社会的影响下，逐步形成的。一个人所处的社会生产方式及其所处的经济地位，对其价值观的形成有决定性的影响；同时报刊、电视和广播等舆论宣传，以及父母、老师、朋友和公众名人的观点与行为，对一个人的价值观形成也有不可忽视的作用。

（一）群体取向与个人取向

1. 中国社会的群体取向

中国社会崇尚群体取向。所谓群体取向，就是提倡凡事以家庭、社会和国家利益为重，个人利益在必要时可以忽略，可以牺牲。在处理个人与集体或环境的关系方面，人们被要求做到"循规蹈矩"，"安分守己"，与集体或领导保持一致，甘当"一颗小小的螺丝钉"。人们习惯于忍让，力求个人身心与整个环境相适应；人们习惯于避免"锋芒毕露"，因为"树大招风"，"枪打出头鸟"，"出头的椽子先烂"。在当今中国社会，尽管传统的群体意识已远远超过了它原有的意义，但人们对集体或群体仍有很强的归属感。据喻国明等学者的全国性调查，有61.3%的被访者表示"我们对集体荣誉看得很重"。集体对中国人的凝聚力的指数为55.83（按百分制计算）。②

① 参见《光明日报》1986年5月27日。

② 参见贾玉新《跨文化交际学》，上海外语教育出版社，1997。

群体取向的伸延表现为他人取向，中国人的所作所为较多地考虑别人怎么看、怎么说，力求使自己的言行举止符合群体的意志，诚所谓“人言可畏”。因此求大同、随大流，避免“另类”行为，成了中国人为人处世的信条。这使中国人养成言行上不愿得罪人、逢人说好话的习惯，有时甚至不惜说违心话、做违心事；主张“审时度势”，“因势利导”，“以和为贵”。

群体取向的影响有积极的一面，也有消极的一面。从积极的方面看，中国人谦虚谨慎，相互依赖，共同合作，提倡集体主义，强调爱国主义；为了集体和国家利益，不惜牺牲个人的利益乃至生命；成功之时，把功劳归于集体力量和他人帮助。这使得中国社会能在一定的条件下成就很多西方社会难以实现的“奇迹”。比如，1997 年长江洪水泛滥，情势危在旦夕，但中国人民全民动员，万众一心，心系长江，终于避免了灾害的发生；2002 年“非典”肆虐，全国上下总动员，各行各业齐努力，领导到岗，群众守责，人人积极配合，顺利渡过了难关；2007 年上海举办“特奥会”，全市动员，齐心合力，中央统摄，各地配合，每个运动员的背后凝聚了 20 名各类志愿者的努力，终于取得了举世瞩目的成功，留下了难以忘怀的回忆。2008 年中国汶川大地震，神州大地又上演了一幕可歌可泣的壮美史诗，充分展示了中华民族的巨大凝聚力，以及关爱生命的人本精神。而北京奥运会的空前成功更是创造了世界奥运史上的奇迹，得到国际奥委会、各国政府及各国运动员的高度评价。从消极的方面看，过于强烈的群体主义取向使人们缺乏个人进取精神，缺乏个人竞争意识，也导致中国在自主创新方面非常薄弱。进入新时期以来，我们始终强调树立创新意识，是很有针对性的。

2. 西方社会的个人取向

与中国文化相反，在西方社会，尤其是美国，崇拜个人主义。有的学者认为西方的个人主义取向渊源于 15 世纪的文艺复兴时代，而个人主义这一重要观念充分体现在以 17 世纪英国哲学家洛克为代表的西方哲学传统之中。根据洛克的观点，“生物的个体是自然的基本单位”。西方的哲学家们认为，社会制度产生于社会秩序建立之前的为个人利益而行动的个体之间的交往之中，这一个人本位的观点对早期美国社会发展影响很大。富兰克林(Franklin)把个人主义精神在其著作中具体化,明确指出"上帝帮助自助者"。曾任英国首相的丘吉尔(Churchill)把西方的个人主义描写为:"我们从我们的父母那里得到的只是我们的名字而已,不是财产。我们必须寻找机会。我之特殊不是继承来的,而是我通过拼搏取得的。"①

西方个人主义取向在英语合成词中就有所体现。英语中以 self(意为"自我")为前缀的合成词有 100 多个,如 self-support(自立)、self-help(自助)、self-esteem(自尊)、self-confidence(自信)、self-respect(自重)、self-culture(自学)、self-reliance(依靠自己)、self-dependence(自力更生)、self-control(自我控制)、self-denial(自我克制)等,这种现象在其他语言中是少见的。实际上,美国人都想成为 self-made man(靠自己奋斗成功的人),从中可以看出"个人"在美国生活中所占的位置是何等重要。美国人相信"世界上没有两片树叶是完全一样的","你是最棒的"。因此每一个个体都被当做一个完全不同于其他人的独特的个体,他的思维方式、行为都与别人不同。他们拒绝被人们称为某一群体的代表,他们是自主、独立的实体,是一部小机器,一个小宇宙,一个小周天。他们完全不依赖别人而存在,无端地接受别人的帮助被认为是无能,靠父母生活被认为是一种耻辱。

个人主义也意味着对个性、对差异的追求,人们的行为、言论、思想都体现出与众不同。差别化几乎与个人主义同义,受到同样的赞赏;而保持一致,则是个体人格丧失的表现。因此美国人喜欢独辟蹊径,标新立异,在别具一格中出奇制胜;他们追求个人享受,放任个性,自由发展;他们不满足于物质利益的享受,还包括个人意志,以及自我实现的追求。林语堂在谈论美国个人主义取向时,曾说过这样一段话:"人们不哀鸣虑忧,他们尽力迈步向前;他们不等待别人援助,他们自助;他们不等待机会,他们制造机会"②。他又说:"你们的出路就在你脚下。在你认为出路是在别处或别人身上时,你是要失败的。你的机会,你的成功就包裹在你的人格中。你的成功是在你自己的生命中,正像未

① 转引自贾玉新《跨文化交际学》,上海外语教育出版社,1997。

② 林语堂《人生小品集》,浙江文艺出版社,1990。

来的栎树隐伏在栎子中一样。你的成功就是你的自我之演进、开展和表现。"[①]正因为西方人崇尚个人主义,他们才各论其理,各行其是,各展其才,各得其志。这也就是为什么美国人强调外在的、个人的、权力的、功利的东西,而且崇尚竞争的缘故。

值得指出的是,美国人的个人主义取向并不意味着个人利益高于一切,可以为所欲为,不顾他人。他们崇尚个性解放、提倡自我奋斗,是在法律、法规约束之中的,因而在总体上是积极的、健康的。美国人积极进取、锐意创新的精神不可否认,这也是美国能成为世界强国的原因之一。当然过于强烈的个人主义取向也有一定的消极性,过分的个性张扬影响了社会群体的合力,过于自信、自重也影响了人际关系的亲和力。

（二）求稳与求变

1. 中国文化的"求稳"心态

天下万事万物总是处在两种状态中,那就是"稳定"与"变化"。群体主义取向决定了"求稳"的选择,因为群体与个体相比,"变"受到限制,或不会轻易变。在中国传统社会中,由于儒家中庸哲学思想的影响,中国人习惯于在一派和平景象中"相安无事","知足常乐"。人们接受了这种"稳定"观念,相信"万变不离其宗",善于"以不变应万变"。他们主张"顺其自然",奉行"安分守己",向往"安居乐业"。国家不能不稳定,家庭不能不和睦,"求稳"的观念深深扎根于中国人的心目之中,中国社会就是在"求稳"的观念下达到了历史的进步。与此相呼应的是道家主张的"无为而有为",因为"有为"意味着矛盾、冲突,会破坏人间和谐;"无为"才能防止对立,避免矛盾产生。尽管"易"有崇尚变动的思想,然而它所求的是"变"中的"静",是一种原地不动的圆圈式的"动"。中国人尚"静",因为"静是事物的根"。

但是"变"与"不变"是相对而言的,或者说"求稳"只是一种心态。事实上社会不变是不可能的,关键看为什么变、如何变、变得怎么样。中国几千年的封建社会不断发生改朝换代,变化很多。然而在"祖宗之法不可变"的精神支

---

① 林语堂《人生小品集》,浙江文艺出版社,1990。

配下，这种变化本质上是“一治一乱”的天道循环，基本的社会制度和格局并没有变化，更没有创新。可以这么说，中国的历史可以概括为“合久必分，分久必合”，“分”是表象，“合”是永恒。打个比方，“分”是“重新洗牌”，于是牌局不断变换，但“游戏规则”是不变的。“统一和稳定”始终是每一朝代的头等大事，是社会发展的根本保证。一切发展之大前提是家庭、家族、社会之稳定，没有稳定就没有统一，越是稳定，越是统一，越是进步。不然就会“天下无道”，“礼乐崩坏”，“制度不兴”。从秦始皇开始，“书同文，车同轨，行同伦”的大一统政治理念根深蒂固，深入人心。不能不承认，中国几千年来正是在“稳定”中求生存，求发展，求进步的。这就是为什么中华民族的文化得以延续并保存其完整性的历史原因。

近代以来中国社会发生了巨大变化，尤其是20世纪80年代改革开放以来，中华民族这条“巨龙”焕发出无限生气，中国的经济腾飞，国际地位和综合国力大大提升，取得了举世瞩目的成就。这一切都是在稳定中求发展，国家始终将维持安定团结的局面放在首位，强调“稳定压倒一切”，坚持“发展是硬道理”。中国没有选择苏联那种“突变”式的改革道路，而是坚持“渐变”式的发展模式，这符合中国的国情，适应中国文化的特质。

2. 西方文化的“求变”心态

与中国文化形成对照的是美国为代表的西方文化。崇尚个人主义取向的美国人更倾向于“求变”。在美国人的心目中，核心思想是“无物不变”，而且变化永不停止。变化表现为不断打破常规、不断创新的精神。他们不满足于已取得的成就，不执著于传统的秩序，不甘受制于家庭、经济、教育乃至个人能力的条件。对美国人来讲，变化、改善、进步、发展与未来几乎都是同义词，没有变化就没有进步，没有创新就没有成就，没有发展就没有未来。美国社会充满了一种打破常规、不断创新的精神。

美国人的“求变”突出表现为他们喜欢独辟蹊径，热衷于冒险探索。变好也罢，变坏也罢，他们历来变化多端。他们敢于万里从头越，通过奋斗改变自己的命运，始终坚信能走出一条属于自己的路。翻开美国的历史，就会发现它充满了人们冲破传统的轨迹，标新立异的成功。当然变化的背后隐藏着危险、动乱和破坏，然而美国人把这些东西看做是创造性的破坏，所谓“不破不立”，破字当头，立在其中。正是这种“求变”的价值取向，使美国人永远处于闯新路、创造新生活的气氛之中，尽管美国不时呈现出貌似动乱的现象，其实这正是它基本动力之所在。

美国人的“求变”集中表现在他们不同形态的流动，他们的职业选择、事业追求、求学计划、社会地位、居住地域都在频繁地流动。美国历史的每一章都充满了某某人如何从一地迁徙到另一地而获得发展机会、某某人如何从社会最底层通过努力拼搏而成为社会名流等这样的传奇故事。举世闻名的“西部大开发”激发了人口大流动，留下了很多个人奋斗、创业有成的奇迹。微软公司的创始人比尔·盖茨中途辍学，创业成功，是美国精神的典范。这种在社会意义上的“挪动”，为美国人带来了更多的业绩、财富，带来了更多的休闲、享受，也带来了更多的机会、运气。他们真正相信“事在人为”、“有志者事竟成”、“命运掌握在自己手中”。

美国产生了很多著名企业和知名品牌，就是美国精神的写照。“麦当劳”创造了连锁经营的创业模式，不但为人们提供了一种适应快节奏的“快餐”，更为人们提供了一种白手起家、平民创业的机会；“耐克”的成功经营，不但为社会提供了高品质的运动服饰，更适应了人们喜好运动的欲望，为“生命在于运动”的理念推波助澜；“可口可乐”首创碳酸饮料，不但为人们提供了新颖的休闲饮品，更提倡了一种现代生活的意识。这些都体现了机会、奋斗、创业、成功、财富、享乐的“人生链”，这背后无疑是“求变”的心理追求所产生的效应。

（三）“性本善”与“性本恶”

1. 儒家文化的“性善说”

人性指人之所以区别于动物的根本属性，然而人性有善恶之分，于是对于人性本质属性的假设，就成为重要的价值取向范畴。中国人传统的人性论是性善为本，即“人之初，性本善”，认为人天生是善的。这种人性论渊源于孔子思想，他认为“人者，仁也”，“仁者爱人”，“为仁由己”。因此孔子主张性本善。孟子发展了孔子性本善说，注重发扬人的“恻隐之心”、“羞恶之心”、“辞让之心”、“是非之心”等与生俱来的善性。这构成了中国文化中的人性论。

当然,"性本善"指的是"人之初",人的本性不可能静止不变。所以孔子又指出"性相近,习相远"。就是说,长大成人以后,由于"近朱者赤,近墨者黑","善"可以变成"恶",而"恶"也可以变"善"。因此人性除了"善"之外,还有"恶"的因素,不适当加以控制,"善"可能会转变成"恶"。如何加以控制,中国文化的选择是明确的,就是注重内省和人格完善的修身哲学,也就是说,以"仁"为本,强调做人必须爱人,达到"仁至义尽"的境界。"仁"是做人的基本准则,也是人际交往的最高标准和最终目的。为了诠释"仁"的内涵,中国文化又传播一整套"礼"来作为一切行为的标准,所谓"非礼勿视,非礼勿听,非礼勿言,非礼勿动"。自古"好人"的标准是讲究"仁、智、理、义、信",提倡"吾日三省吾身",主张"修身、齐家、治国、平天下"。总之,"修身"为第一,主张通过自我觉悟、自我约束、自我改造来抵御"恶"的侵蚀,保持完美人格。直到今天,我们还是坚持加强学习,提高认识,注重自我修养。

"性本善"也直接影响人们的为人处世,如传统的儒家文化强调人们要从善性出发,并固守其善性,提倡"安分守己"、"安于现状"、"知足常乐"。今天我们提倡"八荣八耻",就是这种传统观念在新时代的"翻版"。因此有些西方学者把中国文化称之为"善感文化"或"耻感文化"。中国人习惯于省身慎独,柔软宽容,好静顺从,相互依赖,这与中国人"求稳"、"求静"的心态是一脉相承的。从这个意义上讲,中国人特别强调"做人",做人就是做"好人",这是社会的期待。凡为人要做"好父亲、好母亲","好丈夫、好妻子","好孩子、好学生","好朋友、好邻居","好上司、好下属"。当然作为领导,更要做个"好干部"。改革开放以来,中国经济腾飞,出现了一批事业有成的企业家,他们在谈人生、谈创业时,最深的体会几乎是一致的——在中国市场上要获得成功,"做人"重于"做生意"。也就是说"做人"成功,事业才会成功;"做人"失败,满盘皆输。这就是中国文化的写照。

中国文化主张"性本善",这是文化特质所决定的,有其必然性,也有其合理性。但在如何惩治"恶"的方面,仅仅靠自我反省、自我约束、自我修身是远远不够的;仅仅依靠社会道德范畴的约束机制,不能从根本上保证人人成为善人。因此法治是必须的，法律作为维持社会公平、合理的工具，是任何文化都必须有的范畴。正因为这个缘故，中国改革开放的一个重要保障，就是进一步健全法制，以法治国，维系社会安定，保证改革开放的顺利进行。

2. 西方宗教的“原罪说”

与“性本善”的人性论相反，受基督教影响的西方人性论是“人之初，性本恶”，这就是西方学者所谓的“原罪说”。按《圣经》的说法，上帝创造了人类（亚当与夏娃），他们却偷吃了禁果，犯了原罪，失去了乐园，然后堕落到万恶的现世来受苦受难。在世上只有不断忏悔，才能在基督再世的审判末日得到解脱。

以“原罪”为起点的西方文化，人们认为自己在上帝面前是有罪的，为改变“原罪”，人们不断忏悔，设法改变“罪”的本性，努力超越现世，以期待世界末日的审判，从而到达彼岸。这就造成西方人“求变”、“求动”的心态，只有这样人才会改变，才会有希望。很多西方学者把西方文化称之为“罪感文化”，这个概念就来源于“原罪说”。西方人普遍信奉宗教，以此作为为人处世的信条，作为自我约束的手段。他们用这种方式取代“柔性”的社会道德层面的约束，也许更加有效。

从常理来判断，一个人从“原罪”为起点变成“好人”是不容易的，当然不能仅仅指望靠忏悔解决问题。于是在西方社会，普遍地强化法治，规定一系列法律、法规来治理上帝的臣民，臣民的一切行为必须在法律范围内进行。法律是强制性的，是“刚性”的，是对人的行为的一种不可抗拒的约束，这是西方社会维系秩序的有力工具。在他们看来，因为人天生是有罪的，“性本恶”，所以人生来自私自利，贪图享受，自我膨胀，这是很正常的，也是很合理的，所谓“人不为己，天诛地灭”。但一个前提是你不能妨碍他人，不能危害社会，要不然天下就会大乱。因此法律作为强制性的约束工具，实际上是一种无形的“镣铐”，每个人都只能“带着镣铐跳舞”，不能“群魔乱舞”。他们明白，这样做不是为了别人，而是为了自己。我们普遍觉得西方人法治观念很强，把法律看成一堵不可逾越的“墙”，不愿越过雷池一步。这与我们中国有些人把法律看做一张遍体是眼的“网”，捉摸如何“钻法律的空子”是很不一样的，这也是文化的特质使然。

二 民族性格

以价值观念为基础的民族性格，是了解一个民族的文化和行为的重要方面。如果说价值观念是文化特质的深层结构，那么民族性格就是文化特质的外化表现。因此民族性格是可感知的行为特征，对交际行为有着直接的支配作用。那么，什么是民族性格呢？简单地说，民族性格就是指一个民族在对人、对事的态度和行为方式上所表现出来的心理特点，是一种总体的价值取向。性格的表现是心理特征，性格的根由来自态度取向。

（一）态度取向

态度可以理解为对人、对事的一种心理倾向，它决定人们是积极地、肯定地还是消极地、否定地对待某人、某事或某种行为。根据社会心理学家的研究，态度由认知、情感和意动三个范畴构成。也就是说，如果我们的任何心理倾向在某种程度上具备了认知、情感和意动的内容，那么就形成了态度。尽管态度泛指主体对人或事物的一种心理倾向，但多数心理学家都把他们的研究重点集中在人们对待其他文化群体所持的态度方面，从而引导人们与不同文化群体的人们进行有效的跨文化交际。认知成分被概括为一个人对人或物的信念或真实知识。情感成分包括一个人对某些人或物的评价、爱好和情绪反应。意动成分则包括指向人或物的外显行为。

“认知”成分指人们对某种对象所持的思想、信念及知识。它是指人或物被感知到的方式，即在大脑中形成的心理映象。比如很多人相信黑人擅长歌舞和体育运动，日本人拘谨礼貌，美国人慷慨大方，中国人好客，德国人严谨，犹太人富有等。这些信念在人际交往时常常使人们先入为主，这显然是一种思维定势。

“情感”成分指人们对某种对象在评价方面的反应，是带有主观爱好的情绪表现。在日常交际中，情感成分往往比认知成分更重要。有时交际双方可能有相类似的信息或共识，却在情绪上表现出对立。态度扎根于情感之中，而情感又具有执著的特点，所以一般来说相当稳定。

“意动”成分指人们对某种对象的行为意向，意动成分受认知和情感成分影响。如一个有民族中心主义倾向的人，会产生某种偏见，往往会歧视其他种族的人，产生排斥群体外成员的意向。

人们选择自己的态度，这完全是心理需求的结果，也就是说人的态度是为心理功能服务的。一些学者认为态度具有四种功能：一是功利实现功能，人们持有某种态度是因为可以得到某种利益；二是自我防御功能，人们通过某种态度来保护他们的自身利益和自我形象；三是价值表现功能，人们用态度来表示自尊，并肯定自我形象；四是客体认知功能，人们持有某种态度来证明他们拥有支配世界的知识。

（二）性格特征

民族性格的差异是显而易见的。学者们对中国和美国的民族性格的分析研究很多，然而看法并不完全一致。虽然民族性格是可以感知的，但要加以理性的、准确的概括不是件容易事。从总体来看，有些特征学界的看法还是比较一致的。

中国的民族性格比较突出地表现出如下一些特征：中庸恭谦，内敛含蓄；情感本位，和平宽厚；聪慧灵巧，机动权变；勤俭耐劳，安贫乐道；家庭至上，崇拜权威；具象思维，整体把握。

美国的民族性格比较突出地表现出如下一些特征：自我奋斗，不信天命；相互独立，尊重隐私；讲究效率，勇于创新；不拘礼节，坦率真诚；平等、民主、自由；好动、善变、求异。

根据上述分析，中国和美国的民族性格各有特色。中国的民族性格体现了以人生为核心的人文特质，即注重人与自然的和谐、人与人之间的和谐，体现了中华民族的民族精神。而西方人对人生的探讨不像中国人那样感兴趣，他们偏重于追求世界的本体，关注的是怎样认识自然或客观世界，而不是怎样为人处世。从这一点看，中国民族性是入世的，而西方民族性是创世的。李大钊在其《东西方文明根本之异点》一文中对东西方的性格的对比分析，对我们研究和比较东西方文化是很有价值的。他指出："东西方文明有根本不同之点，即东洋文明主静，西方文明主动是也。一为自然的，一为人为的；一为安息的，一为战争的；一为消极的，一为积极的；一为依赖的，一为独立的；一为苟安的,一为实进的;一为因袭的,一为创造的;一为保守的,一为进步的;一为直觉的,一为理智的;一为空想的,一为体验的;一为艺术的,一为科学的;一为精神的,一为物质的;一为灵的,一为肉的;一为向天的,一为立地的;一为自然支配人间,一为人间征服自然。"①

不可否认的是,在改革开放的形势下,旧的观念开始受到挑战,中国人的民族性格也开始发生一些变化,这些挑战和变化体现在:一是中国人开始摆脱绝对化地以群体取向为上的道德束缚,人们开始要求把道德的社会功能从主要是调节人际关系转化为主要保证个人得以自我发展和自我完善上来。二是在平等观念上,传统的结果均等的追求正在被机会均等的要求所代替;在个性独立上,人们开始对对个人生活方式的过多关注和广泛干涉表示抵制。三是一些不合时宜的传统观念(如"安分守己"、"中庸之道"、"知足常乐"等)正在被抛弃,而勇于创新,开拓进取、公平竞争等新观念正在形成。四是社会期望由"无为"和"依赖"开始向"有为"和"自主"转化,其结果必然是主观能动性的激发,更加自重、自信、自立、自强。

总之,在改革的大潮中传统观念在不同程度上受到了挑战。然而,我们还应认识到,不管变化有多大,传统观念的影响是不可忽视的,文化的底层具有相当的稳定性。有学者曾对中国新华社在 1950 年 1 月 1 日至 1989 年 12 月 31 日期间发布的英文版国际新闻进行了抽样调查,以了解其内容所反映的价值取向。结果证明一些传统的价值观念(尊重权威、过去取向、崇尚关系、道德至上、社会和谐、相信命运)仍然在起作用。数据显示,在传统的六种观念之中,有三种观念表现出明显的一贯性。占第一位的是"社会和谐",这一观念 20 世纪 50 年代在所有的价值观念中占三分之一;70 年代竟达到所有价值观念的 50%。占第二位的是"道德至上"(谦卑、和蔼、知足、勤俭等),这一观念在 50 年代到 70 年代一直占有重要位置,但到了 80 年代,由于受到市场经济的冲击,人们开始重视物质利益,观念开始由知足和勤俭向努力致富转变。占第三位的是"尊重权威",这一观念从 50 年代到 70 年代一直处于上升状态,曾

① 李大钊《东西方文明根本之异点》,载《李大钊文集》,人民出版社,1984。

达到所有价值观念的43%，仅在80年代有所下降。不难看出，尽管有些观念发生了变化，但传统的价值观几乎是根深蒂固的。[①]

三　自然环境

（一）地理环境

地理环境包括一个民族所处的地理位置和气候条件。多数人类学家、社会学家都认为一个民族的地理环境对民族文化的形成起着决定性的作用，在经济不发达的古代社会尤其如此。文化和环境的关系，主要表现为地理环境在很大程度上决定了人们的生存方式、生产方式，进而决定人们的行为模式、社会规范。

孔子说："知者乐水，仁者乐山；知者动，仁者静；知者乐，仁者寿。"（《论语》）程颐在其《经谈》中又进一步阐述了孔子"知者乐水，仁者乐山"的思想，他指出："乐者好也。知者乐于运动，若水通流；仁者乐于安定，如山之定也。知者得其乐，仁者安其常也。"孔子将"知者"与"仁者"加以区分，并分别同"水"与"山"的不同环境加以类比。实际上可以看出孔子的观点与态度，俗话说"山不转水转"，把安定的山置于流动的水之中，前者稳定而后者漂移。儒家思想崇尚"静"，讲究"定"，在他看来"仁者"高于"知者"。冯友兰先生在读了孔子的这段话后，悟出了这样的道理：这句话似乎暗示着古代中国人和古代希腊人的不同。完全不同的地理位置和气候条件塑造出完全不同的文化特质，一是农业文化（或大陆文化），一是商业文化（或海洋文化），两种不同文化又塑造出两种完全不同的民族性格。[②]

1. 亚洲大陆文化的特征

中国位于亚洲大陆。西边是高耸的喜马拉雅山脉，在古代几乎难以逾越；东边是茫茫大海，没有发达的航海设施和技巧也只能"望洋兴叹"；南边在古代是尚未开发的不毛之地，瘴气弥漫难以穿越；北边虽然开阔，又被秦始皇修了

① 参见贾玉新《跨文化交际学》，上海外语教育出版社，1997。
② 参见冯友兰《中国哲学简史》，北京大学出版社，1985。

万里长城，筑起了一道人为的屏障。中华民族就生活在这样一个“包围圈”里，完全被自然环境所封闭。但同时，中国幅员辽阔，文化发祥地是黄河流域，气候属温带，适合农耕。这样的地理位置和气候条件使中华民族发展了以农业为主的经济，并养成了与其相应的生活习惯。中国古代有本末之别，“本”指农业，“末”指商业，“重本轻末”的观念根深蒂固，因此中国人尚农轻商，靠土为生。

环境的封闭带来了生活的稳定，农业生产促成了小农经济。“鸡犬之声相闻，老死不相往来”；“三亩农田一头牛，老婆孩子热炕头”；“我耕田来你织布，我挑水来你浇园”。男耕女织，自给自足，俨然是陶渊明笔下的“桃花源”。经济小农化，国家家庭化，社会等级化，礼仪规范化，中华民族的传统价值观念、民族性格就在这个起点上演绎出来了。

2. 欧洲岛国文化的特征

希腊是欧洲的一个岛国，四面被茫茫大海所包围。国小资源少，地小只有往外跑，于是他们唯一的选择就是征服大海，去发现新大陆，以拓展自己的生存空间。德国哲学家黑格尔继承了古希腊人眷恋大海的精神，对海洋发出由衷的赞叹：“大海给了我们茫茫无定、浩浩无际和渺渺无限的观念；人类在大海的无限里感到他自己的无限时，他们就被激起了勇气，要去超越那有限的一切。大海激励人类从事征服、从事掠夺，但同时也鼓励人类追求利润，从事商业活动。……他便是这样从一片稳定的陆地上，移到不稳定的海面上，带着他那人造的地盘‘船’——这个海上的天鹅，它以敏捷巧妙的动作，破浪而前，凌波以行。”①

出海探险，老弱妇孺留在故土，家庭模式被瓦解；海浪凶险，出海者必须同舟共济，互相结成了平等的契约式关系。于是在海洋国家中最早地发展了航海业，形成了商业经济。商人集居城里，发展了与其相适应的社会组织，建立了较为民主、平等的契约社会；他们活动在海上，形成了好“动”的取向，求变、好奇成为海洋文化的特点。西方文化及民族性格、与其相适应的价值观念及

① 转引自冯天瑜等《中华文化史》，上海人民出版社，1990。

制约人们行为的社会规范由此诞生。

（二）建筑风格

西方的哲人曾经说过：我们塑造了建筑物，建筑物也塑造了我们。事实确是这样，民族的建筑风格会受到它存在的文化的影响，同时反过来又影响着人们的生活方式和民族性格。

1. 建筑风格与空间界限

中国的地理环境是封闭的，中国的建筑风格也是封闭的。在中国文化中，没有围墙就称不上“国”，所以“国”字用方框围起来；没有围墙就称不上“校园”、“家园”、“公园”，所以“园”字也用方框围起来。中国文化以筑墙闻名于世，从长城到紫禁城，从村落的土墙到家户的院墙，从四合院的砖墙到田间的竹篱笆。无论国家还是家庭，城市还是农村，工厂还是学校，墙连墙，墙套墙，高的、矮的，宽的、窄的，土的、铁的、木头的、竹子的。长城万里，围定中原；城墙座座，护定都镇；小家院墙，隔划街里。有学者对我国工业和教育两个系统的围墙的长度做过推算，总计长度高达100多万公里，大约是万里长城的150倍；围墙占地面积高达670平方公里，相当于两个长沙市的面积。实际上，在墙篱中生活的人也难以在心理上不受到影响。

与崇尚围墙的中国文化形成鲜明对照的是美国人对空间的极端崇尚和高度敏感。美国人使用大小不等的空间来调节群体、家宅。在美国的城市，尤其是典型的中小城市，矿山、工厂、企业、学校，乃至家宅之间都以空间相互隔离开来，乡村中农户之间的空间距离可能漫无边际。如果你去参观一所大学，你可能会很难辨认学校的起点和终端，学校与其他领地的分界线似乎无处不在，也似乎根本不存在，但分界线却的确存在，它存在于美国人的心中。

2. 建筑风格与文化内涵

其实建筑风格还有更丰富的文化内涵。代表中国文化的北京城的城市建筑以高墙深院的四合院结构为特点。每个四合院好比历史隧道，代表着传统文化。传统的北京民宅里巷有着庄严肃穆之感，它的四合院是有等级的，是家长制的，偏正分明，主次有别。当你走在两面高墙之下的巷道，会有压力之感，因为巷道是有权力的。[①] 但北京又是富有人情味的，使你觉得这街、这巷，与你都有些渊源关系似的。北京建筑本身就是文化，就是凝固的历史和传统。而现代美国的大都市纽约则别有一番景象，这座城市的大街是以坐标和数字编码组成的，这座大城市是个千位数，街道是百位数，小巷是十位数，住宅是个位数，这是理据形式的存在。

完全不同的城市建筑，完全不同的生活方式，完全不同的民族个性，完全不同的思维方式，完全不同的交际风格。北京的生活节奏可以说是慢悠悠的，安详宁静，充满了人情味；而纽约的生活节奏是快速的，充满了竞争和铤而走险。北京的四合院主次分明，相互依存，渗透着等级差异；纽约林立的高楼大厦是平等的、独立的，你我分明。北京人人际交往是迂回的、含蓄的、模棱两可的；纽约人人际交往是直截了当的、坦诚直率的、赤裸裸的。北京城是“静”的城市，崇尚精神，与自然和谐；纽约是“动”的城市，崇尚物质，与自然竞争。我们创造了环境，环境反过来又塑造了我们。

第二节 心理因素与跨文化交际

一 思维方式

心理因素首先涉及思维方式，人们对客观世界的认知必须依赖于思维方式，当我们感知外界信息时，会对所感知的信息进行分析、推理、评价、综合等心理加工，通过对信息的加工来获取外界信息的意义。由于不同文化的人们对外界认知模式存在着差别，他们的思维方式也必然有所区别。思维与语言具有内在的联系，不同文化在思维方式方面的差异就会对交际行为产生直接影响。这种直接影响不但表现在语篇结构、编码方式、译码方式、交际风格等方面，而且会导致词法、句法的差异。因此思维方式的差异无疑会使跨文化交际产生障碍或冲突。

① 参见王安忆《两个大都市》，《读者》1994 年第 4 期。

学者们认为，认知模式的差别可能表现在思维活动时对环境的依赖程度方面。总的来讲，对环境的依赖可分为两种情况，一种是“无领域依附”，另一种是“领域依附”。通常认为“无领域依附”文化的人们具备更强的把某一组成部分从其整体中分离出来的能力，也就是说他们具有较强的解决具体问题的能力，能把某些组成成分从环境中离析出来并在具体环境中加以解决。而“领域依附”文化的人们具备更强的从整体上把握事物本质属性的能力，也就是说他们具有较强的统摄整体问题的能力，能领悟事物内部不同组成部分之间的辩证的、内在的有机联系。

当然，采用这种两元对立的方式来表示两种认知模式的差异是一种较为极端的做法，更合理的做法是把“领域依附”和“无领域依附”当做一个非离散的连续体的两端，这两端分别代表“领域依附”的整体式思维方式和“无领域依附”的分析式思维方式。因此两种思维方式的差异是相对的，有些文化的思维方式比较接近于“领域依附”范畴，而有些文化的思维方式则比较接近于“无领域依附”范畴。相对而言，东方文化的思维方式比较接近“领域依附”型，而西方文化的思维方式比较接近“无领域依附”型。

（一）整体思维与分析思维

1. 整体思维的特征

东方人以直觉的整体性与和谐的辩证性著称于世，这也是中国文化传统思维的主要特征，东方人的思维属于“领域依附”型的思维活动。

“直觉的整体性”是第一个特点。思维的整体性是指思维的对象、成果及运用思维成果对思维对象加以改造，都表现出整体的特征。中国人也习惯于把事物分为对立的两个方面，但这两个对立面被看成是一个不可分割的整体，它们相互制约，相互依存。这就是典型的整体性思维，即整体地去认识自然并改造自然，认识世界并改造世界。因此中国传统文化中对人和自然界关系的认识是以“天人合一”为出发点，人和自然的关系不是像西方文化那样被看成截然对立的主体和客体，而是处于统一的结构之中，天与人、阴与阳、精神与物质是不可分割的统一体。同样，在社会中人与人的关系方面，他们也习惯于把个人放在整个人际关系中去把握，强调人与人相互依存、相互作用。儒家学说中的“三纲五常”就是把人放在人际关系中整体把握的一个典型例子:三纲是“君为臣纲、父为子纲、夫为妻纲”;五常是“君臣有义、父子有亲、夫妇有别、长幼有序、朋友有信”。很显然,中国传统文化中对人际关系的规定性伦理是以君臣、父子、夫妻、兄弟、朋友这些特定关系为出发点的。

中国传统文化思维的整体性是“直觉”的整体性。所谓“直觉”,就是通过下意识或潜意识活动而直接把握事物,明显的特点是对环境中的事物统而摄之,进而产生悟性,得出结论。这种直接纳入人的经验的方式就是直觉思维,它不依靠逻辑思维推理,而是讲究思维中断时的突然领悟,即灵感或顿悟。中国人认为,凭直觉觉察到的东西是最实在的东西,因此中国人在处理问题时,很相信“车到山前必有路,船到桥头自会直”,习惯“走一步,看一步”,敢于“摸着石头过河”。

“和谐的辩证性”是第二个特点。古代中国人没有选择分析的途径,却追求和谐的辩证,即追求公允、协调、互补和自行调节,以此达到事物的平衡和稳定。“辩证”是指思维过程中善于发现事物的对立,并在对立中把握统一,从而达到整体系统的平衡。“和谐”是指中国人善于把握对立面中的统一、统一中的对立,从而达到和谐。《周易》的“阴阳之谓道”,就是辩证思维的最高概括。所以,天为阳、地为阴,白天有太阳、晚上有太阴(月亮),山南称阳、山北称阴,男人要有阳刚之气、女人要有阴柔之道,公开处事为“阳谋”、背后捣鬼为“阴谋”等等,天下万事万物都由“阴”和“阳”来统摄,又处于一个和谐的整体之中。

2. 分析思维的特征

西方的思维模式以逻辑、分析、线性为特点,这是一种“无领域依附”型的思维活动。西方人注重内在的差别和对立,寻求世界的对立,进行“非此即彼”式的推理判断。古希腊的柏拉图首先提出了“主客二分”的思想。笛卡儿开创的西方近代哲学明确地把主体与客体对立起来,以“主客二分”作为哲学的主导原则。这一原则深刻地影响着近代哲学家,成为认识论的一个基本模式。分析性思维明确区分主体与客体、人与自然、精神与物质、思维与存在、灵魂与肉体、现象与本质,并把两者分离、对立起来,分别对这个二元世界进行深入的分析研究。

分析性思维把整体分解为部分，加以分门别类，把复杂的现象和事物分解为具体的细节或简单的要素，然后深入考察各部分、各细节、各要素在整体中的性质、地位、作用和联系，从而了解其特殊本质。为了解整体及其要素的因果关系，必须把各部分、各细节、各要素割裂开来，抽取出来，孤立起来，因而分析具有孤立、静止、片面特征。美国人的思维就具有这种典型特征，他们强调以经验和事实为依据，看重观察和分析的方式，热衷于搜集资料和数据，是典型的"归纳法"和"实证主义"。斯图瓦特(Stewart)曾这样描述过美国人的思维特点："对美国人来讲，世界是由事实，而不是概念组成的，他们的思维是归纳式，由事实开始向理论发展。然而，从具体到抽象理论的过程很少是一个完全成功的，因为美国人总是一而再，再而三地希望重新证实他们的理论。"[①]所以他们凡事特别喜欢问 why(为什么)，就是要你提供数据、事实、理由或证据。

3. 中西方思维方式的差异

中西方思维方式的差异表现在很多方面。比如中医讲究人体的阴阳协调，注重整体的系统性，持有全息观点，通过脉象、舌苔、脸色等观察身体状况，善用针灸点刺穴位来治疗疾病，开出的药方也是众药调和；西医却从解剖入手，分解人的器官，通过医学指标、化验手段和专用仪器检查身体，就事论事对病变的某个部位进行直接的有效治疗。又比如中国传统国画，浓墨淡彩，讲究意境，属于"写意"一派，追求"神似"；西方传统油画，形象生动，栩栩如生，属于"写实"风格，追求"形似"。再比如中国烹调讲究"五味调和"，色、香、味俱全，荤素搭配，汤食协调；西方饮食较为单一，注重营养结构，食物分而食之，却没有中国烹调那么多讲究。中国人看问题习惯从整体到局部，由大到小，先全面考虑，之后缩小范围，考虑具体细节；而西方人则相反。这在汉语和英语的时空表述上表现得最为透彻。同样是表述时间，汉语从大到小，如"1994 年 12 月 24 日上午 10 点"，而英语从小到大，如"10am，Dec.24，1994"。表述空间时汉语也是从大到小，如"美国，俄亥俄州，哥伦布市，西九街，63 号"，而英语则是从小到大，如"63W 9thAve.，Columbus，Ohio，USA"。

---

① [英]安东尼·肯尼《牛津西方哲学史》，韩东晖译，中国人民大学出版社，2006。

（二）具象思维与抽象思维

1. 具象思维与抽象思维的特征

从思维的结构分析，整体思维倾向于具象的思维模式，即人们以经验为基础，通过由此及彼的类别联系和意义涵摄沟通人与人、人与物、人与社会，进而达到协同效应。具象思维由类比、比喻和象征等思维方式组成。抽象思维，通常也叫做逻辑思维，是以概念、判断、推理作为思维的形式，再通过分析、综合、抽象、概括、比较、分类等途径加以系统化、精确化，并形成相关体系。从本质上看，不同民族都具有以上两种不同的思维方式，但由于历史和文化等原因，不同民族会有不同的侧重和选择。从总体上看，传统中国文化思维具有较强的具象性，而西方文化思维则具有较强的抽象性。

中国人的思维偏重具象性，习惯于以“实”的形式表示“虚”的概念，以具体的形象表达抽象的内容。习惯于用具体的事物进行类比的联想，把事物的相关属性联系起来，从而形成一个完整的认识。思维之中的逻辑性联系可以不很明显，只要有相关性，就可建立联想。通常也不需准确定义的概念、严格程序的推理，象征的意味较为浓重，思维的结果也以整体性感悟为归宿，不必条分缕析，追求精确。具象思维所依托的是类比、比喻、象征等思维过程，在性质上它们都属于同一范畴。比喻是类比的一种表现形式；象征是比喻的一种表现形式，三者都以经验和具象为基础，都是借助于某种物的具体形象来阐明抽象的概念。

西方人的思维偏重抽象性。这种思维方式的特征主要体现在三个方面：(1)它以第二信号（语言、文字、数字、符号）作为思想或思维的工具；(2)它以各种概念、判断和推理作为思维形式；(3)它以分析、综合、抽象、概括、比较、分类、系统化作为思维的基本过程。抽象思维之所以抽象是因为它以语言这种抽象符号作为思维工具。经过抽象思维得出的原理、法则、定律等被应用到广泛的范围。美国文化偏爱的抽象思维是通过归纳法表现出来的，而英国文化执著的抽象思维则是通过演绎法表现出来的。

2. 两种思维方式在语言上的表现

不同的思维方式在语言上表现出不同的倾向：汉语重语义，英语重结构；

汉语形象化、隐喻性较强,英语抽象化、逻辑性较强。

荀况的《劝学》与培根(Bacon)的《论求知》都是论述学习的意义和学习的态度,但说理的方式截然不同。《劝学》多用比喻论证和正反论证,不直接点明主旨,读后仔细思考,意义深刻。如论学习的重要性:

> 吾尝终日而思矣,不如须臾之所学也;吾尝跂而望矣,不如登高之博见也。登高而招,臂非加长也,而见者远;顺风而呼,声非加疾也,而闻者彰;假舆马者,非利足也,而致千里;假舟楫者,非能水也,而绝江河。君子生非异也,善假于物也。

又如论学习应持的态度:

> 积土成山,风雨兴焉;积水成渊,蛟龙生焉;积善成德,而神明自得,圣心备焉。故不积跬步,无以至千里;不积小流,无以成江海。骐骥一跃,不能十步;驽马十驾,功在不舍。锲而舍之,朽木不折;锲而不舍,金石可镂。蚓无爪牙之利,筋骨之强,上食埃土,下饮黄泉,用心一也。蟹六跪而二螯,非蛇鳝之穴无可寄托者,用心躁也。

而《论求知》用的是陈述分析法,以冷静的逻辑论证阐明主题,条分缕析,说服力强。如同样论学习的重要性:

> 读史使人明智,读诗使人聪明,演算使人精密,哲理使人深刻,伦理学使人有修养,逻辑修辞使人善辩。总之,知识能塑造人的性格。

又如同样论学习应持的态度:

> 狡诈者轻鄙学问,愚鲁者羡慕学问,唯聪明者善于运用学问。知识本身并没有告诉人怎样运用它,运用的方法在书本之外。这是一门技艺,不经实验就不能学到。不可专为挑剔辩驳去读书,但也不可轻易相信书本。求知的目的不是为了吹嘘炫耀,而应该是为了寻求真理,启迪智慧。[①]

汉语句子如点点繁星,呈散点铺开,体现出物体的流水样态,是谓"意合"。如马致远的《秋思》:

> 枯藤老树昏鸦,小桥流水人家,古道西风瘦马。

---

① 弗兰西斯·培根《论人生》,何新译,上海人民出版社,1983。

九种物体呈散点铺排，脑海中画面栩栩如生，凄凉悲情油然而生。再看《秋思》的英语译文，可以窥见英文强调的是丝丝入扣的逻辑关系：

The old trees wreathed with rotten vine fly evening crows,
Neat tiny bridge beside a cot a clear stream flows,
On ancient road in western breeze a lean house goes.

3. 两种思维方式在文字上的表现

世界上所有民族的文字，总体上可以分为两大类：表音文字和表意文字。西方文字属于表音文字系统，拼音字母与语言中的声音单位（音素或音节）相联系，以形标音，是线性文字。西方文字的这种特点是西方人重抽象思维的必然结果。汉字是典型的表意文字，字形与语言中的意义单位（语素）相联系，以形写意，而且形、音、义三位一体，是平面型文字。汉字的这种特点也是中国人重具象思维的必然结果。汉字充分体现了汉民族“寻象以观意”的思维特点。

汉字最初的形态是独体象形字，非常注意突出事物的特征，如“燕”要突出它开叉的尾巴，“羊”和“牛”要体现角的不同，“禾”向下弯曲的形状以区别于“麦”，“月”取弯月的形状以示和“日”不同。又如“木”表示树木，在我们今天看来它的基本形状应该呈 Y 形，但古人造的“木”字下面的根部显得很突出。这就是古人观察事物的“具象”所致。远古时代，人们进入森林首先看到的是粗大的、盘根错节的树根，而不是那些参天大树的树冠，所以造出的“木”字下部就特别显眼。再如“莫”字，古文字形体是“[illegible]”（中间是个“日”，上下都是草木），表示太阳已经落到远处的树林中，依稀能见到落日的余晖，所以本义是指日暮。那么为什么太阳落到远处的树林中，就一定是傍晚而不是早晨呢？这就是古人善于“观象”的结果。早晨的太阳光很强，很刺眼，你无法看到树林中太阳的形状，只有落日余晖能让你看清远处树林中的太阳形状。

不但独体的象形字是这样，合体的会意字同样体现了这种特点。如“人（单人旁）”靠在“木”旁表示“休（[illegible]）”，即休息之意；“人”后还有“人”表示“从（[illegible]）”，即跟从之意；“人”与“人”相背表示“北（[illegible]）”，本义指“悖”（心思不合）。又如“手”放在“目”上表示向远处“看（[illegible]）”，“手”在“木”上表示“采（[illegible]）”，“手”与“手”相连表示“友（[illegible]）”。再如“目”观“木”为“相（[illegible]）”，“人”在“口”中为“囚

([illegible])”,“手”提“肉”为“有([illegible])”,“水”出“皿”为“益([illegible])”等。即使在汉字已高度符号化了的今天,我们还是能从中窥见造字的象形基础,看出古人具象思维的痕迹。

二　民族中心主义

(一) 民族中心主义与定势偏见

1. 定势与偏见

定势是一种思维定势,是过于一般化的、过于简单化的、过于忽略细节的、过于夸大某种信念的认知方式。定势往往带有既定的信念和情感,所以有的学者把它比喻为人们头脑中“默认”的设置。定势对跨文化交际有直接影响,因为我们在交往时对对方的行为的预测肯定是以我们对其文化的既定看法为基础的。定势越准确,对对方行为的预测越准确,交际就越顺利;反之,定势有偏差,效果必然相反。定势可能是真实的或部分真实的,也可能是部分错误或完全错误的,因为它们都是从过于一般化或极端化的事实中生发出来的。这些过于简单化的定势范畴,却是与不同文化的人们交往时帮助我们预测他们的交际行为的依据。尽管定势是一种过于简单化的认知态度,但也有其复杂的一面。定势可能表现在对不同文化或群体的特性描述的明晰度方面,也可能表现在对不同文化或群体的性格取得共识方面,还可能表现在对不同文化或群体的积极和消极评价方面,总之,与定势的合理性程度有关。

定势有偏差就会导致偏见。“偏见”这一术语源自拉丁文 Pracjudicium,指“以事先所作出的决定或先前的经验为基础的判断”。它是对事实调查之前就已形成了的判断或不成熟的评价。一般来讲,它是一种对某一群体的否定的态度,因为它是一种以错误的或不可变通的概括为基础的一种反感心态。因此偏见不是一般性看法错误,它对证明其偏误的证据总是固执地抵抗,因此它是僵化的、不可逆转的态度,是一种不健康、不合理的心态。偏见在人际交往中的表现是多方面的:(1)根据自身群体的标准评价其他群体,并认为其他群体是低下的;(2)对不同群体成员持有敌意,因为对方的存在威胁着本群体利益;(3)对不同群体持有反感,但通常自己不承认有偏见;(4)与不同群体人相处时产生“不自在”的感觉,因而回避或不愿与其接触。这些偏见明显地表现在每一个交际场合,对跨文化交际产生很大的影响。

2. 民族中心主义

民族中心主义是民族自尊、民族优越感的极端心态所产生的一种定势与偏见。当某一个民族把自己看成是世界的中心时,民族中心主义就产生了。民族中心主义是指某个民族把自己当做世界的中心,把本民族的文化当做对待其他民族的参照系,它以自己的文化标准来衡量其他民族的行为,并把自己的文化与其他文化对立起来。当然,某一群体成员根据自己群体的文化准则去判断或评价其他群体成员的行为时,也属于群体中心主义,是民族中心主义的“变体”。民族中心主义的心态往往是无意识的产物,因为人们常常理所当然地认为自己民族或群体的价值观念、社会规范、语用规则等要比其他民族或群体的价值观念、社会规范、语用规则等更加真实,更加合理,更加正确。因此世界上任何民族、任何群体的成员都常常自觉和不自觉地表现出程度不同的民族中心主义情绪。

古代中国,在相当长一段时间内,有很强的民族中心主义,这是过于强烈的民族自尊心的产物。古代中国之所以叫做“华夏”,因为这是大国之号。“华”,光华也,荣华也;“夏”,大也。有礼仪之博,故称大;有服章之美,故称华。我们国号叫做中国,又叫中华,历史上还曾叫做“齐”。“齐”是“脐”的通假字,谓人身之中,从名称上看都来源于中国的地理中心观念,“中国”即天下中央之国。古往今来,历朝历代的称谓前都要冠以“大”字:大汉天子、大唐皇帝、大明皇朝、大清帝国。同时古代中国又把那些非华夏文化的民族称之为夷、戎、蛮、狄。古代“夷”从“尾”(因为夷人留辫子,似尾),“戎”、“狄”从“犬”,“蛮”从“虫”。可见当时“中国”表现出大国对外来文化的蔑视,这些都在不同程度上反映出我国古代的民族中心主义。事实上,其他民族和国家亦然。西方这种民族中心主义可追溯到古代希腊。古希腊人使用“野蛮人”来称呼世界上的其他民族,只是因为他们不会说希腊语的缘故,而当时的埃及和波斯被希腊人看成是低等民族。英国人把本初子午线确定在伦敦附近的格林尼治,画地图时也把欧洲当做世界的中心。美国人则以“新世界”的中心自居，他们从小就受到美国是世界中心的教育，认为美国文明是世界上最先进、最正确的文明楷模。美国人的心态就是以自己的价值评判作为依据，所以老要“管闲事”，充当“国际警察”，这并不仅仅因为他们强大，实在是他们从心底里认为别的民族和国家应该向他们看齐。美国的棒球及美式足球比赛通常被称为“世界系列”大赛，冠军常被称为世界冠军。美国国名除了 United States，还有 America，美国人被称之为 Americans，这是典型的民族中心主义的表现。因此可以说民族中心主义是一种很普遍的现象，又是一个很复杂的问题。大至国家、政府，小到某个社会的具体成员，可能是一种有意识的态度，也可能是一种无意识的态度，人人都有可能表现出民族中心主义。民族中心主义既有一定的积极作用，也有相当的消极作用。

（二）民族中心主义与交际距离

1.“民族中心主义”的消极影响

由定势与偏见产生的民族中心主义以多种形式影响跨文化交往，有的可能有积极作用，而有的常常对交际构成障碍，把跨文化交际的效果降到最低程度。民族中心主义对跨文化交际的危害主要表现为：第一，民族中心主义者关于自己文化的一些信条形成了某种社会归属感，这种归属感是狭隘的、排外的。第二，民族中心主义者一般都把有其他文化背景的人归入某种特定的文化定式。第三，民族中心主义的动力在于首先认为自己的文化是正常的、自然的，再将其他文化与自己的文化进行比较，结果是抬高自己的文化，贬低别人的文化。

民族中心主义对跨文化交际的影响是很大的，它的直接后果就是导致交际距离。这种态度会直接影响交际的方方面面，包括说话人对对方的蔑视态度，以及说话人说话的内容、说话的速度、说话的口气等。交际距离是难以直接测量的，但又是人们非常敏感地能感觉到的。也就是说，在交谈过程中我们对交际距离的意识在很大程度上取决于对某些言语手段的知觉和对非言语手段的领悟，说话人的轻蔑态度往往溢于言表，反感情绪难以掩饰。交际距离实际上是交际中产生障碍的心理距离，通常有：(1)漠不关心的距离，表现为对不同文化群体成员的漠不关心或麻木不仁，缺乏敏感性；(2)回避交往的距离，表现为有意识地回避或限制与不同文化群体成员的交往；(3)蔑视反感的距离，表现为对不同文化群体成员的反感或敌意，或表现出一种蔑视的态度；(4)心理补偿的距离，表现为当不同文化群体发生灾难、遭受损失时，产生一种幸灾乐祸的心理。

事实证明，传播信息的不对称很容易导致误解并形成文化定势与偏见，在政治理念、管理体制差异较大的国家和民族之间，这种情况尤为突出。比如美国对中国的某些误解和偏见是历史形成的客观事实。20世纪末两国政府之间就人权问题进行了多次沟通，但结果是沟而不通，不能令人满意。美国强调人权的核心是尊重个性、充分民主，因此每个公民都有言论自由、出版自由、结党自由。从这一点出发，他们对我国的人权状况加以批评，认为中国公民没有享受到应有的人权。我国政府则强调国情的差异，作为发展中国家，我们人口众多，某些地区还没有完全消除贫困状态，作为人权首先要解决的是“生存权”。因此，我们的当务之急是解决温饱问题，然后全面建设小康社会，保证民生的安全感。美国的主张与他们的文化取向是一致的，作为一个发达国家，他们重视公民人权的高层次需求也是个事实。因此，美国坚持这样的立场，提出这样的看法，是可以理解的，但他们对中国存在一定的偏见也是不容否定的。中国政府的立场当然是正确的，是立足于中国的文化取向的特征，是立足于中国经济发展和国民素质的实际状况。所以，两国间对于人权问题的不同理解，恰恰反映了双方文化的冲突。

2.“文化相对主义”的积极态度

显而易见，民族中心主义对跨文化交际的影响是极其重要的，我们应采取的态度恰恰是民族中心主义的反面，即“文化相对主义”。也就是说，任何文化都是一种历史形成的客观事实，都有其存在的合理性，不同文化之间有差异，却没有优劣之分。因此，一种文化中的行为只能用该文化自身的准则去理解和评价，这意味着在与不同文化背景的人进行跨文化交际时，只能用对方的价值观念、思维方式、社会规范等作为标准来解释和评价其行为。事实证明，降低民族中心主义所带来的弊端的有效途径是创造机会，加强不同文化群体的接触，唯有频繁接触才能消除偏见，克服民族中心主义。比如在交往中建立平等的地位，建立共同的目标；不同文化群体加强合作，避免不必要的竞争；在尊重彼此法律和习俗的基础上相互交往，创造有利的和谐气氛；共同参与重要活动，产生令人愉快而有利于双方的成果等等。总之，在以上条件下的跨文化交往会在很大程度上帮助我们改变固执的成见、减少偏见和克服民族中心主义。当然这还意味着，在不利条件下，我们必须有意识地审时度势，尽量防止加剧已存在的民族中心主义偏见。

就消除民族偏见而言，除了改善双方的媒体传播质量，达到真正的信息对称之外，与对外汉语专业的教学也有很密切的关系。在进行跨文化交际的教学时会碰到各种文化定势与偏见。文化本身随着社会的发展而不断地发展，不同历史时期的文化有不同的特点。随着时代的发展，各种文化都处于一种变化的过程中。在现代信息社会中，文化的变化更是日新月异。在开放、合作、和平、发展的全球化国际大环境中，要顺利进行跨文化交际，必须理解他国或他民族的文化，若仍按文化定势去交际，则无法沟通。我们要用辩证的、发展的观点来看待问题。在跨文化交际的教学中，我们应该有更多的自信，对西方文化的适度了解只会促进学生对目的语文化的理解和认识，只会让他们对目的语深层文化有更多了解，更好地促进跨文化交际的实现。由于历史文化、社会体制等各方面的原因，我们与英语国家存在许多差异。我们应客观分析文化的共性和差异，打破思维定势，既不全盘接受，也不一概否定，引导学生对外国文化持正确的态度，消除传统的偏见。

三　心理环境

心理环境是指人这一主体对客体环境的认知、态度以及如何利用环境等心理状态。从跨文化交际来说，集中体现在“隐私”这一概念上。隐私与客观环境的关系十分密切，它涉及人们如何对待和利用环境因素，如何控制和调节与他人的交往。有的学者认为，从本质上来看，隐私是人们允许接触某一自我或群体的选择性的控制机制。这样隐私就成了一种与人交往的选择性控制机制，它制约着我们与谁交往和不与谁交往，制约着我们在什么时候以及什么地方与人交往，制约着我们同别人交往到什么程度。

尽管在某些文化中没有“隐私”这一概念，但这并不意味着这些文化中的成员没有隐私可言。隐私是一种普遍现象，只是它在表现方式和程度上有所不同。有的文化通过物理环境调节或保护隐私，有的文化则依靠心理机制调节或保护隐私。隐私可以包括大至群体利益的保护，也可小到个人的私事和隐情。西方学者一般把隐私分为四种情况：一是隐居(solitude)，即与外界隔绝；二是匿名(anonymity)，即不期望被他人识别；三是亲密度(intimacy)，即只向亲密朋友或知己泄露隐私；四是自我保护(self-reserve)，即指一种心理自我保护以防止不必要的骚扰。上述四种隐私在任何一种文化中都有所表现，只不过在不同文化中侧重点有所不同而已。

（一）群体领域和个人领域

不同的文化采取不同的方式来调节或控制本民族或本人的领域，以保护本民族或本人的利益。领域学就是研究人们如何支配和使用领域的，领域是为了调节交际而对某一区域的群体化或私有化的结果，与其相关的行为称之为“领域行为”。

1. 中国文化的群体隐私观

中国传统文化是一种群体文化，是一种“家”的文化。从国家到宗族、家庭，每个中国人都在为“家”而努力奋斗，个人存在的价值是和“家”的命运紧紧相连的。因此，中国人的隐私存在于群体与群体之间，大都属于群体内部的秘密，具有很强的集体功利性。维护隐私的目的是为了协调不同群体之间以及社会整体的和谐与稳定，是崇尚集体主义的表现。中国人以“单位”为家仍然是多数人的信仰、偏好和追求，这显示出中国人的群体隐私观。群体隐私的观念应受到承认和尊重，中国人不能轻率地否定传统文化积淀而成的群体隐私观的合理内核，这个合理内核就是集体主义和爱国主义。在这个前提下，中国人善于寻求群体隐私和个体隐私的平衡与和谐，寻求两者的最佳结合。

这种隐私观的外化表现就是“墙”，一种有形的界限，“围墙心态”是中国文化一个十分重要的特点。中国人自古以来习惯以墙为界：城市绕以城墙，单位绕以围墙，家宅绕以院墙，私园绕以篱笆。中国人墙内墙外有别，引申为圈内圈外有别。围墙之内群体自成一统,形成一个不可分割的整体,个人的隐私处于次要位置。以墙为界,墙内的事情不可外扬,即所谓"家丑不可外扬",即内外有别。说到底,中国人这种传统的崇尚群体隐私的心态是集体或群体取向的必然结果。

2. 西方文化的个体隐私观

西方文化中的隐私一般是关于个人的信息,以及个体认为与社会伦理道德不相符合的想法和事情,是个体价值利益的体现。维护隐私是尊重个性和人权,是崇尚个人主义的表现。在社会中,他们是独立的;在单位中,他们也是独立的;在家中,他们仍然是独立的。为此他们需要构筑自己个人的领域。

美国人崇尚空间,是通过空间来构成个人领域,以调节与别人的交往。在他们的心目中,家宅、单位、社区、公共场所,以及与其接壤的邻居间的界限意识十分敏感,他们绝不越雷池一步,不经允许绝不进入别人的领地。这一点对具有不同隐私观的文化成员来讲是难以理解的,美国人以无形的空间代替有形的围墙来作为一种私人领域是十分普遍的。他们需要一段空间距离来保护自己周围那块无形无影的领地。在公司、单位也一样,只要有可能,他们会设置单间作为个人工作室;实在不行,也要用隔板分隔出属于自己的空间。在家里,通常每个家庭成员都有自己的房间,不经允许,家人也不能随意进入属于个人的领域。甚至在公共场所,他们也会自觉地构筑个人的空间,无论排队、取款、购物、乘电梯、坐公车,人与人之间总会保持一定的距离,这已成为公共道德的一种体现。

(二) 社会关心和隐私侵犯

1. 中西方隐私观的差异

涉及个人隐私,中西方的差异特别明显,并产生了关于"社会关心"和"隐私侵犯"的冲突。在中国,所谓个人的隐私在不同程度上具有"公共性",他们往往受到社会、他人的关心。人们不经允许可以涉足他人的生活领域,不仅不会受到非议,反而被认为是关系亲密、相互关心的表示,乃至已成为道德范畴的评价标准。我们常见这样的提问:"吃饭了吗"、"上哪儿去"、"多大岁数了"、"有对象吗"、"结婚没有"、"我给你介绍个对象,好吗"、"你脸色怎么这么难看”、“昨晚没睡好”、“你的工资是多少”、“这件衣服真好，多少钱”、“这套房子花了多少钱”等。向别人提这些问题在西方国家是极不礼貌的，甚至被认为是侵犯别人隐私的表现。而在中国却司空见惯，这些都是常常挂在嘴上的话题，因为我们认为这种话语会使人感到有一种归属感，进而觉得安全、人情味十足。这也是处理人际关系所必需的“程序”，是协调人际关系的必要形式。

除了交际话语之外，很多交际行为也充分体现了中国人的特点。人们可以事先不打招呼突然到朋友家串门，而且可以没完没了地“侃大山”，因为这种行为往往是巩固朋友关系的必要手段。同样，街坊间也可以不经事先预约而邀请别人凑角打麻将，而且被邀者也会“舍命陪君子”，以示关系密切。领导可以在任何时候去下属家看望，这对被访者来讲是荣幸，对领导来讲是关心群众的表现。人们喜欢议论别人，某某犯了错误被降职了，某某买股票赚了钱，某某因生理问题不能生育，某某给领导送了礼等等，是不少人喜欢传递的“小道消息”。议论者从未有侵犯别人隐私的感觉，“侵犯隐私者”也会安全无恙，因为法律上没有侵犯隐私的明文规定。因此在中国的人际关系处理中最怕的是“众口铄金”、“人言可畏”。

在美国文化中，年龄、工资、日记、私人信件、宗教信仰、家庭关系、夫妻生活、私人友谊、以往过失、特殊疾病、心理偏好、生理特征、个人嗜好、健康状态、婚恋经历、家族身世、财产收入等无不被看成隐私。隐私权在个人取向的社会中被当做是合法的、合理的、神圣不可侵犯的，也是人们的安全需求。得到它，就得到了满足；它受到侵犯，个人就如同受到了侮辱。美国人非常崇尚“私有”这个词，他们拥有私人汽车、私人房间、私人电话、私人洗手间、私人医生、私人财富。他们完全按照自己的意愿、自己的时间表安排活动，不必顾忌别人。他们与谁交朋友、与谁相好、与谁结婚等都完全是个人的事情，哪怕父母亲都不过问，而且这些个人的私事受到法律的保护。当然他们也绝不会去干涉别人的生活，侵犯别人的隐私，这同样是他们的文化所规定了的社会规范。

2. 中西方隐私调节的方式

中西方在个人隐私方面的差异是一种客观存在，因此各自对隐私的调节机制也完全不同。中国人常把感情，如喜怒哀乐、爱憎好恶以及个人态度等，当做隐私，而对其隐私的处理是采用自我节制的心理压缩的方式。他们常常把自己的真实感情和态度深深地埋在心里，不暴露出来，以适应群体取向或达到社会和谐。美国人则使用物理环境来调节隐私，他们通过关闭的门来保护自己，不论寝室、办公室、家庭中的卫生间还是书房的门都用来调节隐私，一旦门被关上，就自动传递出“请勿打扰”的信息。或者他们会去一个完全陌生的环境，没有任何熟人，以保持自己的独处。总的说来，中西方在“隐私观”方面的差异，都是受到特定文化的价值观念的制约，都有其合理性，也都有利弊得失，并没有优劣、高低之分。值得注意的倒是互相了解，以避免在跨文化交际中产生冲突。

思考题

1. 什么是价值观？请联系自己的价值观加以说明。

2. 什么是群体取向？请联系周围生活中的实际事件加以说明。

3. 你认为西方的个人主义取向有没有合理性？为什么？

4. “求稳”与“求变”是价值观的重要体现，请联系自己今后发展的打算谈谈你的体会。

5. 中国传统文化主张“性本善”，并提倡通过自我约束来维系社会的秩序，你怎么看？

6. 为什么改革开放以来中国坚持要建立法治社会？如何处理好“法治”与“人治”的关系？

7. 中国民族性格最突出的特征有哪些？请联系中国国民性的研究成果加以说明。

8. 中国的地理环境与中国文化的塑造有没有内在的联系？

9. 中国的传统建筑风格表现了一种什么样的文化特征？

10. 请联系中西方语言研究的实际谈谈“整体直觉思维”同“分析逻辑思维”的区别及其成果。

11. 请以具体实例说明中西方文化中“整体直觉思维”同“分析逻辑思维”的差异。

12. 你认为“摸着石头过河”对不对？请联系改革开放的实际加以说明。

13. 请列举汉语比喻构词的实例说明汉民族具象思维的特征。

14. 什么是定势和偏见？请联系语用学中的“预设”概念加以说明。

15. 什么是民族中心主义？请联系跨文化交际的实例加以说明。

16. 什么是隐私？它具有什么样的功能？

17. 中西方在“群体领域”和“个人领域”的设置上有什么根本区别？

18. 中国的社会关心是否属于隐私侵犯？请根据自身体会谈谈你的看法。

19. 中西方不同的“隐私观”各有什么利弊？请联系实际加以说明。

20. 你认为影响跨文化交际的文化背景中哪些因素最重要？请说明理由。

第三章　社会环境与跨文化交际

有效的交际不仅依赖于对文化背景的认识，也依赖于对社会环境的认识，而社会环境对交际来说实际上就是广义的"交际情景"。因为语码（语言和非语言符号）的使用受制于交际情景，交际情景中的各种社会因素决定谁、在什么时候、在什么地方、说什么、怎样说、对谁说、为何目的等。社会语言学家韩礼德（Halliday）对此有过这样的论述："语言把我们周围和内心世界的无限纷繁复杂的现象、事件和行为，我们各自的意识过程等压缩成可控制的不同的范畴。语言的社会功能还在于表达我们作为说话人对言语情景的参与，表达我们自己所承担或强加给他人的角色，表达我们的希望、情感、态度和评价等等。"①通常认为，交际情景主要包括三个要素：

一是交际者。交际者指某一交际行为的参与者，参与者包括说话人（信息发出者）和听话人（信息接受者）。涉及的主要背景情况包括性别、年龄、职业、教育、宗教信仰、经济地位、政治身份、家族背景等。社会身份是决定交际的重要的情景因素，交际双方的社会身份涉及社会的角色关系和人际关系。

二是交际目的。尽管语言能被用来为各种不同的交际目的服务，然而交际目的不同，其语言的使用也会不同。从社会交际的目的来分析，可以分为文化型、职业型、专业型、普通型等类型。以旅游（文化型）为目的所涉及的交际，从交际风格到交际内容肯定与以商业谈判（职业型）为目的的交际迥然有别。医生和病人之间的谈话（专业型）与一般性谈话（普通型）肯定不一样，如果医

① 转引自贾玉新《跨文化交际学》，上海外语教育出版社，1997。

生不使用专业术语,病人会对他的医术产生怀疑。交际目的会在很大程度上影响交际,交际目的千差万别,语言使用也精彩纷呈。

三是交际场景。交际场景中最重要的是物理场景,物理场景又可分为空间场景和时间场景。在交际过程中场景这一因素的作用非常重要,即使是交际双方的交际目的相同,交际场景对交际行为的要求也可能有很大的差异,所用的语调、音量、非言语行为乃至词汇和句法等都会受场景因素的制约。简单的问候语就会因其使用的地点和时间不同(室内室外、楼内楼外,早晨晚上)而有很大区别。人们之间的交谈行为也会受场景的影响,这些场景因素包括空间的选择、房间的大小、座位的安排等,它们都可能决定交谈的类型、方式、话题和内容。交际所遵循的场景适应性规则因文化而异,这就为跨文化交际带来了困难。当我们置身于不同文化中,即使较熟悉的场景,因为不具备与其相应的、内化了的交际行为规范,我们就有可能不知所措,心理距离就会拉大。

第一节 角色关系与跨文化交际

一 角色概念

(一) 角色的社会学含义

"角色"这一概念是从戏剧术语中引进社会学领域中来的。演员的舞台行为必须遵循剧本中对角色的具体要求,它绝不是演员根据本人意愿决定的。那么社会角色就是某一特定社会群体对某一特定社会身份的行为的期望,人们社会交往从方式到内容都在不同程度上取决于人们的角色关系。编码、译码过程不仅依靠语码本身,还依靠诸如社会身份、角色关系、交际场景等因素,这就是为什么社会语言学家经常说"角色"和"情景"是社会建筑的基石——它们揭示出人们在社会这个大舞台上是如何演戏的。社会是人际关系组成的,这些关系规定了社会角色,每一个社会成员都不得不承担某种社会角色。人们通过语言和行为来扮演和完成各自的社会角色,同时又通过角色来预测别人的行为。

事实上，社会中的每一个人都存在于同他人的关系之中，对子女来说你是父亲或母亲，对妻子来说你是丈夫，对学生来说你是教师，对下属来说你是领导，对客人来说你是主人，对商家来说你是顾客，对病人来说你是医生等等。在这些人际交往中，你必须按社会对这些角色的期望去行事，去说话，去与人交往。我们就置身于纷繁复杂的角色关系的网络之中，并被要求通过交际去担任各种各样的角色，诸如教师、学生、父亲、母亲、子女、领导、群众、商家、顾客、医生、病人等。我们必须在不同场合、不同时间，根据不同社会关系、不同谈话内容遵守不同的规则。如果我们的行为不符合社会对我们担任的角色的期望，不符合社会规范，那么我们的行为就不会被社会所接受，我们将会受到冷落、受到疏远或受到排斥。

当我们置身于一个不同的文化环境中时，我们应按照这种文化的社会期望和社会规范扮演每一个所必须扮演的角色，按其角色去做事、说话和交往，否则就不能取得预期的交际目的。那么如何判断角色在交际中是否达到了某一社会期望呢？通常归结到三点：第一，你的行为是否符合被赋予的社会角色，即你是否选择了准确的角色；第二，角色表现是否恰当，即你的行为是否已达到有关文化评价的规范或标准；第三，行为是否令人信服，即是否使人毫无疑问地认为你已合情合理地进入了角色。

显然被认为是恰当的、合情合理的行为标准因文化而异，社会角色是社会活动的必要的个人行为方式，它必然带有社会评价的痕迹。社会可以认可、赞同，也可以不认可、不赞同。值得注意的是，角色具有使人们的行为规范化的作用，这种期望规定了社会成员的权利、义务和行为模式。如果社会的成员反其道而行之，就会因失范而受到不同的惩罚。比如受到售货员的冷眼，受到教师的批评，受到父亲的责骂，被领导疏远，被观众喝倒彩，被朋友冷落，被亲戚看不起，被视为“另类”而孤立，甚至遭到群起而攻。总之，你在这个社会群体中难以生存。

（二）角色规范的文化差异

改革开放以来，中西方加强了交往，访学、留学、旅游、工作等成为很普遍的现象，有关角色关系、角色行为的规范差异在跨文化交际中产生的冲突屡见不鲜。这里仅以“主人”和“客人”的角色关系加以分析。

斯吉琳是在中国学习汉语的美国女孩，为学习方便，她被安排在一个中国家庭。按中国文化标准，她受到的待遇当然是无可挑剔的，但她却很不理解，颇为反感。这家中国人尽了最大努力，作出了最大牺牲以使这个远离美国的客人享受到最大的方便，但这些却恰恰是她所忍受不了的。她被安排在家里最大的房间，而这家人中的一个人必须搬进一个很小的房间与别人同住。这家人对她的照顾无微不至，问寒问暖，以致她毫无“隐私”可言。每当她把书本打开开始学习，或者因困倦打呵欠时，他们会马上离开她的房间。每当她做完作业想休息或与他们聊聊时，这家的女主人会把与她谈话的人撵出去，说这会影响她的学习。这种中国式的客气、谨慎和敏感的友好态度却使她感到很不舒服。这一实例正反映了“客人”这一角色在中国文化和美国文化中有着截然不同的意义。

同样，西方人那种坦诚、直率、平等、非正式地对待“客人”的方式，也会使刚去美国的中国人感到茫然。有一个去美国留学的中国留学生，受朋友邀请去参加周末在旧金山一个著名酒吧举行的生日聚会。他欣然答应，为此还按中国人的习惯做了充分的准备，穿了很正式的西装，准备了很体面的见面礼。到了那里，他才发现气氛格外休闲，自己西装革履显得很不协调。见到了寿星，把礼物交给了主人，不料主人却当着自己的面把礼物拆了，说：“Oh, so beautiful! I like it very much.”他本想多说几句客套话，主人却就此打住了话题：“Welcome to my party! Easy yourself.”然后就去张罗别的事情了。而且他发现大家送的都是一些小礼物，显然没有他这么正式。聚会开始后，主人打开各种食品盒子，没有正餐的食品，全是一些坚果、开心果、带辣味的绿色膨化豆，还有一些小点心。最让他摸不着头脑的是生日聚会有吃的没喝的，谁渴了都要自己掏钱买饮料，这在中国是绝对无法想象的事情。原来主人选择这么高雅的酒吧没有付租金，和老板的约定是买他的饮料，自带食物，而且谁渴谁自己买。他只能自己去柜台买饮料喝，心里却很有感慨，因为中国的生日宴请，谁要是这样怠慢了客人，后果是不可想象的。

当然，中国改革开放已经近 30 年了，中西方交往的时间也不短了，所以彼此都多少了解一些对方的文化，也会尽可能地调整自己的行为，以适应对方的文化。有这么一个真实的案例：假期回国探亲的留学生小蒙请来中国旅游的美国同学约翰到他家做客，约翰爽快地答应了。小蒙事先特地嘱咐父母要注意一些细节，不要太过热情，不要问东问西。第二天，约翰如约去了小蒙家，他很有礼貌地向小蒙父母问了好，然后和小蒙坐在沙发上聊天，而小蒙的父母送来饮料后便去厨房准备晚餐，再也没去客厅打扰两个人。约翰有些好奇地问："不是说中国父母都很好客，会拉着客人的手问东问西的吗？"小蒙坦诚地回答道："我关照过他们不用来管我们了。"晚饭时间到了，看到一桌子色香味俱全的小菜，约翰不断称赞。小蒙的父母刚想回答"哪里，哪里"，突然想到小蒙的嘱咐，立马改口说："Thank you."除了筷子，他们还为约翰准备了刀叉、调羹，并准备了盘子以便分餐。小蒙的父母除了开场说了句"Enjoy yourself"后再无他话。气氛着实有些尴尬、冷清。事后约翰问小蒙："我看电视剧里你们中国人吃饭都是很热闹的，还经常谈话交流。为什么你们都不说话呢？"小蒙说："那也是因为你在，他们才忍着没有多说话呀。"两人不约而同地哈哈大笑起来。案例说明约翰事先已经做过"功课"，了解了中国平常人家待客处事的风格，而小蒙为了避免造成误会也让自己的父母了解了美国人的习俗。而正是因为这样的了解使交际双方都改变了原先的角色行为，让事情发生了戏剧性的变化。

二 角色关系

（一）角色关系的社会类型

影响交际的社会因素很多，其中最重要的恐怕是交际者的社会地位。社会地位可能是差序或垂直的（hierarchical or vertical），也可能是平等或平行的（egalitarian or horizontal）。日常交往的情景纷繁复杂，社会角色多种多样，社会关系也各式各样。社会语言学家把形形色色的关系概括为普遍存在的"权势"和"一致性"关系。"权势"通常指上下关系、尊卑关系，也可能以年龄长幼、职业差别、受教育程度高低等情况来确定；"一致性"则指人与人之间平等的关系，通常指社会特征（性别、年龄、种族、家乡、职业、宗教、志趣等）的共同性,也可能彼此经验共享、关系亲密等。"权势"关系是不平等的关系,是不能互换的;"一致性"关系是平等的关系,是可以互换的。语言学家已经证明,语言就是"权势"和"一致性"关系的标志。通常较正式的语体标志着交际双方社会地位不平等,而比较随便的语体则标志着双方可能比较亲密或者志趣相投等。

角色关系为交际者在交际过程中理解彼此的信息提供参照系,即起到背景的作用。不同文化背景的人们交际时,需要了解对方的角色,并对行为的社会期望有所了解,这样才能保证交际的有效进行。在交际过程中,交际者可以通过角色关系预测对方的行为,这就是角色可能起到的预测作用。角色的这种作用当然是社会期望对角色行为的规范作用所决定的,因为社会期望为角色制订了行为的规范。

(二)角色关系的文化差异

角色关系对跨文化交际有着特殊的意义,因为角色关系对交际的影响可能因文化而异,相同的角色关系可能要求不同的行为。对跨文化交际来讲,不同文化可能有不同的方式来标志"权势"和"一致性"关系,对其解释也因文化而异。在面对面的交往中,有的文化可能受其差序格局的社会结构的影响,偏向"权势"性关系;而有的文化可能正相反,偏向"一致性"关系。相对而言,东方文化似乎更青睐于"权势"关系,西方文化则偏爱"一致性"关系。

人际交往的称呼就很能反映不同文化的差异。中国人与人交往,如果对方有身份、有地位,则惯常以头衔或官衔来称呼对方;孩子对长辈、学生对老师是绝对不能直呼其名的,规定很严格。即使对方并没有什么头衔、官衔,但出于需要,也会使用一些"档次"较高的社会称呼,比如称非教师的专业技术人员或机关文职人员为"老师",称医院的护士或一般工作人员为"大夫"。这都是为了体现一种"权势"关系,是中国传统文化中"尊重权威"的社会规范所决定的。而形成鲜明对照的是西方人交往时习惯直呼其名,下属对上司直呼其名,孩子对父母直呼其名,学生对老师直呼其名。这种交际行为将本来不平等的社会关系转化为"一致性"的平等关系,这是西方文化中"平等"观念的体现。

父母和孩子之间的关系也是典型的社会角色关系，中西方的社会行为规范也截然不同。在中国父母的眼里，孩子是属于他们的“私有财产”，他们生育、养育了孩子，孩子就必须尊重、服从父母，因此两者的关系属于“权势”的，是不平等的。父母有权决定或干涉孩子的学业选择、职业选择、婚姻选择。当代中国社会由于“一胎化”政策，大多数家庭只有一个孩子，于是期望值提升，“望子成龙”或“望女成凤”。父母出于对孩子的负责，普遍强化了对孩子的培养、教育，往往以自己的意愿强加于孩子。结果是“代沟”越来越深，隔阂越来越大，孩子的逆反心理也表现得更加强烈。前些年电视里播放美国连续剧《成长的烦恼》，孩子们都非常喜欢看。为什么呢？因为电视剧充分展现了美国家庭中父母与孩子之间的“一致性”的平等关系。父母对孩子的理解、对孩子平等式的沟通、对孩子犯错误的处置、对孩子学习态度所持的平常心以及孩子与父母的融洽相处，这一切都让中国孩子羡慕、期待和渴望。

三　角色关系的变量

（一）交际的正式程度

所谓交际的正式程度，指社会群体对角色规范的重视程度。角色关系因文化而异，有些文化之间的差异甚至会很悬殊。也就是说有的国家或民族的人们在交往时出于角色的规范，交际行为较为正式，有的则较为随便。相对地讲，以中国为代表的一些东方国家比较重视交际的正式程度，这和以美国为代表的一些西方国家形成了较为鲜明的对照。

中国人历来重礼节、讲面子。中国传统社会由于受到差序格局的社会结构的影响，人们交往时，特别看重社会地位，看重形式，讲究礼仪，形成了上尊下卑的礼貌习惯，言语行为规范趋向程序化。而美国人随便、坦率、不拘小节，不拘泥于形式，这与他们角色关系中的“平等”取向直接相关。他们认为平等对待任何人，正是对人坦诚、尊重、友好的表现。甚至属于 个大文化圈的欧洲人都感到了这个特点，英国剧作家斯托帕德(Stoppard)在他的剧本中有过这样的描述：“美国人当然是非常现代化的，他们特别开放。他们十分坦率，不讲究客套，对人实事求是。他们平等待人，不管其出身、背景和教育如何。他们有什么说什么，对周围的一切都羡慕，没有任何保留、矫饰和故弄玄虚。”[①]

老师和学生的关系是一种典型的角色关系，师生之间的交往可以用来检验一个社会群体对待交际的正式程度。中国有一句谚语叫“一日为师，终身为父”，也就是说师生关系的重要性等同于父母与子女的关系。从古至今，中国都强调要“尊师”，几乎所有的学校也都有相关的规定，作为纪律执行。既然学生要“尊师”，那么老师就要有“师道尊严”，言行举止要像一个老师，不能随便处事。这些都是角色规范，师生双方都要遵守，一旦老师不像老师了，学生也就不像学生了。在日本、韩国的文化中这一点也是一脉相承的，在当代社会他们甚至比中国更加正式，学生对老师非常尊重。中东一些国家在这一点上也具有共性。在土耳其，学生对老师非常尊敬(甚至可以说是畏惧)，当教师进教室时，全班学生必须起立；在街上遇见教师必须鞠躬致意。伊朗人对待教师的态度与此相似，如果一位教授允许自己的学生对他较为随便，或承认自己在某一方面无知，那么伊朗学生就会不把他当回事；而且如果他和学生的关系过于随和，他就会失去教师的尊严。埃及人则认为“谁教我一个字母，我就是谁的终身奴隶”，意思与中国那句谚语的意思极为相似。

与此相反，美国人在师生关系处理中通常比较随便，不拘泥于形式。美国教授即使在讲台前讲课时也表现得非常随便，衣着、姿态都很随和，甚至会坐到讲台上讲课。他们允许学生向自己挑战，敢于公开承认自己在哪一方面无知，并且从不以此为耻。在很多场合，美国学生对老师都直呼其名，他们平等相待，把形式、风度和礼仪当做浮夸、自傲的行为。前些年，美国一位著名的经济学教授到上海访问期间，在某高校作了一次学术报告，讲解他首创的关于宏观经济预测的数学模型。报告结束后，当场有一个中国学生站起来问他这个数学模型是否涵盖了有关中国市场的数据。因为中国市场目前是世界上最大、最有发展潜力的市场，假如这个数学模型的建立没有包含中国市场的数据，那么它的科学性和应用性就要受到挑战。这位教授听后，坦然地当众承认，目前这个数学模型还没有涵盖关于中国市场的数据，所以是不成熟的，他

① 转引自贾玉新《跨文化交际学》，上海外语教育出版社，1997。

来中国访问正是为了能获得有关中国市场的信息。报告后这位教授还亲自向这位学生表示感谢。

角色关系的正式与否在跨文化交际中是一个重要因素。中国和美国文化在角色关系方面差异如此之大,交际时产生文化碰撞是很自然的。角色关系在正式和非正式方面的差异在日常交往中经常造成误解,导致心理距离。因为一方过于随便,言辞坦率,而引起不同文化的人们在交往中的误解,甚至导致彼此不信任。改革开放以来,为了加强交流,开展双语教学,进行合作办学,很多高校都聘请一些"外教"给中国学生上课,上课过程中发生的矛盾、冲突大多是由于在师生角色关系处理上的规范差异引起的。比如美国教授在中国讲学时,有的中国学生认为美国教授过于随便,不稳重,有损师道尊严,认为他们不具备做一名教授的基本素质。甚至在中国的有些学校里,美国教授的行为引起校长的关注,认为他们不恰当的行为影响了作为教授应有的形象。另一方面,美国教授则抱怨中国学生过于拘泥形式,过于规矩。中国学生从不会主动提问,更不会指出教授的问题,组织讨论也往往冷场。而美国教授是很不习惯"满堂灌"的教学方式的,他们准备的讲义可能只有课时的三分之二,甚至一半,当无法组织起"群言堂"的讨论时,往往显得很尴尬,教授也只好临时发挥,以完成规定的课时。

(二)个性化的表现程度

由于文化的差异,不同社会中人们在角色关系处理中的个性化表现可能很强,也可能很弱。角色关系中个性化程度的差异取决于当事人是处在"强交际环境"还是处在"弱交际环境"之中。相对而言,处在"强交际环境"的人们,由于对环境因素较为敏感,他们习惯于把个人和环境因素当做一个整体,对自己和对别人总是做整体式估价。他们不论与谁交往,总把对方看做是有理智、有感情、有血有肉的完整的人,其次才从对方的社会角色考虑。因此,他们与他人交往时"个性化"的表现程度较高。而处于"弱交际环境"的人们则不然,他们对环境因素不敏感,往往把个人和其所处的环境分开,把个人的角色行为和其所具有的感情分别对待,他们习惯以自己或有关人的社会角色以及对其的社会期望为依据,很少考虑情感因素,因此他们对客观事物或人的行为态度倾向于非个性化，或个性化程度较低。

比如与美国商人进行业务谈判时，中国人或日本人首先从感情出发，把对方当做朋友，其次才是谈判对手或商人；而美国人则首先考虑对方是谈判对手或商人，至于是否是朋友是次要的。出发点不同，谈判指导思想和具体方略也不同。中国人或日本人可能先进行情感沟通，叙叙友情，宴请宴请，游览游览，然后才谈业务。这是非常常见的现象，也是合乎常理的待客之道。而美国人则免去了这一切情感沟通的程序，开门见山，直奔主题，实话实说，谈判业务。在他们看来这样才是合乎情理的，讲究效率的。因此，在这样一种跨文化交际中，难免产生文化的冲突。中国人或日本人感觉美国人太“生意化”，不懂人情；而美国人则认为中国人或日本人太“情感化”，不合逻辑。

角色关系的“个性化”的程度的差异是个很敏感的因素，而且直接与民族性格有关，所以在西方文化中也能看到这种差异。比如北美人和希腊人之间的交往也常常产生冲突。希腊人认为北美人墨守成规、呆板冷漠、过于追求效率，甚至到了不讲友情的程度；而北美人则抱怨希腊人在做决定时太看重友情，过于注重“个性化”表现程度，指责他们分不清什么是工作行为，什么是情感行为。

（三）偏离角色行为的允许程度

在任何文化中，人们处理角色关系，实际角色行为和理想的角色行为之间总是存在着差距。但对偏离理想角色行为的允许程度因文化不同而有所区别，有些文化对人们的角色行为偏离的允许程度较高，而有些文化对其角色行为偏离的允许程度较低。通常认为，对具有较“宽松”的社会结构的社会来讲，人们交往中的社会角色行为与理想角色行为之间允许有较大程度的偏离；而具有较“严格”的社会结构的社会，人们交往中的社会角色行为与理想角色行为之间不允许有较大程度的偏离。正因为如此，“严格”的社会结构中人们的角色行为的可预测性，要大于较为“宽松”的社会结构中人们的角色行为。“严格”和“宽松”社会结构概念可能与“强交际环境”和“弱交际环境”概念相对应。因为“强交际环境”的文化中，相对多的信息寓于环境之中，而相对少的信息寓于语码之中，这样交际行为必须与环境期望保持一致，其可偏离理想角色行为的程度自然很低，对其可预测性则相对增大。反之，在“弱交际环境”之中，相对多的信息存在于语码之中，而环境因素对角色交际行为的制约相对较弱，因此人们的角色行为的偏离程度自然较高，对其可预测性也就相对降低。事实证明，较为“宽松”的社会结构往往属于“弱交际环境”范畴，而较为“严格”的社会结构往往属于“强交际环境”范畴，其角色交际行为则因之而异。

比如，中国以及一些东方国家的社会结构属于“严格”的结构范畴，角色行为的偏离就很难被容忍，并往往被当做越轨的行为，甚至会受到社会的谴责。因此在交往中人们的言语行为趋向高度程式化，可预测性也就大。而美国的社会结构则较为“宽松”，因此对美国人的社会行为的可预测性远远低于东方国家人的社会行为。这意味着像美国这样社会结构较为“宽松”的社会中，角色行为的偏离在很大程度上是可以容忍的。

第二节 人际关系与跨文化交际

一 人际关系及其制约因素

（一）人际关系

1. 人际关系的属性

跨文化交际所涉及的另一个重要社会环境因素是人际关系。顾名思义，人际关系就是人与人之间的关系。孔子说：“人者，仁也。”说明“仁”是做人的本质属性。“仁”字由“二人”构成，这个字体现的就是人际关系，说明人在社会中的存在是以他人的存在为前提的，有人存在就有人际关系。人际关系是极为普遍的社会现象，是社会中每个个体成员生存和发展的基础，也是社会得以生存和发展的基础。人际关系是通过交际实现和完成的，但实现某种关系的交际方式会因文化不同而有所区别。因此，对研究与人际关系极为密切的跨文化交际来讲，它的重要性是不言而喻的。

人际关系本质上是人与人之间心理上的关系，是指人们通过交际活动所产生的心理接触，即心理距离。人际关系不同于角色关系。人际关系是心理学的概念，体现的是人际间心理距离的疏密程度；而角色关系是社会学的概念，体现的是人际间社会距离的“权势”和“一致性”关系。当然，两者的关系十分密切。

人们在社会交往中建立起各种不同的关系，有亲密关系、疏远关系甚至敌对关系，这些关系都是心理距离，统称为人际关系。人与人之间的关系越近，双方就越会心心相印，肝胆相照，如同一个家庭中的兄弟姊妹，亲如手足，情感交融，无话不谈。如果彼此交往关系不深，共同语言不多，那么心理距离就比较大，关系处理就会“不冷不热”，“逢人只说三分话，不可全抛一片心”。如果彼此有成见，相互有矛盾，发生过冲突，交往就自然疏远，甚至老死不相往来，“酒逢知己千杯少，话不投机半句多”说的就是这个道理。

2. 人际关系的类型

社会中的人际关系纷繁复杂，多种多样。总体上看，存在血缘关系、地缘关系、业缘关系和政治关系。血缘关系是人们不可选择的，是先天决定的，主要指亲属关系；地缘关系是由人们所处的地理位置或空间位置决定的，邻里和老乡就属于这种关系；业缘关系是指工作或职业环境中形成的关系，同事、同学、战友、朋友以及上下级就属于这种关系；政治关系是指政治上的领导与被领导的关系。台湾有些学者把人际关系概括为“五同”，即同宗（血缘关系）、同里（地缘关系）、同学、同事、同好（这三者都属于业缘关系）。从理论上来说，每一个人都生存于这样一张社会人际关系的“网”中，而这张人际关系网中的任何一个“节点”都是与你有关系的另一个人，这个人也置身在属于他的一张人际关系网中。由此类推，网套网，网联网，这张人际关系的“网”就会无限延伸，变得无限广大。因此有人说，只要你愿意，你可以通过你的关系网与世界上任何一个人发生联系，包括名人、明星、政要、权威、专家等。事实上这不是臆想，而是完全有可能发生的事实。

人际关系是人们赖以生存的最重要的因素之一，任何一个人都必须生存在这样一张社会人际关系网中，这就是所谓的“人脉”。“人脉”能使你有一种社会归属感，能满足你情感宣泄的需求，能创造一个你同别人“共享”的空间，能在你发生挫折、遇到困难时给你以有力的支撑。当一个人孤立无援时，会产生情感压抑，性格变异，乃至心理变态。在实际生活中我们也多少有过这样的经历：当你一个人独处时间久了，你会感到抑郁；当你在山林中独自迷路了，你会感到恐惧；海难发生你侥幸漂到一个荒凉的孤岛，你会觉得绝望；由于种种原因你在单位里陷入孤立，你会产生一种莫名的紧张。诸如此类的情景都充分说明人际关系对一个人生存、发展的重要性。就这一点来说，中西方文化都是一样的，只不过各自的表现方式不同而已。

（二）制约人际关系的因素

制约人际关系的因素主要有文化因素、社会因素、心理因素和地理因素。由于不同文化的人们在社会化的过程中习得了不同的价值观念、不同的认知方式、不同的行为规范等，因此不同文化间的人际关系的基本原则和处理方式会迥然有别。

1. 文化因素

文化主要包括价值观念以及一系列的角色规范。大陆型农业文化必然导致中国建立起以血缘纽带维系的宗法社会结构，这也就必然导致中国文化中的人际关系呈等级取向，呈差序格局，人际关系偏向“权势”类型，关系成为人们交往过程中最重要的交际原则。与此相反，欧洲一些国家属于海洋性商业文化，他们按照自己的要求塑造了完全不同的社会结构，以契约关系为基础的社会取代了以血缘为纽带的宗法家族社会，个人本位取向替代了群体取向，其结果是产生平等的人际关系，崇尚“一致性”。

2. 社会因素

社会因素指特定地区、特定时代的群体心理取向。它总是通过交际方式影响人际关系，不同的社会通过不同的交际方式来影响人际关系。比如就男女关系而言，在“男女有别”的传统中国社会，现实使得人们对男女过于亲昵持非常保守的态度，即所谓的“男女授受不亲”。男女在公众场合，过分亲昵，互相搂抱，不为多数人认同；而同性之间，却可以亲亲热热，甚至可以搂搂抱抱。但在西方社会，异性之间的接触被认为是天经地义的，而同性之间的过分亲昵被认为是同性恋现象，多数人难以接受。

3. 心理因素

心理因素指交际个体的性格、态度、能力等因素。从性格的角度看，外向性格的人要比内向性格的人善于交际。从跨文化的角度看，相对而言西方人开朗、坦率、外向，东方人则内敛、含蓄、内向。比如，改革开放以来，随着经济的腾飞，国际地位的提高，每逢国际性的群众活动，如旅游节、文化节、艺术节以及重大体育赛事，为了营造氛围，我们现在也提倡群众“狂欢”。但实际上，就像上海这样“海派文化”的国际大都市，市民们会“欢”，却不会“狂”，与西方一些国家的“狂欢”程度相比，差距极大。

4. 地理因素

地理因素指一个国家、民族所处的自然环境。由于它是培育特定文化的“摇篮”，当然对人际关系的作用也是十分重要的，在古代社会尤其显著。中国处在幅员辽阔、相对封闭、气候适宜的大陆环境中，这决定了中国农业文化的社会特征，必然产生了以血缘纽带维系的、主张群体取向的、注重人际关系的中国社会文化。而欧洲一些国家所处的海洋环境决定了西方文化的商业性质，也必然产生了以契约关系为基础的、崇尚个人主义、提倡平等关系的西方社会文化。可以说地理因素是造就不同文化的“根”。

二　人际关系的文化对比分析

（一）中国社会传统的差序格局及人际关系

任何社会的人际关系都是以其社会的传统结构为依托的，宗法社会结构是中国社会最典型的传统结构。几千年来中国社会历经动乱，社会结构多有变迁，但构成中国社会基石的始终是由血缘纽带维系着的、以家庭作为典型模式的宗法性结构。尽管当代中国宗法社会结构已经解体，但宗法制意识的影响却长期存在，渗透在人际关系的方方面面，难以改变。

维护宗法社会制度并为其服务的是社会伦理，而社会伦理是家庭伦理的延伸。“国”与“家”彼此相通，君权是父权的延伸，在这样的家国同构的社会格局中，伦理则成为中国社会人际关系的基本规范。“伦”是社会等级类别的次序，即辈分；“理”是这种等级次序所遵循的规则。因此，中国社会的基本结构是差序格局，与其相对应的社会关系和人际关系可以概括为“父子有亲，君臣有义，夫妇有别，长幼有序，朋友有信”。此“五伦”不仅构成人们普遍遵守的道德标准，也成了人际关系的基本准则。中国社会的人际关系都纳入这“五伦”之中，而其中三项都与家庭相关，其他两项也是父子和兄弟关系的延伸。社会关系的种类可能非常复杂，然而“五伦”为本，总跑不出“君臣、父子、夫妇、兄弟、朋友”的范围，而“亲、义、别、序、信”则成为人们相互交往的准则。如果人人遵循这些准则，社会就井然有序。在“五伦”关系中，父子关系是主轴，这当然与差序格局的社会结构直接相关。在以伦理支配下的人际关系中，有三个值得注意的特点：

1. 服从权威和长辈

社会学家费孝通指出，中国社会是一个差序格局的社会，即本质上是一个等级社会，这样的社会以维护上尊下卑的秩序为根本。君臣、父子、兄弟、男女这些关系范畴蕴涵着尊卑之分，以下敬上、以卑敬尊，这样才能建立和谐社会，达到天下和合。因此在人际关系处理上，人们首先要服从权威和长辈，在交际中“权势”或“主从”关系起主导作用，一方对另一方的服从和保持一致是至关重要的。[①]

对于这种现象，为差序格局的等级社会制度服务的中国传统“小学”是这样解释的：当官的都是“父母官”，“官”即“管”；为民的就要“顺”，“顺”即“循”。因此百姓要做顺民，“服官之管也”。根据郭沫若先生的考证，古代“民”字即“盲”字，通训为“奴隶”（上古奴隶制社会百姓就是奴隶）。[②] 这种观念又来自家庭中小辈服从长辈的根基。在一个家族中，族长拥有绝对权威，甚至掌握生杀权力，而族人必须服从；在一个家庭中，家长具有绝对权威，可以主宰家庭中的一切，其他家庭成员必须顺从。这种观念进一步延伸到社会的各个层面，这就是长期以来中国人养成服从习惯的历史、文化缘由。当然，“权威”在不同历史时期有不同内涵，在当今社会，它可能包括领导、家长、长辈、强者，还包括有

① 参见何新《中国文化史新论》，黑龙江人民出版社，1987。

② 郭沫若《古代文字之辩证的发展》，《考古学报》1972 年第 1 期。

一定关系、有一定能力的人,甚至包括你有求于他的人。值得指出的是这种“权势”一般具有归属性,不一定是凭个人能力所获取的。从社会规范的习得来看,中国传统文化中服从长辈和权威的观念从小就被潜移默化地灌输给孩子。在中国,好孩子的标准就是“乖”,“乖”的依据就是听话,就是服从。他们从小被教育要像某某人(权威、名人、成功者)学习、看齐,而不是超越他。他们习得的为人的准则就是要谦虚谨慎,不可锋芒毕露。尊重权威或长辈在维系社会和谐方面也许有其一定的合理性,然而在当代社会带来的副作用也是显而易见的,就是缺乏竞争力,原创性明显不足。

2. 严格的等级身份制

身份指人的社会地位,包括个人在社会和家庭中的地位。每个人在社会中有其固定的身份,其权利、义务、荣誉、地位以及行为方式等都取决于这种身份。中国人重“义”,这是社会规范,也是人际关系准则。而“义”意为事事皆“宜”,即“应该”的意思,每个人都按自己的社会身份要求去做。不然就是越轨,就是不安分,恪守本分是中国社会人际关系中的另一重要特点。

中国人从出生之日起,生老病死、社会待遇、个人财产、消费水平、物质享受、行为标准等无一不受“身份制”的影响。这一点可以用来解释为什么中国人特别“爱面子”、“摆架子”。社会通过伦理规范规定了某一地位的人该做什么、不该做什么,该说什么、不该说什么。而且人们养成这样的习惯,在评价一个人的价值时常常依据他的社会身份、他所处的社会地位。在人际交往时,也常常不是看你说什么,而是看这是谁说的,“谁说的”往往比“说什么”更重要。换一句话说,某些事能不能做、某些话能不能说,并没有一定的标准,关键看是什么人。某人能做的事你不一定能做,或想做也做不了;某人能说的话你不一定能说,或说了也没用。这一切取决于你在社会中的身份。这样的社会格局是导致“人治”倾向的动因,因为在等级社会中,身份比什么都重要,当然法律也不例外。自古以来,处理政事,平息动乱,解决纠纷,消除矛盾,往往不一定依法行事,而是靠某个有相当权势的人来“摆平”的。易中天在《品三国》中曾概括了传统社会中老百姓的三个“期盼”:他们首先期盼有一个“好皇帝”,这样国家就会富裕强盛,百姓就能安居乐业;假如不可能,那么他们退而求其次,期盼有一个"清官",有"青天"掌控,地方就会秩序井然,百姓就能生活安定;假如也不可能,那么他们只有期盼一个"大侠",因为"大侠"能除暴安良,劫富济贫,能让百姓在法律之外有一个讨还公理的机会。[①] 这样的概括是符合普通百姓的实际心态的。进入新时期以来,政府花大力气健全法制,强调以法治国,依法办事,情况有很大改观,但"权大于法"的现象还时有发生。

3. 根深蒂固的关系取向

关系取向本质上是群体取向的延伸表现,是群体取向的必然结果。中国人从出生之日起就置身于一个盘根错节、纵横交错的网络之中,个人的社会关系直接影响他的社会地位、生活方式和可能取得的成就。他的关系越广,他的权威性和影响力就越大,在别人心目中的形象就格外高大,就特别有"脸面"。在中国社会中人际关系至关重要,为了生存、发展,你必须努力编织、维护属于你的"关系网",办事先看有哪些关系可以利用,处事先弄清周围的人际关系等等。所谓"世事洞明皆学问,人情练达是文章",这是对中国社会为人处世的经验总结。不谙世事,不明事理,"人脉"不广,难以发达;跟错人,说错话,做错事,会有"报应"。虽然改革开放以来,随着国外先进文化的渗透,人们的思想意识解放了,但几千年来形成的行为模式和思维定势仍然在产生影响。比如在市场经济的运作过程中,就有一个中国特色的新概念,叫做"关系经济",指的是在企业经营、资本运作、市场开拓等领域中,"关系"这个资源所带来的机遇,所产生的效率。可以这么说,在中国大陆市场上,"关系"是最重要的生产要素之一,"关系经济"也许比"知识经济"还重要。公司运作是否顺利,企业盈利是否合理,市场效应是否到位,这一切都取决于你是否有过硬的"背景",是否有有效的"关系"。

当然,对中国社会的人际关系取向不能一概否定。尽管当前人们对"关系"现状的评价微词颇多,然而关系取向对维护社会融洽、人际关系和谐,是有其积极作用的,也是广大中国人所追求的。据有关部门对全国居民的抽样调查,在上辈下辈、上级下级,同事关系、邻里关系中,有72.1%的人认为是"比较

① 参见易中天《品三国》,上海文艺出版社,2006。

融洽”的，也是比较满意的。可见，在中国，交际的目的是为了融洽人际关系的提法是有道理的。

（二）西方社会崇尚的平等格局及人际关系

西方社会的社会格局和人际关系的雏形可以追溯到古希腊时代。从历史、文化及人类社会发展的视角来考察，生活在被海洋包围的、相对狭窄的地理环境中，民族生存、发展的唯一选择就是向外扩张，跨海发展。他们从进行商业活动开始，继而进行武力征服，以获得更大的发展空间。在此过程中，新大陆的不断发现，更加速了他们的跨海迁移进程。这样的生活形态和发展战略，使得西方人很早就摆脱了氏族社会的血缘纽带，他们以财产关系为基础的社会契约制的城邦组织取代了以血缘关系为基础的宗法社会组织，逐渐形成了与中国传统社会截然不同的社会格局。其实，即使是生活在大陆环境中，为了生存的需要，人们的迁移也是常有的事。他们可能是整个血缘家族的男女老幼把家居杂物全装在牛车上一起出发，在大地上以蜗牛般的速度缓缓前进。慢是慢，但是以血缘关系为基础的宗法社会组织是不会被破坏的，改变的只是居住环境。而生活在海洋性地理环境中的那些民族的跨海迁移就完全不一样。第一，老弱妇孺只能留在本土，因为他们不具备跨海迁移、征服新土的能力，于是每个家庭的青壮年冲出了家庭，向海外进军了，以血缘关系为基础的宗法社会组织也就随之瓦解了。第二，跨海迁移的风险和苦难催生了以契约为基础的“同舟共济”的合作关系。他们必须实施这样的关系，因为只有“同舟共济”才能克服种种艰难险阻，实现他们的理想。他们登陆以后，好不容易占领了一块地盘，又要对付陆地上的土著人，同样面临险恶的环境，于是他们一定还和在船上一样，把合作关系维系下来，以求得生存和发展。结果是不同体系的各族大混合，同时导致政治体制的根本改变，这种新的政治体制不是以血缘为基础的“尊卑长幼”的等级关系，而是以契约为基础的“共同协作”的平等关系。

事实上，新的人际关系的形成在公元前 6 世纪就初见端倪，民主主义政治家克里斯提尼就推动了旨在打破和改造雅典社会结构所残存的血缘姓族结构的政治改革。新的社会结构带来的直接结果就是人民选举官吏，从而开始废除世袭世禄的血缘种姓制度，使家国同一的社会组织结构逐步瓦解，等级制被取消，开始了崭新的“民主”政治，社会组织的新变化带来了人际关系的新格局。

1776年美国政府颁布的《独立宣言》明确指出：人类生来平等，造物主赋予了他们与生俱来的权利，即生存、自由、追求幸福的权利。政府是为了实现这些权利而设置的。1791年，法国国民议会发布的《人权宣言》同样明确指出：就人民权利而言，人类生而平等并且只能平等。人各有身，身各自由，为上者不能压抑之，束缚之也。

这些历史文献奠定了西方社会价值观的基石。纵观西方社会平等的人际关系取向，有两个明显的标志。

1. 服从权威被民主政治所代替

每个公民均有权参与城邦立法，以选票表达个人意志，有权罢免各级执政者。这一点对人际关系的影响意义深远，它标志着“平等”关系大于“权势”或“主从”关系。马克思曾经说过：“伟人之所以伟大，是因为你跪着。”这句名言的真正意义在于反映了西方社会的价值观，是对服从权威的否定。

以美国为代表的这种价值取向最明显地渗透在教育理念中，并且是从幼儿教育开始就“灌输”这样的价值观。中国一位知名的幼儿教育者有过这样的亲身经历：她随一个教育工作者代表团访美，参观美国加利福尼亚州一所幼儿园，并旁听了一堂幼儿写作课。一位名叫珍妮的女教师面对着一群五六岁的美国儿童，指着身后整整几个大书橱里的名家经典著作告诉孩子们，这些是许多伟大人物写的书，它们曾感染、激励过许多人。她希望小朋友现在也动手写一本自己的书，像那些有许多著作的伟人一样。随后，孩子们在珍妮的指导下，或涂鸦式地写几页句子，或画几张画。珍妮把孩子们的“大作”用考究的封面装帧好，然后把孩子们的姓名打印上去，后面再缀上一个“著”字，郑重其事地把这一本本“书”排放在《华盛顿选集》、《爱因斯坦论文集》和《老人与海》等名著旁边，孩子们为此欢呼雀跃，那神采就好像自己已经成了伟人一样。珍妮对孩子们讲：“你们当中的每一个人都是世界上最棒的，即使当今的布什、克林顿总统在像你们这么大的时候也还不曾写过这样的书。”接着，珍妮又点着一个个孩子的名字，评论某某写的书比林肯小时候写的信更有文采，某某写的书比爱迪生小时候写的文章更有条理等等。珍妮告诉这位中国幼儿教育者，注重能力培养和树立自信心是美国幼儿教育的核心。要让孩子们充分享受到成功的喜悦，使他们在思维形成的时期，就能够树立起坚定的自信心，充分展示自身的优势，不屈从于任何权威。而后这位幼儿教育者在幼儿园与美国儿童聊天，问他们长大以后准备干什么，得到的回答有议员、电视主持人或橄榄球明星之类，更让她吃惊的是，还有很多孩子回答"长大了当美国总统"。几位孩子的父母都谈到，他们最关心的是培养孩子的自信心、竞争力、个性展示和独立人格，因为这是在美国社会中的立身之本。

2. 等级身份制被平等意识所代替

人与人之间的平等必然导致在人际交往中不再以"安分守己"为准则，而是可以充分展现自我，表现个性，我行我素。但丁说过一句名言："走自己的路，让别人去说吧。"这句名言的真正意义在于反映了西方社会个性独立、人人平等的价值取向。

西方文化中的人格独立有一个重要特征，这就是互相尊重。而这种尊重与中国文化中的互相尊重在内涵上有很大差异：以群体取向为价值观的中国社会，互相尊重的同时提倡互相帮助；以个人取向为价值观的西方社会，互相尊重更多的是体现在不侵犯他人隐私，而且并不提倡互相帮助。因为在他们看来你无端地帮助别人，就意味着别人不行，而这是对对方的不尊重。一位中国学者在美国有过这方面的教训。有一天他正在等公交车的时候，看到一个白发苍苍的老太太正吃力地拉着一大捆纸板缓缓地前行。这位中国学者知道，这个老太太在美国属于贫困群体，也许是孤身一人，她拉着这些收集来的纸板是去回收站换钱的。当那个老太太走到他面前时，绳子突然断了，捆扎的纸板散落开来。于是老太太不得不停下来，慢慢地重新捆扎，显得很疲惫。这位中国学者就主动上前去帮她。从中国人的道德规范来看，这是再正常不过的。可是令这位中国学者不解的是，那个老太太竟然阻止他，还狠狠地瞪了他一眼，大声说："No!"这位中国学者心中充满了疑惑，后来美国同事告诉他：那个老太太虽然属于贫困群体，但生活保障是没有问题的，她之所以还要去收集纸板换钱，是因为这是她的生活内容，更重要的是她要证明她具有自食其力的能力。你去帮她，就证明你觉得她不具备这种能力，在她看来这是对她的极端不尊重。

三 人际关系取向及其类型

（一）人际关系取向的文化类型

不同的国家和民族以自己的独特方式构建社会，文化的差异形成社会结构的差异，必然导致人际关系取向方面的差异。对人际关系取向分类也和对其他事物的分类一样，研究的角度不同，采用的标准不同，分类的结果也不同。有的学者把人际关系分成可选择型和不可选择型，如父母与子女的关系是不可选择的，而其他关系是可选择的；有的学者把人际关系分为长期型和短期型，如夫妻关系是长期的，而演员和观众的关系则是短期的；有的学者根据血缘、地缘和业缘对人际关系进行分类，如亲属关系是血缘的，邻里关系是地缘的，同事关系是业缘的。任何社会都会有以上提及的各种类型的人际关系，只是不同的社会可能在类型选择时侧重点不同而已。从跨文化交际的角度来看，中西方学者比较一致的看法是把人际关系取向分为工具型、情感型和混合型三种类型。因此，我们就以工具型、情感型和混合型关系为基础，对人际关系取向及其类型进行分析。

1. 情感型人际关系取向

这是在亲朋好友之间的关系基础上延伸、发展起来的关系。在交往中，人们相互依存、相互满足包括情感在内的各种需求。交往双方表现出信任、亲和、重情重义的态度以达到物质、精神及情感方面的共享。一般来说，亲朋好友或同一群体之间所存在的情感关系较为持久、牢固和稳定。但由于情感关系和其他关系往往会产生矛盾，这就可能产生亲情困境，或造成情感危机。

2. 工具型人际关系取向

这是人们在交往时为达到某一目的或获取某种利益所建立起来的一种关系。这种关系不同于情感关系，情感关系的建立本身就是目的，而工具型的关系只是人们为了达到某一目的而采取的一种手段而已。一般来说，工具型关系是一种非个人化、非情感化的关系，显得理智而直率，因而表现出短暂、不牢固、不稳定的特征。

3. 混合型人际关系取向

这是一种既有情感性又有工具性的混合式人际关系模式。交往双方彼此认识而且具有一定程度的情感关系，但其情感又没有深厚到可以随意表现出真诚行为的程度。一般而言，这类关系可能包括亲戚、邻居、熟人，或相处较融洽的同事、同学、同行、客户，还可能是交往双方共同认识的第三者。这是一种最典型、最普遍、最有效的人际关系类型，这些彼此认识的一群人，构成一张张不同的人际关系网，构成了自身生存、发展的社会生态环境。从旁观者角度看，一个人可能同时涉入几个不同的群体中，置身于数张不同的关系网内；从当事者的角度看，每个人都以自己为中心而编织其独特的关系网。这种人际关系的存在及其是否能持久，取决于人与人之间的人情相互往来，因此维系这种关系的准则可以称之为“人情”准则。

（二）人际关系取向的比较分析

1. 中国社会的人际关系取向

如果用以上三种人际关系取向类型来审视不同文化的选择，那么东西方的差异是显而易见的。相对而言，中国社会的人际关系偏向于“情感型”关系和“混合型”关系。其中“情感型”关系是人际关系的底层，对中国人来说，这是满足情感的基本需求；“混合型”关系是人际关系的上层，对中国人来说，这是生存、发展的基本条件。中国社会非常注重人情和面子，人际交往讲究“做人情”、“送人情”，注重“礼尚往来”、“欠情还情”，提倡“滴水之恩，当涌泉相报”，必要时“为朋友两肋插刀”。林语堂曾说过：“人情，面子和命运是支配中国人生活的三大女神。”①

但是对中国社会中的人际关系取向要全面分析。因为“混合型”人际关系取向本身具有两重性，即既有情感性，又有功利性，而功利性表现为利益的获得。当利益分享合理时，能维系情感基础；一旦利益分配引起冲突，那么本来

① 林语堂《中国人》，郝志东等译，浙江人民出版社，1988。

就不很坚固的情感基础就会出现危机，导致人际关系的恶化。因此中国人的“人情”和“面子”背后有利益的驱使，带有一定的虚伪性。改革开放以来，经济发展了，人们富裕了，物质的丰富带来了对利益的追求，价值观念也发生了一定的变化。这种变化集中表现在“混合型”的人际关系取向中，功利的一面在提升，人际关系不和谐的概率也在提高。比如家庭财产纠纷引起的亲属反目很普遍：婚姻观的改变，使得离婚率有所提高，夫妻反目，离婚时的财产分割常常引起纠纷；老人独居，需要子女照应，于是老人的房产往往被子女占据，引起矛盾；父母去世，留下遗产，子女为争夺遗产而互相争执，以至提起诉讼，对簿公堂。又比如私营企业股东纷争导致合股解体也很普遍：私营企业的资金来源，往往是家人合股，或亲属参股，或朋友投资。在创业之初，大家都能同心协力，一旦企业稳定了，市场效应开始显现，赚钱了，盈利了，情况就会发生逆转。或者由于经营权的争夺，或者由于红利分配不合理，反正出于自身利益，于是亲属纷争，家人反目，朋友拆股，导致分道扬镳，以致企业解体。上述各类现象的产生，归根结底是人际关系处理中情感与利益的失衡，是利益的冲突引起的。这是在市场经济大背景下出现的新动向，不能不引起我们的关注。

2. 西方社会的人际关系取向

以美国为代表的西方社会的人际关系以“工具型”为主要取向，在人际交往中他们很少顾及人情、面子，他们常常是公事公办，不讲情面。在交易时这种关系惯常以“公平交易”为准则，按法则办事，即使是亲朋好友也要“人”和“事”两清，即把人情和事情分得清清楚楚。在公务处理上，不受感情驾驭，而以客观法则为准，对事不对人，公私分明。最突出的，也是中国人最难理解的，是亲人之间也是“公事公办”，经济上更是“公平交易”，可以说“泾渭分明”、“一清二楚”。

长篇小说《喜福会》是华裔美国女作家谭恩美的成名作。谭恩美作为中国移民的后裔，在自己的家庭中接受了中国文化的熏陶，在她的骨子里，有一种无法消解的中国文化情结；但她同时作为在美国生长的第二代移民，接受的是典型的美国式的教育与环境。《喜福会》所讲述的便是四位华人移民妇女和她们在美国长大的儿女之间的故事。小说中有一个令人印象深刻的片段，丽娜·圣克莱尔的母亲有一次去她女儿家里，发现一份贴在冰箱门上的账单。账单两边分别写着女儿与女婿的名字，并且罗列着各自的账目。原来女儿与女婿一直坚持均摊生活费用，从头发喷雾剂到假发垫，从照相扩影到冰激凌，他们都要定出个是“共享”或是“各自”的确切范畴。比如两人结婚时，一个人坚持付了婚礼费，另一个则请了朋友来照相作为抵消；在购置房子时也要达成协议，根据买房子出钱数目的比例来分配谁拥有所有权，谁拥有支配权。但是还有一些东西界限过于混淆，比如丈夫送给妻子一只猫，猫得了跳蚤病需要杀虫剂，这杀虫剂的钱应该由谁来付？妻子出面订阅的食品烹饪杂志，但丈夫自己也常找出来翻阅解闷。诸如此类经常引起夫妻两人争论不休。身为传统中国女性的母亲自然无法接受这种夫妻间斤斤计较的平摊付费的方式，她觉得诧异又疑惑。但丽娜和她的丈夫哈罗德却认为：“唯有如此，我们才能排除一切错觉，一切捆绑感情的束缚，从而达到相互间的真正的平等尊重。”原来在美国人看来，这样做的最终目的却是为了互相的“平等尊重”。这虽然是小说，未必具有绝对的真实性，但显然体现了艺术的真实性，确实反映出美国社会处理人际关系的一些实际情况。

不同文化对人际关系取向的选择，使得人们在待人处事上采取完全不同的态度和策略。美国人这种“工具型”关系加以延伸，可以说是一种实用型的关系，表现在交往中常常是理智的、超感情的。比如，当一个孩子在学校被另一个孩子欺侮之后，他很可能去找一位能解决问题的人寻求帮助，而不是跑回家去告诉父母亲，这反映出美国人的那种理性主义精神；而在中国，被欺侮的孩子首先想到的是跑回家去告诉父母亲，以寻求庇护和安慰。又比如，当朋友、夫妻之间感情破裂，美国人会心平气和地解决矛盾，而且在中断关系之后，仍然保持比较友善的关系；而在中国，双方往往会反目成仇，这正是“人情”准则支配的结果。再比如，在人与人之间发生冲突时，西方人会设法寻找另一个合适的人选代替某人的位置，也就是说这种关系是工具型的，谁承担这一工具角色都可以。“谁”并不重要，工具关系能体现出来即可，这是典型的被称为功能取向的人际关系。由此可以想象，具有完全不同的人际关系取向的中国人和西方人交朋友肯定会产生矛盾，中国人会觉得他们不通情理，或不够“哥们”，而他们会觉得中国人太重感情、太不理智。

思考题

1. 什么是交际情景？它包含哪些要素？

2. 交际参与者的哪些因素会对交际产生影响？

3. 交际目的可以分为哪些类型？请举例说明。

4. 交际场合包括哪些有影响的因素？请举例说明。

5. 什么是角色？评判一个社会角色交际合格度的标准是什么？

6. 什么是角色关系，形成角色关系的根本依据是什么？

7. “权势”和“一致性”两种社会关系有什么区别？请结合不同的文化背景加以说明。

8. 联系周围生活实际谈谈角色关系中正式和非正式程度的差异。

9. 联系周围生活实际谈谈角色关系中个性化程度的差异。

10. 联系实际谈谈角色关系中允许偏离理想角色行为的程度差异。

11. 请从儒家学说中“仁”的含义阐述人际关系的本质属性。

12. 影响人际关系的主要因素有哪些？请举例说明。

13. 什么是中国社会传统的差序格局？构成这种社会结构的基础是什么？

14. 请根据自己的切身体会谈谈中国社会“服从权威和长辈”这种观念的利弊得失。

15. 中国社会严密的等级身份制对人际关系有什么影响？请举例说明。

16. 为什么中国社会特别重视“人脉”关系？请试着分析你自身所处的人际关系网。

17. 西方社会崇尚平等的人际关系的文化根源是什么？

18. 人际关系的类型有哪些？各有什么特征？

19. 请联系实际谈谈中国社会“情感型”人际关系的特征。

20. 谈谈你对“工具型”人际关系的看法。

第四章　规范系统与文化过滤

第一节　行为与规范系统

所谓规范系统，指某个特定国家、民族或地区的人们所遵循的一切规范的总和。这些规范的表层结构表现为行为规范，而其深层结构则是特定文化的产物。规范是人们赖以生存的手段，是维系社会秩序的工具，是人们社会行为的准绳，因此是跨文化交际所涉及的重要层面之一。事实上，一切跨文化交际冲突说到底都是社会行为规范的冲突。

一　关于规范和规则

（一）规范与跨文化交际

在交际过程中，行为规范是以符号的编码、译码为基础的，它揭示交际者的社会身份并决定其相应的行为。从行为的规定性和评价性的视角来分析，规范是恰当的、得体的和可被社会接受的行为准绳，是特定道德范畴的标准，是活动模式的社会期望，是判断来自不同群体的人在多大程度上符合本群体的行为要求的依据。如果某一个体的行为符合某一文化的规范，他或她通过合乎规范的行为展示了该文化的文化身份，这就意味着这个个体有可能被某一文化群体接受而成为其中的一员。我们可以说，这个个体具备了跨文化交际的能力。事实证明，在跨文化交际中规范的共享使我们能具备识别行为是否恰当的能力，并能对不同群体的规范进行对比的能力，这对提高交际者的交际有效性是十分必要的。比如一个中国人在美国环境中，能说一口流利的英语，恰当地向他人表达问候、赞赏，并尊重个人主义，不冒犯别人的隐私，开展公平竞争，那么这个来自中国文化的中国人就基本上掌握了美国的社会行为规范，具备了跨文化交际的能力。同样，一个美国人在中国环境中，能遵循语用规范，熟练地使用汉语，懂得处理人际关系，理解和接受群体取向的价值观，那么这个来自美国文化的美国人就基本上掌握了中国的社会行为规范，具备了跨文化交际的能力。

社会行为规范与交际紧密相关。它是一套系统的规范，告诉人们应该做什么和怎么做；它还是一套禁令，告诉人们不应该做什么和怎么做。当然，这套系统也包括对违反这些规范的行为的惩罚，惩罚形式可能包括社会或群体对有关行为或有关人的不认可、非议、责备、谴责，乃至法律的制裁。

我们可以把"规范"定义为某一特定社会或群体对所期望的和可接受的行为所共享的标准或规则。

如果我们不考虑别人的存在或不考虑其他人对我们行为的预期反应，那么社会活动是不可想象的。当一个社会或群体共享一些期望时，规范就存在了。一旦规范形成了，我们在社会化的过程中就会把它们变成心理实体，我们就会遵循这些规范。违反社会规范会造成严重的后果。举个实例：尼克松出任美国总统期间曾出访日本，会晤日本首相佐藤，讨论双方在纺织品贸易方面出现逆差所造成的后果。日本首相佐藤认为两国之间一直友好相处，因此两者之间的矛盾应主要通过相互信任和谅解获得解决，而不是通过争论和法律来解决问题。他采取的方法是"三分讨论七分理解"，日语中有一个词Haragei，意思是相互理解，能意会而不必言传。佐藤根据Haragei这一日本交际规范向尼克松含蓄表示，由于日本方面没增加美国纺织品的输入，使美国陷入窘境而表示遗憾，希望美国能谅解。佐藤觉得话已说到位，问题也就此解决了，他根本就没有考虑如何采取必要的措施解决这个问题。因为佐藤认为两国经济交往，涉及的方面很多，可能在纺织品上美国吃亏了，但在其他方面也许美国获利了。再说两国是战略合作伙伴关系，还有政治、军事上的利益，不能就事论事在某一点上斤斤计较。而尼克松却按美国文化的交往规范来理解，朋友归朋友，生意归生意，这是两码事。他以为佐藤的意思是日本政府会很快采取措施，以改变双方在纺织品贸易方面出现逆差的局面，因此也认为会晤已达到了目的。因为在尼克松看来，这是很自然的，日本应该采取具体的有效措施来解决这个问题。结果几天之后，当双方再次沟通时，都对这次会晤结果的误解而感到震惊，并为这一预想不到的后果感到悲哀，矛盾不但没有解决，反而加剧了。

（二）规则与跨文化交际

规范的细化即规则，在交际中更多地表现为外显的行为特征，在协同个体之间的行为方面，规则实际上起着和规范同样的作用。规则体现在交际的不同层面上：一个是语言本体层面，被称为"编码规则"，即具体地规定语言符号组织内容的规则，语音规则、语义规则、语法规则就属此类。另一个是社会语用层面，被称为"制约规则"，其本身并不构成语言的一部分，但却制约着交际的规范性，会话原则、礼貌原则等就属此类，这其中有不少规则属于社会风俗习惯范畴。

研究表明，规则的文化差异是普遍存在的。不同的语言都表现出自身的特点，音位系统不同、词汇构成不同、语法规则不同乃至说出来的话也不同，这些是显而易见的。语用层面的差异同样显著：人们在言语交际时如何开始谈话，如何相互问候，如何转换话轮，如何变换话题，在实施恭维、请求、拒绝、邀请、称呼、道歉等言语行为时该如何表现，礼貌原则又包含哪些内容等等。至于非言语符号的体现，差异同样不容忽视，如采取什么样的目光语，如何控制好双方的体距，选择什么样的交际场合，什么样的服饰比较合适，何时保持沉默，该如何对对方的话语作出应有的反应，握手、拥抱、点头、摇头等又有什么含义等等。所有这些层面的规则都体现出不同文化的差异，在跨文化交际中起着重要的作用。此外，规则的文化差异还表现在很多相关方面，比如如何购物、如何就餐、如何排队、如何排座、如何乘车等。这足以说明在跨文化交际中对规则共享的重要性。规则共享能使交际者对交际中所发生的误解、冲突进行解释，从而调整自己的交际策略。

交际中的共享规则在不同的文化中都有不同的解释，在跨文化交际中，一旦规则产生误解、冲突，将会对交际产生障碍。举个实例：1978年，戈尔巴乔夫偕夫人罗莎访问美国。里根夫人南希邀请罗莎在到达的当天下午去白宫喝午茶并参观白宫。罗莎接到邀请信后未及时回应，在她看来这不过是她同南希之间的个人会晤，可以随意一些，不必太认真。过了很长时间之后她才回复，说那天下午要陪同戈尔巴乔夫出席记者招待会，希望把下午3点的午茶改到上午。接到罗莎要求更改活动时间的信后，南希感到茫然不知所措。习惯于美国式交往规则的南希很生气，她无法理解罗莎的反应，难道被邀请人可以提出任意改动被邀请时间和活动安排？新闻记者也表示这是难以接受的，当时美国多家报纸、杂志在评论两国首脑会晤时，对这一令人不愉快的插曲进行了详细的报道，给戈尔巴乔夫的访美带来了很多负面影响。

二　规范和规则系统

根据上面的分析，我们可以认为规范更多地表现为意识形态，而规则更多地表现为外显行为。但实际上，当审视整个文化符号系统时，我们就会发现两者很难截然分开，规范表现为规则，规则蕴涵着规范。比如一个西方学生在同教授交谈时显得随意、直率，而且直呼其名，这显然违反了东方一些国家的交际规则，然而这正反映了西方人崇尚平等的观念，是个人取向的价值观的表现，属于西方的行为规范。同样，当一个中国的业务代表在同西方国家洽谈业务时，先花很多工夫联络感情而不急于谈正题，这显然与西方一些国家的交际规则相悖，但这正体现了中国人在角色关系处理上的情感取向，属于中国的行为规范。正因为如此，在阐述规范和规则系统时，我们不再刻意区分这两个概念，统称为“规范”。一般来说，一种文化的规范和规则系统包含交际规范、民俗规范、道德规范和法律规范等范畴。

（一）交际规范

按照当代语言学研究的成果，言语交际规范涉及如下一些范畴：

一是语言系统规则，如音位及其组合规则、构词法、词法和句法、语义选择等等。

二是言语行为规则，如称谓、问候、恭维、道歉、同意、拒绝、邀请、致谢、建议、介绍、劝告、道别、请求、命令等。

三是言语交际规则，如解释原则、合作原则、礼貌原则等。

四是话语组织规则，如说话顺序、话轮转换、语篇结构、话题结构等。

五是非言语行为规则，如音量、语速、表情、姿态、动作、服饰、环境等。

（二）民俗规范

社会上最普遍、最常见的社会规范是某种文化背景下世世代代传承下来而且约定俗成的生活方式。它体现在社会生活的各个方面，如穿衣、饮食、居住、出行、丧葬、嫁娶、待客、聚会、集市、节日等。不同的民族有不同的民俗规范，这是不言而喻的。虽然这些都只是生活习惯，却有着深层的文化底蕴，在跨文化交际中，民俗规范的认同是一个值得注意的问题，因为它涉及群体的"归属感"。《礼记·曲礼上》说："入境而问禁，入国而问俗，入门而问讳。"可见中国古人就很懂得这个道理。

在民俗规范中，有一个值得注意的问题是语言禁忌。语言禁忌是人类社会的普遍现象，只是表现形式不一样而已。语言学家布龙菲尔德(Bloomfield)对这种现象有过专门论述："在很多言语社团里，某些不合适的言语形式只在限定的情况下才能说；凡是在限定场合以外说这些形式会被人看不起或者受到处分。这种禁忌的严格性有很大的伸缩范围，从是否合乎时宜的一般规矩直到严厉的禁忌。"[①]语言禁忌的产生有其历史根源，在科学不发达的时代，人们会把生活中种种不如意的事情归之于某事某物所致，因而对那些事物采取回避乃至在言语交际中禁止提及的态度。久而久之，就逐步形成了对这些事物的禁忌心理，成为一种习惯，进入民俗规范的范畴。在中国旧时代，行业里的语言禁忌就很多，比如撑船的不能说"沉"，谐音也不行，所以假如姓"陈"就要说成姓"耳东"；不能说"翻"，于是"帆布"就叫"抹布"；不能说"住"，因此同音的"箸"就改叫"筷子"，并在民间流传开来。戏班里人忌讳说"散"，把谐音的"伞"叫做"盖"；山民上山忌讳说"蛇"，把它叫做"长虫"。日常生活中的语言禁忌也很多：新娘上门不吃瓜，因为"瓜"同"寡"谐音；给新婚夫妇送礼忌讳

① [美]布龙菲尔德《语言论》，袁家骅等译，商务印书馆，1980。

送钟，因为送钟就是“送终”；夫妻间忌讳把梨分开吃，因为分梨意味着“分离”。

（三）道德规范

道德规范指特定文化中具有伦理内涵的社会价值取向，是人们对社会上的事物和行为的对与错、是与非、善与恶、好与坏的评判标准。道德规范虽然属于“柔性”的规范，并没有强制性，却是非常重要的社会习俗，不同文化的人们在交往时，如果产生道德规范的冲突，就会造成交际双方很大的心理距离。

在西方一些国家，异性之间接触、交往甚至同居被认为是很正常的事；而同性之间就不宜过于亲昵，否则就会被看做是同性恋行为。中国有几位教师曾被派往澳大利亚讲学，周末外出旅行，需要住宿，找到一家酒店后，经理热情地接待了他们。当时一行四人，两男两女，要求开两个房间。经理一听，立刻警觉地问他们怎么住。中国教师很自然地告诉对方，两个男的住一间，两个女的住一间。谁知那位经理一听，立刻回答“No”，而且拒绝他们在此住宿。中国教师立刻明白了其中的原委，于是表示愿意男女搭配住。这样解释之后，经理才为他们办理了房卡。虽然事实上他们还是男的跟男的住，女的跟女的住，但这件事却很有典型意义，说明东西方的道德规范差距较大，在跨文化交际中时常会产生意想不到的冲突。

（四）法律规范

法律规范从本质上说是一个国家对于公民行为合法与否的一种认定。法律是统治国家的工具，是维系社会秩序的手段，属于“刚性”规范，具有强制性。法律规范属于政治范畴，但也具有鲜明的民族性，也会因文化的差异而有很大的不同。在跨文化交际中，一旦涉及法律范畴，这就不仅仅是冲突的问题，而是要受到当地法律的制裁的。因而在异地环境，了解、熟悉对方的法律，实在是一件非常重要的事情，千万不能掉以轻心。

有这样一个实例：一位定居美国的中国妇女发现两岁的女儿发高烧，于是就给孩子注射了一种针剂。可是孩子不仅没退烧，反而病情越来越恶化。母亲非常着急，哭着把孩子送到了医院。医生问了病情，了解到这个中国母亲给孩子打过针，而且发现她给孩子注射的是过期的链霉素。按照美国法律，医生认为这个母亲没有行医执照，无权给孩子诊治，而且认为是她延误了对孩子的治疗。几天后孩子痊愈，但医生却不让她将孩子带回家。医院通过法律程序控告她虐待孩子，法院按例决定暂时把孩子交给一家美籍华人监护起来，而她必须按美国法律进行一切诉讼。这个母亲申辩说自己在中国曾当过赤脚医生，给许多农民看过病，打过针，可以给自己的孩子打针。但美国人不明白什么是“光着脚”的医生，坚持认为没有行医执照就没有处方权。这位母亲思女心切，不断打电话要求领回自己的女儿，这样一来，她又面临另一罪名——“骚扰罪”。一件本来并不复杂的事情经历了复杂的法律程序。这个案例涉及的就是法律规范的冲突。第一，这位母亲来自中国大陆，曾经当过赤脚医生，所以她认为给自己的孩子注射针剂是可行的。然而，“赤脚医生”是中国特定历史阶段的产物，虽然有其存在的合理性，但从当代医学法律的角度看确实是“非法的”。第二，在中国人看来，女儿发烧，母亲为自己的女儿诊治，是天经地义的，别人是无权干涉的。使用过期的针剂也只是失误，是可以理解的，至少不犯法。但在美国人眼里，这是虐待孩子的表现，构成了“虐待儿童罪”，因此不能再照顾自己的孩子。第三，在中国人看来，母亲三番五次打电话要求领回自己的孩子是很正常的，这种迫切心情是可以理解的。但按照美国法律，她的行为不可理解，构成了“骚扰罪”。可见法律规范在跨文化交际中具有非常重要的现实意义。

三　规范系统的文化冲突

（一）规范系统冲突的综合分析

人们相互交往时，产生冲突是不可避免的。由于在语言、非语言的编码、译码过程中所依据的社会规范存在着差异，跨文化交际失误常常导致误解。当来自不同文化的人们在交往时，由于同一交际行为的解释或赋义所依据的社会规范不同，常常会产生交际障碍，这种现象称为“冲突”。冲突可能是外界因素造成的，也可能是心理因素造成的。实际上，作为一种社会行为的冲突与某一特定文化的规范直接相关，产生冲突的原因、产生冲突的条件、对待冲突的态度都与其特定的文化体系有关。本质上讲，冲突是人们在交往时，由于在价值观念、思维方式、社会规范等方面存在着差异而产生的心理对抗现象。从这个意义上讲，社会规范之间的冲突是文化碰撞的结果。在中国及一些东方国家，群体主义高于个人主义，人们对环境的依赖性较强，环境因素在编码、译码过程中起着重要作用，人们崇尚和谐的社会关系。而在美国及一些西方国家，个性特点展示明显，人们对环境的依赖性较弱，明码信息在编码、译码过程中起着重要作用。相对而言，强环境文化中的人们在交际时重意会，而弱环境文化中的人们则重言传。可见，不同文化的人们的交际行为遵循着不同的社会规范，有着不同的社会期望。

1. 产生冲突的原因

在中国及一些东方国家的强环境文化中，人们倾向于把冲突看成是具有情感性质的，他们把冲突事件和与冲突相关的人看成一个整体。冲突双方公开表示异议或彼此对抗被看做是人身攻击或对人格的污辱，或是使对方"丢面子"的行为。尤其在权势关系中，双方必须遵循社会地位的高低、以卑敬尊的规则，保持和维持和谐的关系，"弱"的一方是不会与"强"的一方产生冲突的。而在美国及一些西方国家的弱环境文化中，人们则倾向于把人和事、冲突和与冲突相关的人分开对待。双方可能公开对抗，相互大嚷大叫，剑拔弩张，唇枪舌剑，但他们是就事论事，对事不对人，事后仍然是朋友或维持正常的和谐关系。究其原因，这可能由两种文化成员的思维方式不同所造成的。强环境文化的成员采用综合的、整体的方式来观察世界，来对待外界的事件或行为。他们对待冲突的态度是情感性取向，因此冲突本身是难以与其参与者分开的。而弱环境文化的成员习惯采用分析的、逻辑的方式来观察世界，来对待外界的事件或行为。他们对一切采取两分法，如对人和事，人和自然，冲突和与冲突相关的人，而且他们对待冲突的态度是工具性取向。

2. 产生冲突的条件

在中国及一些东方国家的强环境文化中，当群体对有关行为的期望被违背时，最容易发生冲突；与此相反，在美国及一些西方国家的弱环境文化中，当个体对有关行为的期望被违背时，冲突极容易产生。两种不同文化产生冲突的条件之所以不同，是因为环境在提供信息方面起着不同的作用。在强环境文化中，环境因素在提供交际信息的意义方面起着关键的作用；而在弱环境文化中，环境因素在这方面所起的作用相对而言不是那么重要。具体地说，在强环境文化中，人们交际的行为规范比较依赖于环境，他们说话含蓄，注重情感，看重面子。很多话不明说，能意会而不能言传，或能意会而不必言传，编码、译码主要依据一些社会交往中的"潜规则"。而这些"潜规则"属于社会规范，是群体必须遵守的共性规则，因此一旦对行为的期望有所偏差，冲突就不可避免。而在弱环境文化中，人们交际的行为规范主要依据个人的意志，他们说话直奔主题，坦率开朗，没有什么需要隐瞒。因此编码、译码主要通过言传，直来直去，清楚明白。言语不合，自然发生冲突，都是个人与个人的冲突，不受环境因素的制约。

3. 对待冲突的态度

在中国及一些东方国家的强环境文化中，由于人际交往中的崇尚关系取向及情感取向，人们往往采取非对抗性的态度来对待所发生的冲突。他们常常使用委婉的言语行为和间接的策略来解决问题，他们或者回避矛盾，或者无视矛盾的存在，所谓"心照不宣"。大家表面上客客气气，心里积聚怨恨，很多工夫都在背后，静观其变，伺机而动。而"动"起来也不直截了当，而是善于利用机会，借助外力，因势利导，通常不会出现激烈形式的对抗。然而，如果积聚久了而不得宣泄，一旦冲突转变为公开形式的对抗，后果就比较严重。而在美国及一些西方国家的弱环境文化中，由于人际交往中的个人取向及工具取向，他们发生冲突时，往往及时发作，公开对抗，积极地为自己辩护，使用各种理性原则阐明自己的立场。必要时还会使用幽默、讽刺或谴责等更有攻击性的手段，而且不争个明白誓不罢休。因此，他们之间虽然常常激烈争执，但对事不对人，冲突过后仍然和好如初，能维持正常交往。正因为及时发泄，当场解决，他们不太会由于积怨太深而导致过激的或大规模的冲突。

（二）规范冲突的案例分析①

综上所述，规范冲突实际上是一种文化冲突，产生冲突的原因、产生冲突

---

① 案例均引自上海师范大学对外汉语学院对外汉语专业本科学生编写的《跨文化交际案例汇编》(内部资料)。

的条件、对待冲突的态度都与特定的文化体系有关。那么当两种不同的文化发生碰撞、产生冲突就更具有现实性了。因为本质上讲，冲突是由于价值观念、思维方式、社会规范等方面存在着差异而产生的心理对抗现象，在跨文化交际中表现得更突出。

1. 中外学生相处中的心理隔阂

中国留学生在同西方学生的日常相处中，常常会感到某种文化心理上的隔阂。小婷到欧洲留学，她刚到那里就受到了同学们的欢迎，交了很多热情的朋友。于是她觉得其实和外国人交往没有想象中的那么困难，甚至觉得和他们交往比和中国人交往来得快乐。但是时间久了就发现不是那么回事。有一次她和英国朋友莎娜一起开车去郊游，当车开到休息站的时候，莎娜觉得很渴，就决定下车去买汽水。她问小婷渴不渴，出于礼貌，小婷说不是很渴。于是莎娜只给自己买了一瓶汽水，没有给同伴买。小婷觉得很奇怪，在国内，如果有朋友去买汽水，一定会给同行的人一起买。而莎娜不仅没有给她带汽水，还一副若无其事的样子，似乎本来就应该这样。这让小婷觉得很不适应，和朋友也突然有了疏离感。还有一次，来自芬兰的朋友艾维邀请小婷一起吃饭，然后一起去逛法国的香榭丽舍大街。出发时，艾维问小婷饿不饿，小婷心想：既然是你请我吃饭，饿不饿都是要吃的呀，我怎么好意思显出很着急的样子呢？所以她就回答说不是很饿。于是艾维就提议直接去逛街，这又出乎小婷的预料。当她们一起逛完香榭丽舍大街后在咖啡店喝咖啡时，艾维叫了一些可口的食品，小婷以为这就是对方请自己吃饭。哪知道到结账的时候，艾维却只付了一半的钱，把剩下的一半账单给了小婷。小婷很不愉快，但还是付了一半的钱。后来她问了一个在国外生活了很久的中国同学才知道，有人邀请你一起吃饭并不代表她付钱，只是在一起吃而已。小婷明白了事情的原委，消除了误解，但她对这种相处方式还是不太适应。

这个案例涉及的都是中外学生日常交往中的细节，类似这样的经历，几乎每一个中国留学生都碰到过，这不是偶然的。中国学生会感到情感上的隔阂，这是两种文化的行为规范不同导致的。在国内，同学一起出去有很多大家默认的规矩，比如买饮料会给同行的带一瓶，邀请对方吃饭会主动买单。这是我们在朋友相处中的行为规范，是维系情感的需要。而西方却实行的是另外一种行为规范，朋友归朋友，消费归消费，在他们看来完全是两码事。各付各账，这是最公平合理的。在他们看来，朋友交往重要的是沟通，维系情感不需要依赖其他因素。

2. 跨国婚姻中的夫妻关系危机

从20世纪90年代开始，随着对外开放，跨国婚姻已不再是什么新鲜事。中日两国之间的跨国婚姻也不断增加，但中日跨国婚姻的离婚率一直高居日本跨国婚姻离婚率的榜首。中日跨国婚姻离婚率高的原因十分复杂，但专家学者们普遍认为，文化背景、风俗习惯以及语言表达的差异是造成中日婚姻破裂的主要原因。日本人和中国人虽然体貌特点很像，但实际的思维方式和行为准则相差很远。比如，日本男人都有大男子主义倾向，对一直接受"妇女能顶半边天"教育的中国知识女性来说，这就很难接受。一位日本朋友加藤在上海出差时认识了接待单位的胡小姐。胡小姐毕业于外语学院日语专业，年轻漂亮，活泼能干，是这家公司的部门主管，属典型的职业女性。两人一见钟情，相识不久就步入了婚姻的殿堂。婚后，胡小姐来到日本，专心在家料理家务。新婚燕尔，日子也算美满。但日本有种特殊的企业文化，男人忙完了一天的工作不能直接回家，而是和同事结伴去酒馆喝点酒，联络感情。由于加藤每天都要到半夜才能进家门，胡小姐开始感受到生活的寂寞，逐渐产生了继续工作的念头。但这个想法遭到了丈夫的坚决反对。加藤认为，结婚之后还让妻子出去挣钱，会让别人以为他没能力让妻子过上好日子，会被别人看不起。胡小姐只好偷偷出去打零工，但事情最终还是被加藤知道了，两人发生了激烈的冲突。由于平时缺乏沟通，两人本来就在很多问题上缺乏共识，感情渐渐出现裂痕，最后只好分道扬镳。

此案例中加藤是日本男人"大丈夫"倾向的典型，而胡小姐则是中国现代知识女性独立能干的缩影。两者之所以出现严重矛盾是因为两人生长在不同的国家，从小耳濡目染的教育及所受的影响不同，最终导致了两人思维方式的不同。一个不想被别人看不起，另一个不愿忍受寂寞，双方的想法都没错，错就错在双方都没有换位思考。看来这是思维方式导致了悲剧。思维方式是人们大脑活动的内在程序，它对人们的言行起决定性作用。一个人的思维方式与他所处的文化有密切关系。一旦我们了解了对方的思维方式、对方的文化规范，多站在对方的立场上考虑问题，那么，无论是跨国婚姻还是其他以跨国为基础的活动都会得以顺利进行。

3. 移民父母管教孩子触犯法律

居住在美国洛杉矶的华裔柯女士抚养着一儿一女。2006 年夏天的某日，9 岁的儿子杰瑞不愿意和妹妹凯伦一起玩，还骂了妹妹，被柯女士严厉地训了一顿。第二天一早杰瑞就骑着自行车离家出走了，在另一个城市被巡警拦下。杰瑞对警察说，妈妈不爱他，骂他、打他。警察做完笔录后报告了当地的社会福利局，随后此事就进入了司法程序。当地福利局先取得法官的命令暂时将杰瑞放到寄养家庭，并在随后的一周内，取得了法院的搜查令，访问了柯女士家，在检查中发现 5 岁女儿凯伦胳膊上有一小块瘀青。这块瘀青是前两天凯伦在公园学骑自行车摔的，而社会福利局的人却按常规推理，误认为是妈妈打孩子的一项证据，结果女儿也被带走。柯女士当时情绪非常激动，她不想自己的女儿被带走，但她也很无奈。后来柯女士情绪稳定下来，接受了心理测试和辅导，并从 9 月底开始接受福利局方面安排的一项“如何学会做父母”的课程。而在这门课程结业前，柯女士是不能和自己的孩子见面的。这件事究竟如何处理还必须经过当地儿童法庭对孩子是否被“虐待”的事实进行认定，再由法庭开庭审理。

在中国人看来，孩子是自己的“私有财产”，父母对孩子负有全部责任，而孩子对父母也必须服从。因此父母管教自己的孩子，是天经地义的，是自己的家事，同外界没有关系，别人一般不会来干涉，法律也不会轻易介入。但在美国这样的国家，法律就是要干涉你，而且他们认为这是保护人权、保护儿童的重要环节。他们认为即使是儿童，也有自己的权利，也受到法律的保护。你不了解或不慎重就会在不知不觉中触犯法律。类似的事件时有发生，是法律层面的文化冲突。

4. 人际关系处理方式差异导致冲突

马先生是一家德国公司的业务主管，他和老板德国人斯坦福私下是好朋友。在一次重大会议上，斯坦福提出了公司下一个季度的计划，当时马先生也在场。斯坦福介绍完计划问:“这是本公司下一季度的决策方案,请问在场的各位有什么意见或建议?”所有在场的主管,包括马先生都只是翻看手中的资料,没有一个人对斯坦福的计划提出反对意见,因此斯坦福就认为所有人对他的计划都表示赞同。但是,让斯坦福惊讶的是,马先生在会后来找他谈关于那个计划的事。马先生说:“斯坦福,我要和你谈谈那个计划的事。我觉得那个计划实行起来有些问题。至少从目前的情形来看是不合适的。”斯坦福惊讶地问:“刚刚在会上你为什么不说?”马先生解释说:“斯坦福,那个方案的确是有问题的。我刚刚不提出反对,是怕驳了你的面子。我不想让你难堪,因为你是我们的老板,也是我的朋友,在场面上我得尊重你。”斯坦福并不领情,反驳道:“尊重?我不明白。公司请你们来是为了对公司负责,而你们在明知有问题的情况下没有提出反对意见,这是你们的失职,我没有看出你们哪里尊重我了。”马先生进一步解释说:“不,斯坦福,你要知道我是为你好,在我看来,不当讲的时候就不能讲,不然会把问题弄得更糟糕的。”斯坦福还是不理解:“不!没有这样的逻辑。你这样只会让我觉得你不够坦诚。老实说,我对你很失望。我以为站在朋友的角度,你会明白指出我的不足与失误。而你却是看着我出错。”马先生也有点生气了:“如果不是站在朋友的立场上,现在我就不会在这里了。因为我当你是朋友,所以我没有当着大家的面反驳你,而是现在才来告诉你,你的计划有问题。”斯坦福断然地说:“现在我不想谈论这个问题,这个问题已经结束了。而且,我相信大家都没有提出意见是因为这本身不存在问题。你可以出去了。”两个好朋友的交谈不欢而散。

斯坦福所代表的西方社会崇尚的是个体取向,他们认为人是平等的,每个人都应该自由地表达自己的看法和观点,特别是当别人要求你发表意见时,他就期望你能够明白地回答他。他们希望的是同舟共济,把事情办好,居其位,谋其事,各司其职。尤其是朋友,就应该做得更好,所以斯坦福无法理解马先生的做法。而在中国,群体取向衍生出来的关系取向特别注重维护对方的“面子”。在马先生看来,斯坦福是他的老板,所以他的本分首先是维护他的尊严,然后再找机会作为朋友提意见。这次争论是典型的由于双方价值观的不同而引起的冲突。

5. 对外汉语教学中的文化碰撞

以前美国的华文学校教华裔子女学汉语，使用的是我国国内的中小学教材。一位中文教师在教《罗盛教》一课时遇到了一定的麻烦，这是她备课时没有"备"到的。罗盛教为抢救落水的朝鲜儿童而光荣牺牲的事迹在我国可谓是家喻户晓，广为流传，因此在她备课时觉得很轻松。在讲课时本打算用三言两语将事情发生的背景轻轻带过，没想到简单的背景介绍却激起了学生的极大兴趣，他们纷纷提问："中国军队为什么要到朝鲜去打仗？""中国军队是帮着美国军队打吗？"望着他们迫切的眼神，她心中明白学生们多么希望他们的血缘国和他们的居住国是两个和平友好的国家。然而历史就是如此残酷。当她告诉学生史实后，只见他们个个像被霜打了似的，耷拉着脑袋，有的自言自语道："Sad"，有的则不断地唉声叹气。看到眼前这种"惨状"，积聚在她胸中的那股豪迈之气顿时荡然无存。课文中精彩的一段是描述罗盛教如何三次钻进冰窟窿中救出朝鲜儿童而献出自己生命的。她让同学们仔细观察文章是如何具体描写罗盛教三次钻入水中的情景的，并感受他舍己救人的高尚品质。这时，一个学生却振振有词地发问："罗盛教在水中待了多长时间？现代医学研究证明，人停止呼吸后，在一定的时间内，在一定的温度下，还是可以救活的。"其他学生听到这话精神也提起来了，纷纷加入了讨论，眼看一堂中文课就要演变成一场科学讨论会。为什么学生们不为这种精神感动却争论死人是否还有复活的可能？在学生们你一句我一句的讨论声中，她突然领悟到提问的同学的出发点是不希望心目中的英雄牺牲，因此想尽办法要挽留住他的生命。这种想法也是很正常的。于是，她和学生之间展开了新一轮对话：

教师：事情发生在什么年代？

学生：1952 年。

教师：那时医学有没有像现在这样先进？

学生：没有。

教师：在那种情况下，罗盛教明知有生命危险，还奋不顾身地抢救朝鲜儿童，他的这种精神值不值得我们敬佩？

学生们都点头称是，她接着鼓励他们要努力学习，在将来的科学研究中有所贡献，造福人类。这位中文老师最后终于结束了这场“医学讨论”，完成了这篇课文的讲解。

在我们中国的课堂上很少有学生会主动提出这样的问题。我们的民族性格造就了循规蹈矩的学生，老师备课、讲课也总是程式化的。而这套上课的“程式”拿到美国就行不通了，美国学生总是会产生“千奇百怪”的想法，这与他们的个性有直接关系。案例中的这些学生虽然都是华裔，但由于从小受到美国文化的熏陶，接受了美国人的价值观，看问题的视点是不同的。从中我们还可以窥见不同文化对“舍己救人”行为的价值评判的差异，美国学生似乎更崇尚科学、珍惜生命，而不会简单地赞赏这类行为。

第二节　代码与文化过滤

一　文化过滤及代码系统

（一）文化过滤

人们交际的目的是相互沟通，理解彼此说话的意义，进而确认对方的意图。可见意义的获得是交际最主要的环节和最终的目的。然而，语言符号的能指（语音）和所指（语义）之间的关系是任意的，我们要懂得对方的意思，就必须具备对某种语码的译码能力，因此跨文化交际的双方必须使用同一种语言，一种能使双方共享的语码。但是，在跨文化交际中常见的情况是双方都听明白了对方说的话，却感到不知所云。换句话说，大家都听明白了对方的字面意思，却不懂真正的含义。这是因为语言符号是一种文化载体，除了字面意思（明指意义），还有更深的含义（暗涵意义），而这更深的含义来自文化的底层。若对对方的文化所知甚少，甚至一无所知，那就很难理解对方所表达的真正含义。比如《梁祝》在国内家喻户晓，广为流传，其剧目名称由两个汉族姓氏构成，但在国外却要翻译成《两只蝴蝶》，因为外国人肯定无法理解“梁”和“祝”两个姓氏放在一起是什么意思。

由此可见，交际中的译码不是单纯的语言符号的解释，还需要更深层的文化解密，而在跨文化交际中，后一个环节有时可能更重要。事实上，我们对来自环境刺激的信息加工必然受到文化的制约，也就是说我们对外来文化符号的诠释必然受到自身文化的过滤。文化这一“过滤器”对我们接收的某一特定符号加以界定，并决定如何对其进行解释，从而把握语码的真正含义。在跨文化交际中，人们固有的“文化过滤器”会自动地对外来的符号或行为加以界定，而界定的准确度取决于对对方文化的了解程度，需要了解的就是对方文化的内涵及规范系统。因此在跨文化交际中，交际的双方都需要一套进行文化过滤的“代码系统”，所谓的“代码系统”就是这样一套能使人们解释符号意义、进而准确理解对方意图的系统。

（二）代码系统

从交际译码的实际过程来看，通过“代码系统”的文化过滤从具体的交际层面展开，而后进入社会层面，再进入文化层面。主要包括三个方面：

一是交际情景层面，涉及语言系统、言语行为、交际规则、话语组织、非言语行为等。具体内容可参见本章第一节“行为与规范系统”中关于“交际规范”的阐述。

二是社会环境层面，包括交际者、角色关系和沟通目的三个方面。交际者指某一交际行为参与者的身份，涉及性别、年龄、职业、教育、政治、经济、宗教等社会背景；角色关系指交际双方在特定社会关系中所处的地位，如父母和子女、丈夫和妻子、教师和学生、医生和病人、律师和委托人、商家和客户、上司和下属、领导和群众等；沟通目的指交际双方的期望及交际要达到的目标，可以分为普通型、文化型、职业型、专业型等。

三是文化背景层面，包括文化代码、环境代码、心理代码和审美代码等。文化代码涉及价值取向、民族性格、历史传统、风情民俗等；环境代码涉及地理位置、气候条件、生活方式等；心理代码涉及感知、认知、思维、态度等；审美代码涉及鉴赏、领悟、接受、评价等。

二 明指意义和暗涵意义

在日常交往中，交际符号本身所指称的意义是直截了当的，一见便知，但有些意义却是隐藏在符号背后的，这些意义的准确解释必须到符号以外去寻找。交际符号本身所指称的意义就是“明指意义”，是我们通过某一符号直接获得的意义，是符号所指的字面意义。符号学家把明指意义称为明显意义，语言学家通常把明指意义和外延意义等同起来。隐藏在符号背后的意义就是“暗涵意义”，指字面以外的意义，可能代表它所存在的文化中的社会意义、情景意义、历史意义、政治意义等。在符号学界它在某种程度上类似符号的潜伏意义，而语言学家常常把暗涵意义看做内涵意义或联想意义。在跨文化交际中，“暗涵意义”具有重要作用，常见的情况是，交际双方都听明白了对方的话，却不知所云。这是因为不同的民族由于历史、地理、民俗、宗教及价值观等方面存在着差异，表达同一理性概念的词，在各自独特的文化传统作用下必然会产生附加在词汇概念之上的联想意义。这种联想意义与词义本身没有必然联系，而是在说者(作者)、听者(读者)的文化知识基础上、在特定的语境中对于一个词所产生的某种特定感受。不了解这种联想意义的差别，就不能完全接受一个词所承载的全部信息量。

我们可以举两个例子来说明明指意义和暗涵意义的区别。英语中的 Barbie Doll(芭比娃娃)的明指意义是：它是一个逼真的洋娃娃，有 11.5 厘米高，是 1959 年出现在美国的玩具。然而它的暗涵意义的解释则可能很复杂，涉及其所代表的特定时代美国文化，具有特定的象征意义以及丰富的现实社会意义。又如 rock and roll(摇摆舞曲)的明指意义是确定的，对来自不同文化背景的人来说，可能意味着 exciting、amusing、enjoyable、noisy、annoying 等，但对美国人来说却完全有不同的内涵，涉及时代背景、娱乐时尚、社会心态等等。

通常不同文化中明指意义和暗涵意义的差异存在以下几种情况：(1)有无联想意义，即明指意义相同，在一种语言中有丰富的联想意义，而在另一种语言中却没有；(2)联想意义的差异，即明指意义相同，联想意义不同或截然相反；(3)文化中的词汇缺项，即各自文化中特有的词汇。

(一) 有无联想意义

由于受民族文化的影响，一个普通的词在一种语言中有极其丰富的联想意义，而在另一种语言中就可能仅仅是一个语言符号。比如“竹子”这种植物就与中国的传统文化有着深厚的关系。中国人常以竹喻人，表达坚定、正直的性格。例如：

竹色君子德，猗猗寒更绿。（欧阳修《刑部看竹效孟郊体》）

常爱凌寒竹，坚贞可喻人。（李程《赋得竹箭有筠》）

竹死不变节，花落有余香。（邵谒《金谷园怀古》）

竹子所具有的这种高尚的文化内涵使赏竹、咏竹、画竹成为一种高雅的风范，而竹也逐渐成了中国人高风亮节的性格象征。中国人对于竹的偏爱除了它本身坚挺有节、盘根错节、绿色葱茏的自然形象所引起的联想，还反映了竹子在民族日常生活中的地位和作用。苏东坡曾说：“食者竹笋，庇者竹瓦，载者竹筏，衣者竹皮，书者竹纸，履者竹鞋。真可谓不可一日无此君也耶！”这确切地反映了竹子在中国人日常生活中的重要作用。在成语中也常出现“竹”字，如“胸有成竹”、“势如破竹”等，说明竹与中国的文化传统密不可分的关系。与之相反，英语中 bamboo 一词是从其他语言中借用来的，在英语里几乎没有什么联想意义。因为竹子这种植物并不是土生土长在英国，所以英国人对于竹子并不像中国人那样熟悉，这也决定了 bamboo 一词贫乏的文化内涵，它只是一个单纯的符号。

英语里也有一些具有丰富联想意义而汉语中却没有的词。例如 daffodil，汉语对译的是“黄水仙”，仅仅是一种花的名称而已。但在英国，它是春天、欢乐的象征。一些文学家，诗人都以 daffodil 来描写春天以及春天所带来的欢愉心情。剧作家莎士比亚、诗人华兹华斯对这种花的描写最具典型性，反映了诗人当时愉快的心情。

（二）联想意义的差异

在不同语言或文化中，同一事物可以引起完全不同的联想，即词汇具有不同的文化内涵。比如颜色词为不同语言或文化共有，然而它们的文化内涵却截然不同。西方人习惯用蓝色（blue）来表示沮丧、消沉或者淫猥、下流；但在中国文化中蓝色却被用来表示肃穆、严肃，淫猥、下流的意思是用黄色来表示的。在西方，绿色（green）被联想为稚嫩、缺乏经验；而在中国文化中，绿色代表春天,代表新生和希望。红色(red)的文化联想意义更突出。一个中国官员碰到一对来自欧盟委员会的教授夫妇,他们聊起了上海 APEC 会议上各个国家首脑选择的中国民族服装。他们发现,亚洲地区的首脑多数是穿红色的服装,而西方国家首脑大体倾向于蓝色的。于是,这对夫妇问中国官员红色在中国代表什么,这位中国官员告诉他们,红色在中国代表幸运、财富、吉祥如意,体现了中国人在精神和物质上的追求。在中国,促成婚姻的人被称为"红娘",每当有喜庆佳节,人们就挂大红灯笼,贴红对联、红福字,男娶女嫁时贴大红"喜"字,热闹的场面叫"红火",繁华的地方叫"红尘"。红色也象征顺利、成功,得到升迁叫"走红",得到上司宠信的人叫"红人",分到合伙经营利润叫"分红",给人奖金或压岁钱叫"送红包"。这对夫妇很惊讶,因为在西方"红"往往让人联想到是火和血,象征残暴、流血、激进、暴力,也和危险、紧张甚至放荡、淫秽有关。可见中西方对红色的联想意义差别是很大的。

"柳树"在汉语中通常被赋予分离、思念的联想意义。在《诗经》中就有"昔我往矣,杨柳依依,今我来思,雨雪霏霏"的描述,比较形象地概括了戍边战士思念家乡和亲人的感情。在中国古代诗词中,借柳树来抒发离别思念之情的很多。例如:

> 秦楼月,年年柳色,灞陵伤别。(李白《忆秦娥》)
>
> 此夜曲中闻折柳,何人不起故园情。(李白《春夜洛城闻笛》)
>
> 若耶溪,溪水西,柳堤不闻郎马嘶。(温庭筠《河传》)

柳树具有这样的文化内涵,是中国汉字文化中的谐音造成的。"柳"与"留"谐音,在长期的文字使用过程中,将"挽留、离别、思念"等这样的涵义赋予"柳树"也是很自然的,这也恰恰反映了中国人喜欢以物喻人、借景抒情、崇尚自然的文化心理。而英语中的 willow 却与中国文化中的"柳树"有着不同的文化内涵,它常能使人联想起悲哀与忧愁。莎士比亚的剧作中有很多这样的例子,如《奥赛罗》中,戴斯德蒙娜就曾唱过一首"柳树歌",表达她的悲哀,同时暗示了她的死。这表明 willow 与汉语中的"柳树"虽然所指事物相同,但其中所包含的文化内涵却完全不同。

再如对"西风"和 west wind 的理解,中国人和英国人也有着不同的联想意义。由于两国的地理位置不同，当西风吹起来的时候，在英国正是春回大地、万物复苏的季节；而在中国，则正是深秋隆冬，树木凋零的时候。因此英国人对 west wind 和中国人对“西风”所产生的联想必然是截然不同的。英国大诗人雪莱在《西风颂》中就对 west wind 进行了高度的赞颂，把它作为希望和力量的象征。在对西方文化影响较深的希腊神话中，西风还有一个拟人的称呼叫 Zephyrus，他的妻子是花之女神，他的儿子是果实之神。从这一点也可看出在西方文化中，西风是和春天、生命紧紧联系在一起的。但是西方文化中这样美好的形象在汉语中都成了凄凉、萧条的代名词。例如：

咸阳古道音尘绝；音尘绝，西风残照，汉家陵阙。（李白《忆秦娥》）

古道西风瘦马，夕阳西下，断肠人在天涯。（马致远《天净沙》）

由此我们可以看出，不同的地理位置也会影响一个词的文化内涵，从而反映了自然环境对思维的影响。

（三）文化中的词汇缺项

在不同民族的文化中，词汇缺项的现象是十分普遍的，翻译、阅读中常会碰到这类只在一种文化中存在而在另一种文化中并不存在的词。比如汉语里“客气”就很难译为英语，英语中的 polite 很难准确表达它的意义，因为它绝不仅仅是礼貌的问题，而是有着深厚的汉文化底蕴，与人际关系取向有直接关系。又如汉语中的“阴阳”在英语里也没有合适的对应词，这是因为中国人的哲学思想或价值观念与西方的不同。“阴阳”本源于中国古代道家的学说，它认为世界万物都有阴阳两面，相克相生，互相转化，这对中国人来说很容易理解，而对西方人来说可能不知所云。同样，英语中有些词对中国文化来说也是相当陌生的。如 hippie 被译为“嬉皮士”，punk 被译为“小流氓”，playboy 被译为“花花公子”，虽然被译成汉语了，但不了解西方文化的人并不能确切知道这些词到底指的是些什么样的人。

中美有很多习语非常鲜明地反映出两种文化完全相反的为人处世哲学。在中国，儒家教人安贫乐道、恪守中庸，道家教人清静无为、知足而乐，佛教教人看破红尘、笃信报应。这在汉语成语、谚语、俗语中都有充分的体现，比如“君子喻于义，小人喻于利”、“不为祸始，不为福先”、“死生由命，富贵在天”、

"树大招风"、"枪打出头鸟"、"出头椽子先烂"、"命中无有不可求"等。上述这些哲学思想一定程度上造成了我们一些人不思进取的消极人生态度。美国人则坦荡地自称为"机会主义者",他们喜欢变、动、新、异,所以美国人的口头禅是"我来试试";"实用主义"的人生观支配着大多数美国人,因而为了达到目的允许"不择手段",有诸如"抓到比没抓到强一倍"之类的习语。这些习语对"礼仪之邦"的中国人来说可能难以接受,会觉得这种处世态度不光明正大,因而是不可取的。

三 句法意义和认知意义

世界上的语言千差万别,不同的语言符号系统背后都有不同民族的价值取向和思维方式作为支撑。"明指意义"和"暗涵意义"属于词汇层面,"句法意义"和"认知意义"属于句法层面。"句法意义"是显性的,它是由结构成分之间的句法语义关系决定的,比如通常分为主谓关系、述宾关系、述补关系、偏正关系、联合关系。而"认知意义"却是隐性的,它由某个特定民族的价值取向和思维方式决定,只是隐藏得比较深,一般人不易察觉而已。当前,语言学界兴起了认知语言学派,主张从人类认知的角度来解释语言现象,发现了很多语言符号组合和聚合方面的"密码"。而这些密码都属于文化密码,反映了不同文化的特质,对进一步丰富跨文化交际的"代码系统",具有十分重要的意义。下面我们仅以汉语"时间顺序原则"为例来说明"句法意义"和"认知意义"的关系。[①]

时间顺序的观念是人类认知结构中最重要、最根本的观念之一。在外在物质世界和人类概念世界里,两个相互关联的事件之间的第一性关系就是在发生的时间或被感知的时间上的前后接续关系。而人类的有声语言,也决定了语言符号的"线性"特征,即语言符号只能在时间这根轴上单向地展开。也就是说,人们说话时只能按照时间的先后依次说出一个一个的音节。这样,语言符号在次序上的安排对应于它所表达的概念次序的安排,就成了一件很自然的事情。功能语言学派的雅各布森(Jakobson)早就注意到,在一个由 S_1 和

① 参见戴浩一《时间顺序和汉语的语序》,《国外语言学》1998 年第 1 期。

S_2 构成的组合体里，S_1 和 S_2 之间的次序关系常常对应于它们所描述的事件之间的时间关系（S为小句形式）。认知语言学家格林伯格（Greenberg）从大量类型学证据出发，更是明确提出："语言中成分的次序与物理经验的次序或对事物的认识的次序是平行的。"①语言学家把语言里的这一机制称为"时间象似性"（tense iconicity），或将它称为"线性次序原则"（the linear order principle）。现在认知语言学从句法象似性的视点出发，把上述学者提到的这一机制称为"次序象似动因"。

（一）时间顺序原则（PTS）

次序动因在语言里有多个方面的表现，最明显的一个表现就是，在相当多的语言里，不含外在标记（如时间词、时间状语等）的并列复合句中的第一个子句往往表示先发生的事件，第二个子句往往表示后发生的事件。试比较下面两组英汉例句：

（1）a. Mary bought some motor oil (S_1) and went to the supermarket (S_2).

（玛丽买了一些机油，去了超级市场。）

b. Mary went to the supermarket (S_1) and bought some motor oil (S_2).

（玛丽去了超级市场，买了一些机油。）

（2）a. She got married (S_1) and had a baby (S_2).

（她结了婚，生了孩子。）

b. She had a baby (S_1) and got married (S_2).

（她生了孩子，结了婚。）

很明显，无论是英语还是汉语，出现在前的子句 S_1 代表的事件通常会被理解为发生在 S_2 代表的事件之前。戴浩一为解释汉语里的语序现象而提出了一条"时间顺序原则（PTS）"，表述为："两个句法单位的相对次序决定于它们所表示的概念领域里的状态的时间顺序"。他较全面地考察了汉语的语序

① 转引自张敏《认知语言学与汉语名词短语》，中国社会科学出版社，1998。

现象，发现大量表面上互不相干的语序规则可以由“时间顺序原则”这一总原则概括。在下面的例句里，用数字表示的事件或状态出现的顺序和表达它的语言成分的次序都是一致的：

(1) 你给他钱[1]，他才给你书[2]。

(2) 张三上楼[1]睡觉[2]。

(3) 我们开会[1]解决问题[2]。

(4) 他打[1]死[2]了一只苍蝇。

(5) 他从旧金山[1]坐长途公共汽车[2]经过芝加哥[3]到纽约[4]。

(6) 他往南[1]看[2]。

(7) 他用筷子[1]吃了那碗饭[2]。

(8) 他病了[1]三天了[2]。

(9) 他累[1]得不能说话了[2]。

上述例子包括了并列复合句结构、并列结构、连谓结构、述补结构、状中结构等类型，但有一点是相同的，就是结构的语序规则可从 PTS 得到统一的解释。汉语语法学界曾讨论过“小猴子在马背上跳”和“小猴子跳在马背上”的句法、语义区别，其实它们之间最根本的区别是两个句子所描述的客观事件在时间顺序上不一样：“小猴子在马背上跳”是小猴子先在马背上，然后再跳；而“小猴子跳在马背上”是小猴子先跳，然后到达马背上。

（二）时间范围原则(PTSC)

不含外在标记(如时间词、时间状语等)的结构是这样，那么有外在标记的结构是否也遵循同样的原则呢？仔细观察可以发现，带有“前”、“后”之类的时间状语的结构好像不那么简单。带了“前”、“后”之类的时间状语的结构，它们在概念领域的次序可由这些外显的时间标记标明，当然可以与自然的时间顺序不一致。比如汉语里带上“前”、“之前”、“以前”等标记的子句不能按自然的时间顺序排列，如可以说“我出门前，一定关好门窗”，而一般不说“我一定关好门窗，在出门前”。带上“后”、“之后”、“以后”等标记的子句却能按时间顺序排列，如可以说“看见红绿灯之后，往右拐”，而一般不说“往右拐，看见红绿灯之后”。这种表述的不对称性给我们一个提示：汉语里带时间标记的结构不是按照时间顺序的原则安排的，另有其他原则在起作用。试比较下面的例句：

(1) a. 昨天他走了。(Yesterday he left.)

b. *他走了昨天。(He left yesterday.)

(2) a. 你不在的时候，他走了。(When you were not here, he left.)

b. *他走了，你不在的时候。(He left, when you were not here.)

可以看出，汉语里含外显时间标记的成分，无论是时间名词还是时间状语从句，都必须出现在主要动词之前。戴浩一指出，汉语中体现的这种语序现象是另一条有独立理据的次序象似原则的产物，他称之为"时间范围原则(PTSC)"。表述为："如果句法单位 X 表示的概念状态在句法单位 Y 所表示的概念状态的时间范围之中，那么语序是 YX"。这个原则要求汉语里时距小的成分总是排在时距大的成分之后。如上例中"往右拐"这一概念状态是出现在"看见红绿灯之后"的概念状态的范围之内的，故前者必须放在后面；"他走了"这一状态出现在"昨天"的范围之内，故应放在"昨天"一词之后。

（三）时空范围原则

其实，PTSC 只是汉语里一条更加普遍的原则的一个反映。戴浩一指出，在汉语里，不论在时间上还是空间上，大范围成分总是先于小范围成分。人类的视觉世界是多维的，而语言的能指只能在单维的时间上展开，故人类语言在描述多维的空间关系时，必须将其压缩到单维的时间轴上。在日常生活中，当我们用言语给人指路时，总是设想着自己或对方按照时间顺序行进，并以此次序进行描述。语言学家林德(Linde)和拉波夫(Labov)在他们所进行的一项测试中发现，当被试者被要求描述其住所的格局时，97%的人用一种"假想的旅行"的方式，将空间的布置转化为以时间关系组织起来的叙述，以此描述他们的居处。① 基于这种认识，我们可以从"时间范围原则"推知，汉语对空间概念的描述也会遵循同样的次序，即从大到小。请看以下例句：

(1) 1994 年 12 月 24 日上午 10 点。

(10am, Dec. 24, 1994)

---

① 参见张敏《认知语言学与汉语名词短语》，中国社会科学出版社，1998。

(2) 美国,俄亥俄州,哥伦布市,西九街,63号。

(63W 9thAve., Columbus, Ohio, USA)

(3) 在厨房里的桌子的上面的盒子里(有一本书)。

(There is a book in the box on the top of the table in the Kitchen.)

(4) (书)在厨房里的桌子的上面的盒子里面。

(The book is in the box on the top of the table in the kitchen.)

上面的例句代表了汉语叙述时间和空间的唯一可接受的顺序,其中表示大范围的成分一定排在表示小范围的成分的前面,或者整体在部分的前面,包容者在被包容者的前面。有意思的是,上述英语译文显示,英语和汉语在这一点上正好相反,其指时间上和空间上的小范围的成分放在大范围成分的前面,部分在整体前面,被包容者在包容者的前面。

对于这种现象,学界有多种解释,其中有一种就是从民族的认知策略来解释的。这种解释认为,在此体现的汉语和英语的时空配列的原则都是象似性的,只是两种语言选择了不同的认知策略。为简化叙述起见,我们将时空上大小范围、整体和部分、包容者和被包容者的关系统称为整体和局部的关系。整体和局部是客观物质世界时空关系中最重要的一种,人类在感知这种关系时可选择不同的策略。如果我们把认知时空关系的过程设想为进行一次"想象中的旅行",则可以发现汉语和英语"旅行"的方式正好相反。汉语采用的是认知心理学家称为"移动自我"的策略,即我们移动自己的身体逐渐接近某个客体。由于客体位于更大的一个客体或若干个一个比一个大的客体之中,我们得先走近那个较大的客体,然后接近那个较小的客体,即我们在经历局部之前先经历整体。比如,你可以先进入厨房,找到桌子,注意其上面,然后找到那本书。英语采用的是相反的"移动客体"的策略,即目标客体自己从包容它的一个比一个大的客体中向我们走来。这好比看电影,你坐着不动,场景从近镜拉向远镜。显然我们会先经历较小的局部,再经历较大的整体。面对相同的客体世界,两种语言可以对同一片段的现实使用不同的认知策略,并由此构造表层的语言形式的序列。

在认知策略的背后,也许还有更深层的文化原因。汉语的这种从整体到局部、移动自我的认知策略，与汉民族的整体性思维方式以及群体取向有内在的联系。我们善于从整体上把握事物，我们习惯于把自己看做群体的一颗“小小的螺丝钉”，“移动自我”是顺理成章的。而英语的这种从局部到整体、移动客体的认知策略，与西方民族的分析性思维方式以及强烈的个人主义取向有直接关系。他们习惯于把整体分解为部分，着眼于一个个构成部分的探索；而以自我为中心的价值观，必然导致“移动客体”的认知策略，这是显而易见的。

思考题

1. 什么是规范？请准确阐述它的定义。
2. 请举实例说明规范对跨文化交际的影响。
3. 什么是规则？请准确阐述它的定义。
4. 请举实例说明规则对跨文化交际的影响。
5. 规范和规则有什么区别和联系？
6. 交际规范包括哪些范畴？请分别列举每种范畴所包括的因素。
7. 民俗规范指的是什么，为什么风俗习惯会对跨文化交际产生影响？
8. 请联系相关课程学到的知识谈谈中国社会的语言禁忌现象。
9. 道德规范指的是什么？请联系中国文化中“礼”的范畴加以阐述。
10. 请举出你所了解的实例来说明中西方在法律规范方面的差异。
11. 为什么中西方不同的规范在跨文化交际中特别容易产生冲突？
12. 在中西方不同文化背景中规范产生冲突的条件有什么不同？
13. 在中西方不同文化背景中对待规范冲突的态度有什么不同？
14. 在中西方交往中，哪些方面最容易产生规范冲突？请举例说明。
15. 什么是文化过滤？请举实例阐述它在译码中的作用。
16. 什么是交际的代码系统？它在跨文化交际中的本质功能是什么？
17. 代码系统有哪些类型？它们有什么不同特点？
18. 什么是符号的“明指意义”和“暗涵意义”？请举例说明。
19. 什么是符号序列的“句法意义”和“认知意义”？请举例说明。
20. 请以跨文化交际的亲身经历，谈谈你对规范系统及其冲突的体会。

第五章　跨文化语用对比分析

第一节　语言使用的文化差异

凡是在两种不同文化环境中生活过的人，都会感觉到不同文化的人说话方式会有很大差别。这并不仅仅指他们所使用的语音、语法以及词汇等有所不同，更指他们在语码的使用方式上有很大的区别。

不同文化间在语言使用方面的差异往往被忽视或者被低估，尤其在奥斯汀(Austin)、塞尔(Searle)、格赖斯(Grice)、布朗(Brown)及利奇(Leech)等学者提出了所谓普遍的言语行为理论、会话原则及礼貌原则之后，似乎人们都以固定的方式进行交际。这种以牺牲文化差异为代价，寻求普遍性原则的做法固然有合理之处，但对跨文化交际来讲，文化差异的研究显然更为重要。而且所谓的普遍原则，在多大程度上具有普遍性，是值得推敲的。近20年来，很多学者开始对普遍性原则进行批评，跨文化交际领域也开始寻求语用方面文化差异的对比研究。这一新的研究方向使人们开阔了眼界，人们开始认识到：(1)不同文化、不同社会、不同群体的人们，以不同的方式说话；(2)说话方式之间的差异很大，而且具有系统性；(3)说话方式之间的差异反映了人们在文化价值方面的差异；(4)说话方式之间的差异只能在各自不同的文化及价值体系内得到合理的解释。以上四种文化差异观点的提出是非常重要的，提高了我们对当代多元文化世界的认识，对跨文化交际研究既有理论意义，又有实际意义。

一　社会语言差异

（一）社会语言相对论

不同的说话方式是不同的社会规范的一个表现。所谓社会规范就是“行为准则”，就是“社会期望”。我们生活在一个社会强加于我们的规范制约之中，我们要么服从这些规范，要么藐视这些规范。但有一点是肯定的，当我们违反这些规范时，违反这些社会对我们的期望时，我们会受到不同程度的惩罚。这些惩罚形式可能包括社会或群体的冷落、非议、责难乃至法律上的制裁等。如果我们都藐视或无视社会期望和社会规范，社会的存在是难以想象的。实际上，任何社会的成员都必须遵循其各自的社会规范，而且这种遵循和服从往往是无意识的，具有“条件反射”的特征。因为言语是社会行为，它必须受制于社会规范，这是情理之中的事，如同人们的社会行为必须遵循社会规范，人们的言语行为必须遵循其社会或群体所共享的言语规则或言语使用规则。

很多语言学者，尤其是社会语言学者，对言语使用规则进行过专门研究。学者们认为社会语言规则或言语使用规则（sociolinguistic rules）、说话规则（rules of speaking）直接与交际发生的情景因素相关，因为不同文化之间的情景因素和社会规范存在差异，语言使用规则自然因文化的不同而存在差异。实际上，差异的存在不仅是普遍的，而且往往是巨大的。这种社会语言差异现象，即不同社会在社会语言规则方面存在着差异的事实，是值得我们研究和探讨的。我们常常习惯于意识到不同文化、不同社会、不同言语社团在语言系统、语言能力方面的差异，却忽视了不同言语社团间在社会语言规则或言语使用规则方面所存在的差异，实际上，离开了对后者的掌握和理解，有效的跨文化交际是不可能实现的。

不同文化的人们在交际时常常失误或达不到预期目的，往往是因为不同文化的人们在交往时，对文化背景、价值取向、社会规范方面存在的差异缺乏认识，而这些差异却十分顽固地表现在社会语言规则或言语使用规则方面。社会语言规则或言语使用规则是指一个文化或群体所共有的对说话方式起制约或支配作用的规则。这些规则规定说话人开口说话的时机、说话的内容、开始和结束说话的方式等等。当然,这些规则还包括交往规则,即谈话如何得以顺利进行(合作规则)、如何达到有礼貌(礼貌原则)等等。在跨文化交际时人们常常理所当然地以本国文化的准则和社会规范作为解释和评价别人行为的标准,这就是被学者们称为“语用迁移”的现象,这种迁移必然造成交际失败(pragmatic failure),并产生较大的心理或社会距离。语用失败是指语用迁移所造成的言语行为的施为之力丧失的现象,也就是违反社会语言规则所造成的现象,因此也被称为社会语用失败(sociopragmatic failure),语用失败的产生当然与社会语言差异直接相关。

我们承认了语言使用或社会语言规则因文化而异,就等于承认了“社会语言相对论”的存在。实际上,社会语言相对论的概念是文化相对论的引申。根据文化相对论的观点,文化差异是普遍存在的,而且某一特定文化的标准、态度、规范、信仰等只能在自己的文化中按其特定条件加以理解;也就是说,不能用不同文化的标准、态度、规范、信仰来描述某一种特定的文化。根据这一理论,普遍的文化信仰或文化价值观是不存在的。从文化相对论的角度解释社会语言相对论的定义,社会语言相对论就是指社会语言规则差异的存在是普遍的,而且某一特定的文化、社会或社团中的社会语言规则或言语使用规则只能在自己的文化中按其特定情况加以理解,也就是说,不能用不同文化的社会语言或言语使用规则来描述某种特定的文化中的言语行为。当然,我们并不绝对否定普遍性的社会语言规则或言语使用规则的存在,只是我们认为在跨文化交际研究中,应把社会语言规则的差异放在首位。

(二)言语是社会关系的标志

社会语言学家把言语当做社会行为,而且认为它集中反映交际双方的社会地位,集中反映出交际双方的“权势”或“平等”关系。“权势”的意思较为容易理解,指交际双方的社会地位有明显的距离,一方比另一方有权势,如上级对下级、长者对幼者、教师对学生、老板对雇员等。而“平等”较难理解,它涉及交往双方共享多少经验,共享多少社会特征,如宗教、性别、年龄、种族、职业、兴趣、出生地等,涉及他们在多大程度上共享亲密行为以及其他相关因素。不少学者认为“平等”关系是社会交往中最常见的关系,通常被称为一种非正式关系，在这种关系中，交际双方常使用非正式的言语和风格。

“权势”和“平等”关系是各种不同文化中的一种普遍现象，每一文化或社会都有其独特的方式来表示这两种不同的社会关系。有些社会可能侧重“权势”关系，有些社会则可能会侧重于“平等”关系，而有些社会可能兼而有之。由于受传统的差序格局的“上下有义、贵贱有分、男女有别”的传统观念的影响，“上尊下卑”、“卑己尊人”在今天的中国社会仍然在一定程度上制约着人们的行为，“以下敬上”、“以卑对尊”等交往现象仍然很普遍，只是表现形式不那么直露了。因此，在很大程度上言语行为成为人际交往中“权势”关系的隐性标志。而在以“个体本位”和“平等”为主要取向的美国社会，言语可能主要用来作为“平等”关系的标志，人们在交际时首先通过言语行为来建立一种“平等”关系，设法找到“平等”的理由，之后才在“平等”的关系中开展对话。当然，我们说中国社会中的言语在一定程度上是“权势”关系的标志，在美国社会中言语在很大程度上是“平等”关系的标志，并不意味着中国人不用言语来表示“平等”关系，也并不意味着美国人不用言语来标志“权势”关系，这种比较只是相对的。根据社会语言学家的研究，“权势”和“平等”关系较为充分地反映在人际交往行为的各个方面，其中比较突出地反映在下列言语行为方面：

1. 称呼语的处理

在中国，人们习惯使用称呼语来表示“权势”关系，主要表现在“头衔”和“敬辞”的使用方面。尽管世界上许多文化中的人们都使用尊称、谦称或敬语，但中国社会中这方面的运用尤其突出和独特。不论口语和书面语，礼貌称谓必不可少，而且称谓之中必须反映各自的社会身份。纷繁复杂的上下、亲疏关系表达得淋漓尽致，同时还反映出“权势”所造成的敬卑谦骄的不同态度。汉语中的称呼自成体系，“他称”和“对称”范畴表达形式最富于变化，而“自称”方式也种类繁多，别具一格。而在西方社会中，人们在称呼对方时常常是直呼其名，以此来表示说话人试图建立“平等”关系的愿望。

2. 代词的分化

代词的使用在交际中也很敏感。在法语中，除使用姓名、头衔来标志“权势”和“平等”关系外，人们还习惯用代词来表示这两种社会关系。vous 常被用来指“权势”高的谈话人，而 tu 则用来表示“平等”关系。同样，在中国社会中对“您”和“你”的使用，要看对方的身份、地位以及亲疏关系。

3. 动词的变化

动词的使用也能用来标志社会关系。在日语和朝鲜语中，“权势”和“平等”关系的标志是通过动词本身的变化体现出来的，如朝鲜语有六种以上的不同后缀来反映交际双方的社会关系。而爪哇语则通过词汇手段来标志社会关系，一共有六种风格层面来表示“权势”和“平等”关系，每一种关系都由特定的词汇手段表示，而且限于动词。

4. 非言语行为的表现

非言语行为用来标志社会关系是最敏感、最直观的，也是最有效的。在不同社会中，人们使用不同的非言语行为来表示“权势”和“平等”关系，包括交际中的姿势、手势、眼神、体距、容貌、姿态、礼节、语气、服饰及场景等。中国人特别重视使用非言语行为来表示“权势”或“平等”关系。孔子就很讲究不直接用言语而用姿态、容貌等方式与人进行交流，要“察言观色”，见什么人讲什么话，对不同的人选择不同的姿态、容貌，以让对方自动远离或接近。他提倡“礼恭”才能“辞顺”，礼节到了彼此之间自然互相尊重，心平气和，可以共同讨论真理。而不看对方，只管自己讲话痛快，就好比是瞎子。在《论语》中不少篇幅生动地描绘出孔子在不同的社会场合如何遵循自己的社会身份、极有分寸地与他人交际的情景：对长者要恭顺，表现出不会说话的姿态；在朝廷上多听少说，话也不多；同下大夫交往则温文而快乐，侃侃而谈；在君子面前，谨慎小心；对外宾谨慎恭敬。孔子对任何非礼行为都极端厌恶，这些非礼行为很多是指人际交往中的非言语行为。

（三）语用迁移与交际障碍

1. 语用迁移及其后果

人们从儿童时代起就在社会化过程中有意无意地习得了社会规范，人们在成年之前就基本学会了在什么场合下说什么话，对谁该说什么、不该说什么等。人们还懂得了在特定场合下说什么，怎么说是礼貌的、诚恳的、友好的。人们从儿童时代起就对这些言语规则形成了条件反射，而且他们在与不同文化背景的人进行交往时会无意识地用本民族的文化准则、社会规范、语用规则来判断和解释别人的言语行为，因而造成交际失误。即使你熟练地掌握了一门外语，说一口流利的外语，对方（以该语言为母语者）也往往难以准确、恰当地理解你（不同文化背景的人）的说话意图，结果可能会造成理解失误，使对方失望或感到震惊，甚至会使对方觉得受到了污辱，致使交际处于尴尬境地。托马斯（Thomas）在讨论社会语言规则与跨文化交际时曾指出："这种语用失误或语用失败是语用规则迁移所造成的，即不同文化的人们在相互交际时直接把自己语言的话语翻译成目标语，而不考虑这些话语应该遵循的交际规范，其结果是一种言语行为的施为之力在不同文化中失去作用。"①

由于人们在跨文化交际时缺乏对社会语言差异的敏感性，又无意识地发生了语用迁移，交际失败是不可避免的。人们是无意识地习得本族语的社会语言规则的，对其遵循也往往是无意识的，因此在跨文化交际中，违反社会语言规则也常常是无意识的。但是这种无意识的错误很可能造成比违反语法规则严重得多的后果。因为，一个语法错误、一个语音错误、一个词汇错误不会触怒对方，别人会认为这些错误是语言习得过程中难以避免的现象。然而，语言使用规则一旦出错，问题就不这么简单了。不合时宜的提问、迟迟出口的道歉、不适时的恭维或祝贺、对问候语的不恰当反应，都可能会被当成没有修养的表现，被当成对他人人格的有意冒犯。比如，问及别人的工资会被当做侵犯隐私；问及别人的住房价钱会引起别人的气恼；一个日本人在美国人面前总是点头哈腰，会被视为虚伪的表现；一个阿拉伯学生希望导师能对其学业成绩多多关照，会导致导师对其有消极的评价。这种种交际失误、对交际规范的违反都很可能会被认为是行为品质的问题，或被当成不诚实、不友好的行为。托马斯在评论语用失误时指出："语法错误可能使人不愉快，或影响交际，但至少在规则上，它们是一清二楚的，听话人会立即感觉到它的存在，而且一旦意识到说话人的语法能力较弱，对其是容忍的。然而语用失误则不然，如果一个非本族语者说话流利，对方不会把其明显的不礼貌或不友好的行为归结为语言缺

① 转引自许力生《语言研究的跨文化视野》，上海外语教育出版社，2006。

陷,而会认为是粗鲁和恶意的自然流露。语法错误可能显示出说话人还未掌握特定的语言能力,而语用错误可能反映出说话人的人格有毛病。"[①]

2. 交际障碍及其表现

因语用迁移造成的交际失败的例子不胜枚举。在中国文化中,人们常用"你吃饭了吗"、"你上哪儿去"等言语行为来作为问候语,这些问候语对说英语的人来讲,不但不构成"问候"之力,反而会起反作用。美国人被人问到"Where are you going"时他会很气恼,因为这对他的隐私构成威胁,他会觉得自己似乎要去一个他不应该去的地方。而"Have you eaten"在某一特定场合可能会让美国人觉得说话人在邀请他去吃饭,也可能会使对方感到莫名其妙。中国人讲究"客气",在受别人邀请吃饭时,他们习惯说声"不",因为在中国文化中,这会自然被理解为"Please offer me again"的意思,但对美国人来讲这是明显的拒绝邀请的表示。美国人邀请别人时,对被请人会特别尊重,从不强加于人,因此他们会十分礼貌,给对方留有余地,他们会说"Come when you want to",但中国人以同样的形式受到邀请时会觉得美国人的邀请极不诚恳。而中国人客气地回答说"Thank you. I'll try to come"也会使美国人感到茫然,因为他们不能确定你是否能来。中国人有好客的习惯,在饭桌上请别人吃东西时会左让右让,直"逼"得对方吃下去才肯罢休,这种"强迫"式客气法会使美国人感到不可理解。而美国人在待客时的随意态度,简单食品,又使中国人觉得难以接受,产生误解。这些失误之所以产生,是因为不同文化的人们在交际时遵循了不同的规则。

不同文化、不同社团中的人们在相同场合的同一施为行为可能完成不同的功能,而同一功能的施为行为可能由不同的言语行为来完成。譬如,在美国文化中"恭维"言语行为可用来完成诸如"评价"、"欣赏"、"开始谈话"等多种功能,同时它又是人际间建立"平等"关系的手段,如何解释这一行为的功能要视具体交际情景而定。而"恭维"言语行为在中国文化中的使用则明显不同,它可能体现在"反应方略"、"社会分布"、所涉及的"话题"以及协同过程等诸多方

---

① 转引自许力生《语言研究的跨文化视野》,上海外语教育出版社,2006。

面。又如中国人和日本人不习惯公开对抗，因此在拒绝别人要求时他们不直接否定，而是转弯抹角地说“让我们再考虑一下”、“再研究研究”，这种回答在中国文化和日本文化中是一种托辞，但对“直言快语”的美国人来讲，这意味着他们的要求很可能会被满足，不然还考虑、研究什么呢？

即使交际情景相同，不同文化也可能使用不同的言语行为。比如对别人的帮助如何反应就是一例。在美国文化中，人们对占用别人的时间和对别人的帮助习惯说声“谢谢”，但在日本文化中人们常使用表示道歉的言语行为，他们会说：“很对不起，给您添了不少麻烦。”又如在表示“拒绝”功能的言语行为方面，不同文化之间也存在着明显的差异。日本人在拒绝时，地位较高者惯用省略道歉或表示遗憾的公式，而社会地位较低的人在拒绝别人时则喜欢采用多种不同表示“道歉”的语义结构。可是在美国，社会地位并非很重要的因素，拒绝者所采用的语义公式基本一致，而差异仅表现在对“陌生人”和“知己朋友”表示拒绝时协同程度高低不一样，这是因为“知己朋友”的角色关系比“陌生人”的角色关系固定。

此外，在跨文化交际中，谈话内容、话题的选择也是经常产生交际失误的因素，因为一种文化中人们习惯交际的话题可能是另一文化中人们交际时设法回避的话题；一种文化中人们常常涉及的内容可能构成另一文化中对隐私的侵犯。如在中国文化中人们可以相互谈论或询问关于收入、工资、信仰、宗教、婚姻等话题，这是社会关心的一种表示；但类似的话题在说英语的社会中却构成对个人隐私的威胁。

二 合作原则及其文化差异

（一）关于合作原则

语用学领域关于会话结构方面的研究成果很多，其中涉及制约会话的规则，包括会话如何得以开展，如何开始谈话，如何引起别人兴趣，如何澄清问题或弥补，如何遵循毗邻对偶及依次发言规则等。这些研究成果在一定程度上具有普遍性，但是这些规则是否适用于各种不同文化的会话行为，是值得进一步探讨和考察的。仔细考察就会发现，这些规则至少在一定程度上是以西方的文化事实或与这些文化相类似的社会现实为背景的。而不同的言语社团可能具有其独特的会话交往规则，即制约人们的会话规则可能因文化而异。这就是为什么不同文化背景的人们在相互交往时常常无意识地产生失误的原因，人们无意识地习得了本民族的交往规则，并在与不同文化的人们交往时无意识地使用这些规则来解释对方的行为。

在目前的会话规则研究领域，格赖斯提出的会话合作原则（cooperative principles）影响最大。他把言语行为理论的研究扩展到单句层次以外的会话活动方面，使言语活动与社会情景相连接，所以他的研究成果具有一定的指导意义。格赖斯认为会话受规范或条件制约，人们在会话时之所以不是以一串互不连贯的语句组成，是因为交谈双方都遵循了某些规则，相互配合，即遵循了合作原则。他指出合作原则包含以下几条准则[①]：

（1）量的准则（quantity maxim）：

a. 所说的话达到现时交际目的所要求的详尽程度；

b. 不要使说的话比所要求的更详尽。

（2）质的准则（quality maxim）：

a. 不说自己认为是不真实的话；

b. 不说自己没有足够证据的话。

（3）关联准则（relation maxim）：

说话要相关、切题。

（4）方式准则（manner maxim）：

a. 避免晦涩的词语；

b. 避免歧义；

c. 说话要简洁；

d. 说话要有条理。

格赖斯认为，这些准则的重要程度不一样，其中"质"的准则最为重要，是第一位的。他又指出，这些准则使谈话双方具备使用"会话含意"（conversa-

① 参见何兆雄主编《新编语用学概要》，上海外语教育出版社，2000。

tional implicature)的能力来解释对方的话语内容，以达到对暗示意义的理解。假如一个人出于礼貌或语境的需要，说了一些违反合作原则的话，而又让对方觉察到他故意违反了合作原则，那么他就迫使对方透过话语的表面意义去领会话语中蕴涵的深层意义。

人们在会话时之所以不是以一串互不连贯的语句组成，是因为交谈双方都遵循了某些规则、相互配合的结果，这无疑是正确的。然而，会话准则在多大程度上适用于所有的语言社团是值得商榷的，也就是说，这些准则在多大程度上适用于其他文化是值得进一步研究和探索的。尤其对跨文化交际研究来说，对其差异的探索似乎更为重要。因为不同的社会在文化取向、价值体系以及生活方式和社会语言规则方面存在着差异，这一点已成为人们的共识。关于"会话含意"理论也值得考虑，因为说话人识别"会话含意"的能力是以具有共性的会话合作原则为基础的。

（二）合作原则的文化差异

人们进行言语交际无疑是需要某种程度的合作的，你有交际的意图还不够，你至少还需要别人愿意(或者是不情愿也不得不)听你说。但是格赖斯合作原则中的那些准则却很难说是放之四海而皆准的。在不同的社会文化中，哪些是人们所承认的基本准则，情况很可能大不相同。不难看出，合作原则的各条准则是建立在西方文化基础上的，是以西方言语交际通行的模式为标准的。正因为如此，按照通行的合作原则，我们会觉得阿拉伯人话太多，而亚洲许多地方的人和北美印第安人又话太少。其实，在不同文化群体中，准则很可能是不一样的，人们对于什么是准则，怎么样算违反准则，往往会有不同的认识。同样一句话，并非在所有的社会文化中都会产生会话含意，或者都会产生相同的会话含意。比较典型的如东方社会的一些国家(如中国和日本)，由于受"差序格局"的社会结构的影响，在一定程度上，谈话者的"权威"本身就是信息。在社会交往中，社会地位越高，可能提供的信息量就越少，即社会地位和言语信息量可能成反比。社会中人际关系较为固定，地位较低者对地位较高者有依赖性、顺从性。这样，他们遵循"量"、"质"、"关联"以及"方式"准则方面肯定与西方人有很大差异。相对而言，在很多场合，他们似乎更容易注重"方式”，常常为此牺牲“质”、“量”和“关联”准则，而他们所注重的“方式”与格赖斯的准则也完全不一样。

1. 关于“量的准则”

“量的准则”要求所说的话达到现时交际目的所要求的详尽程度，不要使说的话比所要求的更详尽，即所提供的信息量要恰如其分。基南(Keenan)在考察了马尔加什(Malagasy)的语言使用情况后指出，格赖斯的数量准则就不适用于那里的社会。在那里，人们常常垄断信息以维护自己的地位与威望，不会因为谈话中有别人询问就把信息传播出去。[①] 按照西方文化的标准，马尔加什人说话时提供的信息常常是远未达到起码的量的要求，而根据格赖斯的理论，这就足以产生会话含意。可是，在马尔加什人自己的文化里，这被认为是很正常的说话方式，会话含意根本就无从谈起。在东方，尤其在中国和日本，由于受传统文化影响，言语行为对环境有高度依赖性。很多信息在环境之中或在“不言之中”，“意会”是人们信息解码的重要手段，这种取向和西方人在很大程度上靠“言传”的取向形成很大反差，在这种情况下以西方合作原则中的“量的准则”来要求东方人的会话交往行为显然也是不妥的。

2. 关于“质的准则”

“质的准则”要求不说自己认为是不真实的话，不说自己没有足够证据的话，即提供真实信息。这一点似乎也不适合于很多社会。中国人在说“No”的时候可能意味着“Yes”，他们“礼多人不怪”，“亦此亦彼”，“无可无不可”。同样，阿拉伯人在说“是”时，意思可能是“也许”，当他们说“也许”时，意思可能是“不”，他们很少用“不”字来回答对方，因为在他们的文化中这是不礼貌的行为。在印度一些地方，当行路人向人打听到某处有多远时，得到的回答很可能是“不远，走一会儿就到了”，而实际上往往要走上好几个小时，甚至一整天才能到达。质量准则在这儿好像不起作用，当地人都知道，他们之所以这么说只是因为不想让行路人因为路还很远而丧气、失望。同样的情况也存在于美国的近邻墨西哥。墨西哥人倾向于让人高兴，为此他们甚至不惜说些与事实相

① 参见许力生《语言研究的跨文化视野》，上海外语教育出版社，2006。

反的话。如有人问路，墨西哥人即使自己根本不知道路径，也常常会以一副很有把握的样子告诉别人该怎么怎么走。事实上，在几乎所有文化中都能找到违反所谓“质的准则”的情况，所说内容常常会与客观事实有程度不同的出入。

3. 关于“关联准则”

“关联准则”要求说话要相关、切题，即不要不着边际。在东方国家，如中国、日本等，人们交际时不直奔主题是常见的。他们先说些无关紧要的话题，为的是和谐气氛，创造语境，为谈正题做“铺垫”，所以经常有“闲话少说，言归正传”的提示。在交谈过程中，插进一些无关的话题，也是为了调节语境，缓和气氛，以利于进一步谈正题。这些习惯与文化有紧密联系。如果一个人老是说话直奔主题，直截了当，别人会认为太功利、太急躁，显得不成熟。尤其在“权势”关系中，地位低的一方往往先提一些对方喜欢的话题作为开头，慢慢地找个合适的机会才会进入正题；地位高的一方则可以随意扯开话题，控制话轮，显得漫不经心，而这正是显示权威的方式。这些与格赖斯的“关联准则”相去甚远，或者说遵循的是另外一类“关联准则”。

4. 关于“方式准则”

“方式准则”要求说话避免晦涩的词语，避免歧义，要简洁而有条理，即表达清楚、明白。中国的主流文化传统是强调“和”，“和为贵”就是在这一文化语境中被优选的价值原则。这使得一切有利于维持和谐的言语行为得到鼓励和倡导。为了不伤和气，人们倾向于在许多场合采用较为间接、迂回、委婉的表达。所谓“只能意会，不能言传”，或根本不必言传，一切尽在不言之中，甚至交谈双方之外的其他人都不明白他们在说什么。这是很常见的言语行为，也是中国人交际中的“潜规则”。我们很难说这样的说话方式就一定是违反了合作原则中的“方式准则”，并必然会产生特殊的会话含意。在我们的文化语境中，如果说有什么关于说话方式的准则的话，那一定与格赖斯提出的方式准则有所不同。

总之，格赖斯的合作原则将语境因素都排除在外，原则中所包括的各项准则都无不渗透着西方文化的价值取向。这一有关人类合作行为的普遍原则其实基本上是西方的，甚至只是英美的。对于非英语文化中的语用状况，迄今为止语言学界还几乎没有进行过系统的、深入的研究。实际生活中，汉语语用不遵守合作原则的交谈是大量存在的，许多言语交谈的例子可以证明：合作不必是原则。①

斯波伯和威尔逊(Sperber & Wilson)看到了合作原则存在的问题，提出了关联理论，认为交际只是以关联为取向，交际双方并不需要考虑合作的问题，也没有什么必须遵循的准则。这实际上是对合作原则的批判与扬弃，尽管关联理论本身也并不完善，但因其对语境(主要是认知语境)有更多关注，比起合作原则来也就显得更有说服力。②

甘柏兹(Gumperz)早就指出：尽管实施交际任务的语用条件从理论上讲可能是普遍相同的，而完成交际任务的社会实践却随文化的不同而不同。他认为，这些文化差异可以在以下几个方面表现出来：(1)不同的对交际情景和恰当行为与意图的文化假定，即在交际所涉及的期待与权利等方面存在明显差异。(2)不同的构建信息或论点的方式，包括表述的先后顺序和表述的直接或间接性等问题。(3)不同的说话方式，即一系列用于标示上述方面内容的语言暗示，包括语音的、词汇的、语法的以及停顿等。③

三　礼貌原则及其文化差异

(一) 关于礼貌原则

1. 利奇的"礼貌原则"

利奇(Leech)赞同格赖斯从会话原则的角度考察语言使用的研究方法，认为合作原则有助于说明语句的意义与语句的作用的关系。但是，合作原则本身并不能解释人们为什么会经常间接地表达意思。所以他提出了礼貌原则，并把它看做是对合作原则的必要补充。④ 下面就是利奇用以说明其观点的一个例子：

---

① 参见钱冠连《汉语文化语用学》，清华大学出版社，1997。
② 参见许力生《语言研究的跨文化视野》，上海外语教育出版社，2006。
③ 转引自许力生《语言研究的跨文化视野》，上海外语教育出版社，2006。
④ [英]利奇《语义学》，李瑞华译，上海外语教育出版社，1987。

A：We'll miss Bill and Agatha，won't we?

B：Well，We 'll all miss Bill.

这里B的话语显然违反了合作原则的数量准则，因为A是要求B确认或否定其观点：我们大家都想念Bill和Agatha，然而B的回答只表示同意其观点的一部分。按照合作原则，B的回答应如下：

B：Well，We 'll all miss Bill but not Agatha.

可是，这样做可能就对第三者（即Agatha）显得很不礼貌，也对在场的A或其他人不够礼貌。因此，为了遵守礼貌原则，B才没有提供更多的信息。这个例子表明，表面上说话人违反了合作原则，但从礼貌原则解释来看，还是可以认为说话人遵守了合作原则。从这个意义上来说，礼貌原则可以弥补合作原则的某些不足。

概括地说，"礼貌原则"就是在交谈中说话人要减少表达不礼貌的信息，或者说尽量表达礼貌的信息。礼貌信息能使听话人或第三者感到愉悦，而不礼貌的信息则会使听话人或第三者感到不快。礼貌一般会影响交际双方之间的关系，但说话人有时也会向在场或不在场的第三者表示礼貌。礼貌在本质上是非对称的，也就是说，对于听话人或某个第三者是礼貌的，对说话人则可能是不礼貌的。利奇认为，交际的双方总是尽量多给别人一些方便或使对方受益，尽量多让自己吃一些亏或受损，以求获得对方对自己的好感。但是，这样就形成了交际双方的一种非对称关系，即对听话人来说是受益的语言对说话人来说是受损的，即听话人越受益，说话人就相应地越受损，而礼貌的程度就越高，礼貌的等级也越高。说话人总是通过牺牲对自己的礼貌来换取对听话人的礼貌，就是努力使用恰当的语言来增加自己的受损程度，以求提高听话者的受益程度。在讨论礼貌的这种非对称性时，利奇借用了经济学里的"成本—效益分析"这个概念来讨论言语行为对于说话人与听话人的损益问题。在他看来，礼貌就是要尽量使他人受益，尽量使自己受损，由此形成了使别人受益和使自己吃亏的程度的比例关系。越是有益于听话人的行为，其语句的礼貌程度越高；相反，越是有损于听话人的行为，其语句的礼貌程度越低。因此，如果语句的命题内容保持不变，使用更为间接的语言表达通常可以提高礼貌程度。基于以上观点,利奇按照格赖斯制定合作原则的方式为礼貌原则(principles of politeness)制定了六条准则。它们分别是:

(1) 得体准则(tact maxim):

a. 尽量少让他人受损;

b. 尽量多让他人得益。

(2) 宽宏准则(generosity maxim):

a. 尽量少使自己得益;

b. 尽量多让自己受损。

(3) 赞誉准则(approbation maxim):

a. 尽量少贬低他人;

b. 尽量多赞誉他人。

(4) 谦虚准则(modesty maxim):

a. 尽量少赞誉自己;

b. 尽量多贬低自己。

(5) 一致准则(agreement maxim):

a. 尽量减少自己与他人的不一致;

b. 尽量增加自己与他人的一致。

(6) 同情准则(sympathy maxim):

a. 尽量减少自己与他人之间的不和;

b. 尽量增加自己与他人之间的同情。

2. "礼貌原则"的局限性

在利奇看来,礼貌原则的各准则尽管在不同文化中所占地位可能有所不同,但除了量的差异,它们从本质上讲是普遍适用的。然而事实情况似乎并非如此,利奇提出来的礼貌原则也是建立在西方文化的基础上的。

以"赞誉准则"为例,它要求语言交际者尽量减少对他人的贬损和尽量增加对他人的赞誉。可是,据调查,在日本文化中,赞扬他人(尤其是直接赞扬他人)的做法往往会被认为是傲慢、冒昧的行为。再看"谦虚准则",它要求说话者尽量缩小对自身的赞誉和尽量增大对自身的贬低。但是,在美国黑人文化中，这条准则似乎不大起作用，自我赞扬在人们的交际中经常发生。还有“一致准则”所要求的尽量缩小自己与他人的分歧和尽量增大自己与他人之间的一致，也是有其文化局限性的。在犹太文化中，人们常常用说“不”而不是说“是”、用与人争论而不是用表达赞同来拉近交际双方的距离，增进相互了解。在奥地利，交谈中的争论是家常便饭，并不被视为不礼貌行为；相反，回避争论却有可能被看做是不愿与人深交的表现。

徐盛桓曾批评礼貌准则中“尽量多”、“尽量少”的提法过于绝对，不具有利奇本人所期望的普遍适用性。比如说，赞誉和同情一般说来都是人们所喜欢得到的，但凡事都必须有一个度，过多的赞誉或同情有时会适得其反，令人生厌。而且何为多、何为少，不同文化也许有着完全不同的标准。此外，利奇把“得体准则”置于礼貌原则中，将其与其他准则放在同等的地位，实际上是降低了得体作为语言使用基本要求的重要性。而且从语言交际的根本目的来看，说话的得体不仅仅是出于礼貌，更重要的是要取得最佳的交际效果，因此得体所覆盖的范围恐怕要比礼貌大得多。有时候，得体的话语不一定都是礼貌的，有的甚至会带有攻击、挑衅、讽刺的意味。①

利奇认为，有些言语行为（如命令）具有内在的不礼貌性，有些言语行为（如提供帮助）具有内在的礼貌性。这种看法似乎也有些简单和片面。言语行为不是孤立地发生，总是和特定的语境相配合。言语到底礼貌不礼貌，不仅要看言语本身，更要看言语发生时的具体情景。决定礼貌与否和礼貌程度高低的因素实际上很多。因此，从根本上说，礼貌是相对的，其相对性是语境的多样性所决定的。

对此，利奇在提出其“礼貌原则”时似乎并非毫无意识。他的语用学研究中没有涉及与言语交际有关的不同语言和文化的类型，但他承认不同文化间在这方面是有差异的：有的东方文化国家（如中国和日本）比西方国家更强调“谦虚准则”；英语国家则更强调“得体准则”。他认为，作为人类交际的总的语用规则，礼貌原则基本上是具有普遍性的，但其重要性在不同的文化、社会和

① 徐盛桓《礼貌原则新拟》，《外语学刊》1992年第2期。

语言环境中是各不相同的。利奇自己也承认:“在交际行为的跨语言比较方面我没有做什么,但这是一个非常诱人的领域,许多研究还有待去做。”

(二)礼貌原则的文化差异

总的说来,西方学者(尤其是语言学家)对礼貌的研究主要集中在语言使用上,因为西方文化属于“低语境文化”,礼貌主要通过言语行为表现出来的;而东方文化属于“强语境文化”,礼貌准则往往取决于语境因素的制约。这说明东方文化与西方文化的礼貌有着不同的指向(orientation)。中国文化的礼貌是指向理想的社会同一性(ideal social identity),所以面子是指个体在所处社会群体中取得的良好公众形象,这要依赖于社会中他人的判断,具有明显的社会取向;而西方文化的礼貌则是指向理想的个人自主性(ideal individual autonomy),面子集中于个体,主要是一种自我形象,个体主义倾向比较突出。由此可见,在不同文化中,礼貌的内涵有本质的差异。

1. 中国文化的“礼”

世界上任何社会或群体,人们的行为(包括言语行为)都由“礼貌”来制约,由“面子”来维系。在以“礼仪之邦”著称的中国社会,“礼”的形成和发展,以及它对人们行为方式的制约都有其独特的意义,这是世界上任何其他国家和社会所无法比拟的。谈到“礼”的起源,荀子认为:“人生而有欲,欲而不得,则不能无求,求而无度量分界,则不能不争。争则乱,乱则穷。先王恶其乱也,故制礼义以分之,以养人之欲,给人以求。使欲必不穷乎物,物不屈于欲,两者相持而长,是礼之所起也。”荀子从根本上把握了“礼”的实在意义,礼是用来制约人的行为的。它调节着人们的主观欲求和客观现实之间的矛盾,使两者之间达到一种能够维持社会存在的均衡状态。因此,“礼”贯穿于整个社会的各个方面、各个层次,其强烈和持久的程度好比西方的宗教,它变成了中华民族的潜意识。

中华民族重视“伦理”道德,本质上就是对“礼”的重视。“伦”就是等级,类别之间的次序;“理”就是这种等级次序遵循的规则。本质上“伦理”就是“礼”之根本。中国封建社会本质上是等级社会,以维护上下尊卑的等级秩序为治世根本,而这些等级秩序本身正是“礼”的本质规范。因此“礼”的本质是“别”,有“别”才有“敬”,以下敬上,以卑敬尊,这样人们才不会相争,天下才能和谐。

正如《礼记》中云:“是故,隆礼由礼,谓之有方之士;不隆礼不由礼,谓之无方之民。敬礼之道也。故以奉宗庙,则敬;以入朝廷,则贵贱有位;以处室家,则父子亲、兄弟和;以处乡里,则长幼有序。”所谓等级分明则人们各有所敬,关系和顺则人们相亲相爱。因此,从对人的行为(包括交际行为)的节制来看,“礼”是一种外在的规定,它按上下等级次序规定人们所应履行的社会义务,限制人们活动的可行范围,即天地、人伦、上下、尊卑的秩序。具体讲,在交际行为的节制方面,“上尊下卑”或“卑己尊人”是“礼”的具体表现。明白了自己的社会身份,就知道该说什么、不该说什么,该怎样说、不该怎样说。所谓“名正言顺”,言语行为符合“礼”,人际间就没有隔膜、误会,社会也就和谐了。

2. 西方社会的礼貌观

西方国家与中国正相反,由于受平等社会格局的影响,人际之间的关系基于平等关系,这显然与中国的“身份制”和差序格局相悖。对西方社会来说,礼貌所强调的不是人际之间的“别”,而是人际之间的“同”,“上尊下卑”的礼貌原则肯定是不受欢迎的。人们追求自我实现、个人奋斗,人们高度重视个人权利、个人隐私,人们强调各行其是、各展其才、各履其志,“孺子牛”或“螺丝钉”精神自然成为自我发展的绊脚石,而中国式的“谦虚”或“卑己尊人”自然也会受到人们的冷眼。从这个意义上讲,西方的礼貌观与中国文化中的“礼”有着本质上的差别。

由于亚文化的差异,礼貌原则在西方大文化圈内部也表现出很大的不同。塞菲诺(Sifianou)在对比分析了英国文化与希腊文化在礼貌现象上的差异后,总结出希腊人整体上更倾向于使用积极礼貌策略,而英国人则更注重使用消极礼貌策略。她认为,造成这种差异的原因是两种文化有着不同的面子观。英国文化似乎更注重隐私和独立,即消极面子;而希腊文化则更重视群体内的关系,即积极面子。而且希腊文化中的面子需求似乎不只限于个人的面子,还包括与自己关系密切的其他人的面子;与此相对,英国文化则要求一种相对疏远的关系,强调个人独立性,很少将个人的面子需求与他人或群体的面子需求联系在一起考虑。此外,在许多希腊人看来,礼貌不仅仅表现为考虑他人的情感和合乎社会规范与期望的得体言行举止,还包括无私、慷慨、克己自制、品行端正等品质。所以塞菲诺认为,“礼貌”作为抽象的社会准则,虽然可以说是普遍存在的,但礼貌实现的方式则是不同的文化有不同的特色。[①] 总之,礼貌是历史文化的积淀,是特定社会文化群体价值观的体现,很难说有什么一成不变、放之四海而皆准的礼貌原则,有的可能只是与具体语境相联系的礼貌以及相应的语用策略。

此外,除了社会文化大背景的不同,具体语境因素在其中也起着重要作用。何为礼貌,什么样的话语算是有礼貌的或不礼貌的,都要受制于具体的语境因素。在一定语境中被认为是礼貌的话语,到了另一语境中就可能变成是不礼貌的。甚至在同一场合,说话者认为是礼貌的话语,也有可能被听话者当成是不礼貌的。我们都知道,在某些情况下,过分的礼貌往往会适得其反。影响这一切的因素实际上很多(如社会距离或者相对权势),这些因素可能在许多时候对决定言语是否礼貌起着十分重要的作用。

第二节 言语行为的文化差异

一 言语行为理论

(一)奥斯汀的言语行为“三分法”

1.“言有所述”与“言有所为”

言语行为理论的创始人是英国哲学家奥斯汀(Austin),他突破了哲学界对语言陈述的可验证性研究传统,立足语言事实,区分了两大类话语:“言有所述”(constative)和“言有所为”(performative)。[②] 言有所述的话语是可以验证的,或是真实的,或是虚假的;言有所为的话语都是不能验证的,它们无所谓真实或虚假,因为它们是被用来实施某一种行为的。奥斯汀列举了四个实例来说明这类话语:

---

① 参见许力生《语言研究的跨文化视野》,上海外语教育出版社,2006。

② 参见何兆雄主编《新编语用学概要》,上海外语教育出版社,2000。

(1) I do.(使用于结婚仪式过程中)

(2) I name this ship Elizabeth.(使用于船的命名仪式中)

(3) I give and bequeath my watch to my brother.(使用于遗嘱中)

(4) I bet you six pence it will rain tomorrow.(使用于打赌中)

在特定的语境中,特定的人说这些话实际上在实施某种行为。换言之,说话人在说这些话的时候不是在陈述或描述,而是在完成某一行为,如结婚、命名、遗赠、打赌。这种通过说话来做某一件事的情况并不限于这些习俗化的活动,如"I promise…"、"I warn…"、"I apologize…"、"I welcome…"等,在说这些话时说话人分别在实施许诺、警告、道歉、欢迎等行为。

2. 言语行为的"三分法"

奥斯汀进一步依据"言有所为"建立了言语行为的"三分法"模式,即一个人在说话的时候,在大多数情况下同时实施了三种类型的行为:

(1) 言内行为(locutionary act)。言内行为指的是"说话"这一行为本身,它大体与传统意义上的"意指"相同,即发出音节,说出单词、短语和句子等。这一行为的功能是以言指事,但在实施这个行为之中,我们通常实施了一个言外行为,有时还同时实施了言后行为。

(2) 言外行为(illocutionary act)。言外行为是通过"说话"这一动作所实施的一种行为,人们通过说话可以做许多事情,达到各种目的,如传递信息、发出命令、威胁恫吓、问候致意、解雇下属、宣布开会、实施承诺、提出请求等。这些都是通过言语来完成的行为,寄寓于言内行为之中。

(3) 言后行为(perlocutionary act)。言后行为是指说话带来的后果,例如,通过言语活动,我们使听话人受到了警告、接受了规劝,不去做某件事或者去做了我们想让他去做的事等。

言内行为和言外行为的区别在于前者是通过说话表达字面意义,后者是通过字面意义表达说话人的意图。说话人的意图一旦被听话人领会,便可能带来变化或产生后果,这就是言后行为。当然说话人的意图未必一定被听话人领会,或者听话人虽然领会了说话人的意图,但却不一定按照说话人的意图去行事,所以言后行为不一定发生,这就会导致交际障碍或交际失败。在这三种言语行为中，语用研究最感兴趣的是言外行为，因为它同说话人的意图一致。说话人如何使用语言表达自己的意图，听话人又如何正确理解说话人的意图，这是研究语言交际的中心问题。

（二）塞尔的言外行为“五分法”

如果说奥斯汀把言语行为理论看做是对话语意义的研究，那么他的学生塞尔则把这一理论提高为一种解释人类言语交际的理论。塞尔认为使用语言就像人类许多其他的社会活动一样，是一种受规则制约的有意图的行为。每当我们讲话时，就是在按照使用语言的规则施行各种各样的言语行为。他还认为言语交际的最小单位并不是人们通常认为的是词语或句子这些语言单位，而是言语行为。言语交际过程实际上就是由一个接一个的言语行为构成的，每一个言语行为都体现了说话人的意图。为此，他着力研究说话人如何根据一定的规则来施行自己想要实施的言语行为。[①]

1. 言语行为的实施

塞尔在研究中注意到了一句话的命题内容与其言外行为之间的关系，同时考察了实际的言语交际案例。在此基础上，他提出了实施言语行为必须满足的条件，以及相对应的必须遵守的规则。以“许诺”这个言语行为为例（其他言语行为的条件和规则也可以以此为模式去推导）：

（1）命题规则。命题出现在一个句子或比句子更大的语段之中，这一命题言及说话人将要施行的一个行为。

（2）准备规则。a. 听话人愿意说话人施行这一行为，而不是不愿意他去施行这一行为，而且说话人相信听话人愿意他去施行这一行为。b. 说话人和听话人双方都清楚，说话人通常不施行这一行为。

（3）诚意规则。说话人真心实意地想施行这一行为。

（4）根本规则。说话人所说的话使他自己承担了施行某一行为的义务。

2. 言语行为的“五分法”

对于言外行为的分类，塞尔首先考察了不同言语行为相互区别的 12 个

---

① 参见何兆雄主编《新编语用学概要》，上海外语教育出版社，2000。

侧面,并确认了其中"言外之的"(某一类言外行为所具有的共同目的)、"适从向"(言外之的带来的后果)、"表达心理状态"(说话人实施言外行为时的心态)三个最重要的因素。塞尔以这三个因素为主要依据,把言外行为分成五个大类:

(1) 阐述类(representatives)。阐述类的"言外之的"是使说话人对所表达的命题的真实性作出保证,也就是说他必须相信自己所说的话的真实性;这一类言外行为的"适从向"是从话语到客观现实;所表达的心理状态是相信。英语中用于这一类型的最常用行事动词有 state、assert、claim 等,有些动词具有更强的语势,如 swear,语势较弱的有 guess、hypothesize 等。这一类言外行为具有可验证性,大体上与奥斯汀最早区分的言有所述的话语相一致。

(2) 指令类(directives)。指令类的"言外之的"是说话人试图让听话人去做某一件事;它的"适从向"是客观现实适从话语;所表达的心理状态是希望或者愿望。英语中常见的属于这一类别的行事动词有 beg、request、advise、invite、suggest、insist、order、demand 等,它们具有明显的语势。此外,目的在于探询信息的"提问"可算是一种特殊的指令,因为说话人提出问题便是要让听话人作答。

(3) 承诺类(commissives)。承诺类的"言外之的"是使听话人对某一未来的行为作出许诺;"适从向"是从客观现实到话语;所表达的心理状态是意欲。常见的行事动词有 promise、undertake、vow 等。这一类和指令类具有同样的"适从向",但它们在言外之的这个侧面上有区别。

(4) 表达类(expressives)。表达类的"言外之的"是对命题中所表明的某种事态表达说话人的某种心理状态。这一类言外行为没有"适从向",因为它们不存在"适从向"这个问题,说话人既不想通过说话来引起客观世界的改变,也无须使自己的话语符合客观现实。命题的真实性是实施这一类言外行为的前提。例如,当我们因为踩了别人的脚而道歉时,我们说话的目的既不是要陈述踩了别人的脚这个事实,也不是作出许诺去踩他的脚,踩了别人的脚这一动作的真实性已经被确认,我们只是要对客观事实表示自己的态度或心理状态而已。属于这一类别的行事动词包括各种表达不同心理状态的动词,如 apol-

ogize、congratulate、thank、sympathize、condole等。

（5）宣告类（declarations）。宣告类的“言外之的”是使客观现实与所表达的命题内容一致。因而这一类型的“适从向”明显地是使客观现实符合所说的话语，但与指令类和承诺类不同，宣告类的言外行为使客观现实按照所说的话语发生的变化是即刻的、瞬间的。几乎在说话的同时，这种变化便随之发生了，比如上文提到的奥斯汀所列举的四个典型例子。除此之外，在日常生活语言中还能找到不少这类说了话就带来变化的宣告类的例子：

（1）I declare the meeting open.

（2）I fire you.

（3）I appoint you chairman of the committee.

宣告类是一类比较特殊的言外行为，要成功地实施一个宣告类的言语行为，往往涉及一些文化习俗或一套构成规则。例如说话人和听话人在这一语言活动中必须是具有某种身份的人。一个有妻子的男子无论在牧师面前怎么说“I do”，也无法和另一个女子结婚；也并非随便什么人说了“I name the ship …”就可以给一条船命名；能够成功地通过说“I fire you”来解雇别人的人必须是具有这种权力的人；也只有大会主席才能说“I declare the meeting open”。

值得注意的是，在宣告类中，塞尔还分出了一个小类，他称之为阐述性的宣告。这一小类与阐述类有一个共同点，即它牵涉到说话人对真实性的判断，也就是说它和阐述类具有同样的根本条件，但同时它又具有宣告类的绝对的语势。在某些场合，不仅需要对客观事实作出判断，而且需要一个具有权威的人对客观事实作出相关的裁决。球场上的裁判、法庭上的法官便是这样的人物。裁判认为球出界，他便可以把它判为“界外球”；法官认为某人有罪，他便可以把这个人定为“有罪”。裁判和法官都应该相信自己对客观的判断是正确的，他们在宣布自己裁决的这一瞬间又引起了客观世界的变化。

塞尔对言外行为的分类具有一定的科学性，但这样的分类是相当概括的。人们使用语言所实施的言语行为，有人估计有一千种以上，要把这许许多多种言语行为归纳成若干个大类，当然很难保证做到个个都能“对号入座”，有时难免会有牵强附会的情况。但应该说，塞尔的分类基本上是成功的，自从这一分类问世以来，虽然各家反应褒贬不一，但它仍然是比较有影响的、比较广泛地为人们所接受和应用的一种分类。虽然在奥斯汀之后，对言外行为进行过分类的并非塞尔一人，但其他的分类大体上是以塞尔的分类为基础做一些修改和补充，并未见有突破性的创新。

（三）言语行为的跨文化研究

从某种意义上讲，我们就生活在言语的世界之中，因为我们几乎每时每刻都在“制造”言语行为，我们可以实施的言语行为也是多种多样的，很难想象没有言语行为我们的世界会是一个什么样子。

奥斯汀和塞尔的言语行为理论对语言研究的发展作出了杰出的贡献，遗憾的是言语行为理论在一定程度上仍然是以语句为中心的。正因为它是以语句所能完成的功能或行为为基础对言语行为进行分类，所以对语境因素的考虑十分有限，把言语交往所赖以生存的社会文化以及现实情景等因素基本上排斥在外，而且也未能把交往本身所具有的复杂的“协调”这一重要过程考虑在内。这是较为严重的缺陷，因为语句的功能与广泛的文化因素以及情景因素是密切相关的。事实上，实施或完成某项言语行为是一个与交际对方相互协调的过程，至于如何协调，不同文化会有不同的规定，而且还要视具体环境或情景而变化。

人们在实际交往时所实施的行为，会在很多方面都存在差异。差异的存在是极为普遍的，无论属于同一文化的人们，还是属于不同文化的人们，情况都如此。言语行为会因文化、地区、职业、性别乃至个人而异，这就为交际带来了相当大的困难。由此可见，指出这些差异对于我们认识交际活动和改善交际状况是非常重要的。不少学者指出，不同文化群体的人们在言语行为实施过程中是有差异的，这些差异主要表现在五个方面：一是人们所能够实施或通常所实施的言语行为的范围不同；二是人们在如何恰当得体地实施言语行为和掌握言语行为的实施方式的多样性的程度方面存在着差异；三是如何实施某些言语行为的规则因文化而异；四是对新的信息接受的开放程度，以及言语行为实施的方式的变化或灵活性因文化而异；五是交际者对对方实施的言语行为所表露出来的积极或消极态度的敏感程度也因文化而异。

不同文化在言语行为方式上的差异，跟各自文化对语言和语言使用的不同看法与态度有关系。在那些较为程序化的言语行为中，如招呼(greetings)、分别(partings)、请求(requests)、拒绝(refusals)、恭维(compliments)、道歉(apologies)、感谢(expressing gratitude)等，文化差异就更突出了。

二 语言表达的间接性

(一) 语言表达间接性的理论解释

1. 语言表达的间接性

只要对人们日常使用的语言稍加观察，便可以发现语言表达具有间接性，也就是说人们常常不是坦白直率地去说自己想说的话，而是通过某种方式间接地去表达自己的意图。这种语言使用中的“拐弯抹角”的现象就是语言表达的间接性。

对此现象可以从不同的角度去解释。比较常见的解释是把间接语言看做语言的形式和语言的功能之间的不一致所带来的结果。在已知的任何一种语言中，都存在三种基本功能的句类：陈述句、祈使句和疑问句。这是人类语言的普遍现象之一，这一共同性无疑是由人类语言的基本功能决定的，因为这三种基本句子形式分别和语言的三种基本功能对应：陈述事实，提出请求和提出问题。但句子的形式和功能之间并不存在绝对的一对一的关系，即一种句式并不总是用以行使某一种功能；反之，某一种功能也并非只能通过一种句式才能得以实施。在一定的场合下，陈述句式也可以用来提出问题或提出请求，请求别人做某事也绝不限于使用祈使句式这一种形式，用疑问句来请求别人为你办一件事的情况可以说是司空见惯的；在一定的场合，用陈述句式来提出问题或提出请求也不少见。在这三种基本句式与它们的典型功能的关系出现不一致时，语言的使用便是间接的。

语言表达的间接性是一种普遍现象，各种语言中都有很多这样的表达习惯。有学者曾以《水浒全传》中第七回的一段叙述来说明这种现象。[①] 小说中

① 参见文炼、允贻《语句的表达和理解》，上海教育出版社，1987。

太尉高俅和陆虞候等人设计陷害林冲，指使人在市上卖刀，以便诱林冲带刀进入白虎堂。书中是这样叙述的：

> 那一日，林冲和鲁智深同行到阅武坊巷口，见一条大汉，头戴一顶抓角儿头巾，穿一领旧战袍，手里拿着一口宝刀，插着个草标儿，立在街上，口里自言自语说道："不遇识者，屈沉了我这口宝刀！"林冲也不理会，只顾和鲁智深说着话走，那汉跟在背后道："好口宝刀，可惜不遇识者！"林冲只顾和鲁智深走着，说得入巷。那汉又在背后说道："偌大一个东京，没一个识得军器的。"

很明显，那汉子的三句话，语气是陈述或感叹，实际上是要求林冲买他的刀，实施一种隐性的祈使言语行为。陈述句和感叹句之所以能使听者作出行为的反应，是因为它们隐含暗示因素，即依赖特定的语言环境而产生祈使的作用。

语言表达的间接性也可以从语言的字面意义和语言的话语意义之间的关系去解释，当这两种意义不一致时，语言的使用便是间接的。人们说话并不总是说什么就意味什么，话语的字面意义和说话的真正意图并不总是一致的，人们常常通过言外之意、弦外之音含蓄、婉转地表达自己的意思。这方面最明显的例子莫过于讽刺、比喻、夸张等修辞手法了。在语言的这些用法中，字面意义和话语意义常常大相径庭，有时甚至截然相反。

2. 间接言语行为的理论解释

对于如何判断一句话的间接言外行为，言语行为理论专家有两种不同的看法[①]：

一种是习语论(idiom theory)。习语论者认为间接地用于行使某些功能的话语可以被看做是用于行使这些功能的习惯用法或语言形式，这些话语只能被视为整体，而不能对它们的构成成分进行分析。例如"请人开门"这一功能，通常可以使用两种直接的请求形式：

I (hereby) request you to open the door.

Please open the door.

---

① 参见何兆熊主编《新编语用学概要》，上海外语教育出版社，2000。

但人们还常使用以下这些间接的请求形式：

Can you open the door?

Would you please open the door?

Would you mind opening the door?

习语论者认为这些形式的句子都可以被看做是用于请求别人做某事的习语，也就是说"Can you + V"、"Would you please + V"、"Would you mind + V-ing"在英语文化中都约定俗成地被看做是"I request you + V"的意义，就像习语"kick the bucket"具有 die 的意义一样。习语论者试图通过习惯用法在某些语言形式与它们间接地实施的功能之间建立起联系，以此来解释语言的间接用法。

另一种是推理论(inference theory)。这是一种与习语论相对立的解释。推理论者认为不应把间接使用的话语看做是习语，而应该假设听话人经过一系列的推理步骤才从句子的字面意义推导出说话人的真正意图。塞尔是个推理论者，他认为"在实施间接言语行为时，说话人依赖交际双方所共有的包括语言和非语言的背景知识，以及听话人的逻辑推理能力向听话人传达言外之意"。不同的人对推理论作出了不同的解释，但他们的理论具有某些共同点：

第一，间接地使用的话语具有独立的字面意义，这种意义是交际参与者都能理解的。塞尔从言语行为理论出发，认为交际双方都必须具有言语行为理论知识，这样他们才可能辨认一句话语的文字意义，即字面上实施了什么行为，也就是他说的次要言语行为。

第二，用于施行间接言语行为的话语必然具有促使听话人去进行推理的因素，也就是说这句话语的字面意义使听话人感到它在特定的语境中是不合适的，因而需要经过推理来对它进行必要的修补，以获得合适的意义。塞尔认为可以通过格赖斯的会话合作原则来确定话语的不合适性，从而确定进行推理的必要性。

第三，从字面意义和语境推导出有关的间接意义必须有一定的原则和推理规则可循。塞尔认为可以借助推导出会话含意的原则来达到这一目的。他以下面这个例子来说明如何具体进行对间接语言的解释和推理：

学生 X：Let's go to the movies tonight.

学生 Y：I have to study for an exam.

根据意义，特别是 Let's 这个句首形式的运用，可以确定 X 的话语是一个"建议"的言语行为，对建议的反应或是"接受"或是"拒绝"，但从字面上看 Y 的回答似乎两者都不是，不过我们可以本能地意识到 Y 的话是对 X 所提建议的拒绝。那么从一个字面上的声明到一个实际上的拒绝，这中间经过一个什么样的过程呢？塞尔假设了 X 所经历的 10 个推理步骤。这是我们依据常识都能顺利进行的：因为 X 也是学生，当然知道学校的考试安排，当他意识到第二天并没有考试时，就能明白 Y 在说假话，违反了合作原则中的"质"的准则。那么 Y 为什么要说显而易见的"谎话"呢？那是暗示自己不愿去看电影，于是 X 就能领悟 Y 对他的建议实施了"拒绝"的行为。

（二）间接言语行为的制约因素

1. 间接言语行为的制约因素

在任何社会的自然言语交际中，间接言语行为可以说是一个很普遍的现象。正如奥斯汀和格赖斯所说，除了"显性行使句"外，任何言语行为在某种程度上都是间接的。影响人们使用间接言语行为的因素很多，但任何社会支配间接言语行为的主要因素是基本相同的，它们大致可归纳如下：

(1) 权力关系。你对听话者拥有多大的权力？会话双方的权力差别越大，说话就可能越间接，比如你对上司说话比对你儿子说话更间接。

(2) 社会距离。你对听话者的熟悉程度如何？你与听话者的关系如何？你和听话者越熟悉，说话的方式就可能越直接；你与听话者关系越密切，说话的方式就可能越直接。

(3) 要求大小。你要求别人做的是小事还是大事？如你是问别人借辆自行车用一小时，还是借辆汽车用一个周末？你向别人提的要求越高，问话的方式就可能越间接。这里的要求并非一定与物质相关，也可能指信息。如在英国问时间可以用非常直接的方式，但要问别人的收入则常用非常间接的方式。

(4) 权利与义务。会话双方的相对权利与义务如何？如果你要求别人做的事是你的权利或者是别人的义务，那要比你求别人帮忙用的说话方式直接。例如你叫出租车送你去车站所用的说话方式要比叫邻居送你去车站直接。

2. 制约因素在言语交际中的可协调性

以上所列的影响语用选择的因素并非一成不变，不同文化间的差别则更大。这些因素在言语交际的过程中是可以协调的，也就是说随着会话的进行，这些因素是会发生变化的。下面是对"要求大小"进行协调的例子：

A：Mum. You know those browny glasses.

B：Mm.

A：The ones we got from the garage.

B：Mm.

A：Do you use them much?

B：Not really，no.

A：Can I have them then?

A 打算去学校。她设法劝她母亲 B 给她几个玻璃杯。在她提出要杯子之前的一系列话语降低了杯子的价值，最后在她向母亲提出要杯子时，母亲就很难拒绝了。又如下面是对社会距离进行协调的例子：

A：殷院长。

B：不用客气，我们都是朋友，你们年纪又比我大，别叫我殷院长了，就叫我小殷吧？

A：小殷……

上例中会话双方是初次见面。A 为了礼貌起见用了姓加头衔作为称呼，而 B 拒绝接受这样的称呼，而要求用"小＋姓"的方式来缩小说话双方的距离。有时为了达到某一特定的目的，说话者可能会改用称呼来改变听话者的社会角色以表示尊敬。以上例子说明影响间接言语行为的因素在日常交际中的把握尺度是有伸缩性的。

三　言语行为的文化差异分析

为了满足交际的需要，人们在交际中使用各种各样的言语行为，比如问候、告别、致谢、答谢、道歉、恭维、请求、同意、批准、拒绝、建议、劝告、警告、邀请、介绍、承诺、批评、祝贺、说服、命令、指示、推荐、威胁、禁止等，究竟有多少种类，还需要进一步界定。不同社会，乃至同一社会的不同群体或言语社团语用规范存在着差异，各社会或群体在实施诸多言语行为方面都有其独特的规则可循。即使是相似的交际情景、相同的社会功能，所实施的言语行为的语句也可能截然不同，所采用的策略也可能相去甚远。下面我们仅对一些最具程式化的言语行为进行分析。

（一）问候

问候语是交际双方见面时打招呼使用的程式化语言。各种文化有自身的一套问候语系统，主要功能是通过相互问候来联络感情，维系人际关系。比如英语、汉语中常用的问候语分别有：

Hi/Hello!

How do you do? How are you? How are you doing?

Good morning! Good afternoon! Good evening!

您/你好！

早！早上好！您早！

吃了吗？去哪里？干什么去？

在跨文化交际中往往由于问候方式、问话内容而出现一些交际失误。中国人在问候别人时常用上述话语。这些只是打招呼的形式，听的人也是用一种程式化的应答语表示回应，不需要当做问题来认真对待。从语用的角度讲，这些句子的功能就是“问候”，体现说话人对听话人的关心。然而当你用英语对译“吃了吗”、“去哪里”、“干什么去”，并用这些对译的英语去问候英语国家的人时，它们的语用功能就不再是“问候”了，而是你真的想从对方那里获取信息，或者可以被推导出一些他们习惯了的“会话含意”。如英语国家的人问“吃了吗(Have you eaten yet?)”，可用来表示建议或邀请对方 起吃饭的意思，而如果他们听到这样的话后没有看到进一步的行为，那么他们就会觉得很古怪，有时甚至会不高兴。若问“你去哪儿(Where are you going?)”或“干什么去(What are you going to do?)”，就会有打探别人隐私之嫌，好像对方要去一个不该去的地方，或者干不该干的事。如果我们不注意各个民族之间问候习惯的不同，就会出现一些类似的误解，导致交际障碍。

（二）告别

告别语是交际双方道别时使用的程式化语言。各种文化有自身的一套道别语系统，主要功能是通过相互致意来表示礼貌，维系人际关系。比如英语、汉语中常用的告别语分别有：

Good bye！It's nice meeting you.

See you！So long！See you later/tomorrow！

Good night！Have a nice day！

再见！明天见！

走好！慢走！

不送了！请留步！有空再来玩！

从上述英汉常用的告别语来看，各自文化都有不同的习俗和侧重点。如果把汉语告别语直译成英语并用于跨文化交际当中，比如"Go slowly"、"Walk slowly"、"Stay here"等，英语国家的人会觉得很不自然或十分别扭。汉语的告别语显然比英语的告别语更为复杂，这主要是社会文化的差异所致。比如东西方不同文化背景的客人在别人家做客，在丰盛的聚餐结束后，告别时所用的礼貌语方面存在着惊人区别，西方人会说：

Thank you so much for a wonderful evening.

而中国人会说：

实在抱歉，给您添了不少麻烦。

(I am sorry, I have given you so much trouble.)

西方人使用感谢语来道别，而东方人则使用道歉语来道别。仅此一例就可见东西方礼貌行为差异之大。

（三）致谢

当别人为自己提供帮助，或别人对自己表达善意时，当事人向对方致以感谢的话叫做致谢语。不同民族语言中的致谢语在运用上是不太相同的。英语国家的人可以说是不离"Thank you"，几乎任何场合、任何人际关系都可以使用。汉语交际中，表达谢意的词语也不少，常用的有“谢谢”、“多谢”、“非常感谢”等。但是汉语的“谢谢”不像英语那样处处使用，有时还须谨慎使用。有几种场合中国人常常不用致谢语：

交际双方的关系亲密一般不用互相致谢。比如父母与儿女、丈夫与妻子、兄弟与姊妹、亲密朋友之间等。因为在这些关系之间使用“谢谢”显得“见外”，在语用功能上一般表示双方的关系疏远。比如妻子为丈夫做一点举手之劳的事，如果中国丈夫说“谢谢”，妻子会觉得别扭，或者会觉得是在开玩笑；而在英语国家说声“Thank you”却非常自然，不会产生什么特别的语用效果。

当受到别人夸奖或赞扬时一般不表示感谢。听话人这样处理的原因是担心给别人一种不谦虚的印象。比如你夸一个女孩的裙子好看，这个女孩往往会回答：“不，不，只是一条普通的裙子。”如果用这种方式回答英语国家的人，虽然这个女孩表现了自己的谦逊，但会让对方感觉很窘迫，因为他觉得这个女孩在怀疑自己的鉴赏力。现在中国人知道英语国家的人回答别人对自己的表扬时常常说“Thank you”，也时常会仿效，但往往不太合乎语用规范。当别人赞扬自己时只是说一句“Thank you”，其实这不符合英语国家人的习惯，尤其是与美国人交往，这也不是很礼貌的，还应该要加一些谦虚的话。

职责、义务范围之内的事情一般不需要致谢。就是说，说话人对听话人职责义务范围之内的事表示感谢让人觉得有些不自然。例如在商店里买东西，售货员感谢顾客的光临是正常的，可接受的；可是在一般情况下，顾客很少感谢售货员为自己提供的服务，因为顾客觉得那是他们应该做的，属于他们分内的事情。但在英语国家说“Thank you”却很常见，也很自然。

（四）答谢

答谢语是回应别人的致谢（包括称赞、恭维等）的程式化语言。各种文化有自身的一套答谢语系统，主要功能是通过答谢来表示礼貌，维系人际关系。比如英语和汉语中常用的答谢语分别有：

Not at all.

Don't mention it.

You are welcome.

It's my pleasure.

不用谢！/别客气！/没什么！/别这么说！

过奖了！/这是我应该做的！

其实英美人在使用这些答谢语时也有差异，美国人常常使用"You are welcome"，而英国人常常使用其余几种。

在汉语的答谢语中，当说话人受到别人称赞时，往往表达"谦虚"的语用意义，这是符合礼貌原则中的谦虚准则的。但是，正因为汉语中的这个"谦虚"往往与英语国家人恪守的合作原则中的"质"的准则产生冲突，导致了跨文化交际中答谢行为上的语用失误，使说话人原有的语力消失，造成误解。比如一位出国访问的中国学者在结束他的演说时谦虚地说：

I'm sorry that I've wasted your precious time.

（对不起，我浪费了大家的宝贵时间了。）

报告结束时为了表示谦虚，都要用一些谦辞以表示"谦虚"的语用功能，这是汉语环境下的客套话，很自然、很正常。但是英语国家人却不能接受这样的客套。从合作原则中"质"的准则方面考虑，他们会把这些客套话理解成：是不是说话人觉得听众对讲话一窍不通，所以浪费了听众的时间？说话人既然知道他们的时间宝贵，那为什么还要故意浪费？或者，既然说话人知道是在浪费听众的宝贵时间，那为什么还要进行这个演讲？在这种场合，英语国家的人常会直接表达对听众的谢意，说声"Thank you"或类似的话语，如：

I hope you'll like my talk.

（希望大家喜欢我的演讲。）

有这样一个笑话，一个西方人被邀参加一对中国人的婚礼时，他很有礼貌地赞扬新娘长得很漂亮，一旁的新郎代新娘谦虚道："哪里，哪里。"不料这位西方朋友的汉语水平不高，没听明白这是一种"谦虚"的程式化说法，却听明白了字面意思。于是他用生硬的中国话说道："头发、眉毛、眼睛、耳朵、鼻子、嘴巴都漂亮！"结果引起哄堂大笑。然而文化误解并非都像这样带来几分喜气，事实正相反，在很多场合下，中国式的"谦虚"会给外国人带来"面子"威胁。清朝时李鸿章出访美国，曾在美国餐馆设宴，席上对客人说了这样一番话："今天蒙各位光临，非常荣幸，我们备有粗馔，没有什么可口东西，聊表寸心，不成敬意，请大家包涵。”第二天报纸上刊登了这一讲话的译文，餐馆老板大为光火，说李鸿章污蔑了餐馆的名声。

另外，汉语中有些说法往往让英语国家的人很难堪。比如，中国人在答谢时经常会说：

这是我应该做的。

这是我的职责。

将其直译成英语就是：

That's what I should do.

That's my duty.

从语用学的角度分析，这两句英译话语的语用意义就变成了“这不是我情愿做的，只是责任而已”。英语国家人听到这样的话语会感到十分尴尬。这与汉语要表达的语用意义简直是大相径庭。前面提到，在汉语中，职责范围内的事情不需要答谢，所以说话人说这句话是想表达“这是我的职责范围，不必客气”，是表示对致谢人的客气。

（五）道歉

道歉语是说话人对对方表示歉意的话语。不同的文化对“道歉”这种言语行为的社会规范是不同的，具体表现为：

实施道歉的时机不同。有时由于文化背景不同，会造成双方对某些语境采取的道歉策略不同。比如在中国文化中，打喷嚏和咳嗽被认为是再正常不过的事，因此很少有人为此道歉，而英美人则常常为此说“Excuse me”。再如按照中国人的思维方式，当别人帮了自己一些小忙或送了自己礼物时，都应该致谢，但日本人却常常在这种场合说“すみません（对不起）”，原因是日本人主张站在别人的立场上思考问题，当考虑到对方为自己付出的辛苦，便感到歉疚，因此“すみません”其实是考虑到对方心情的感谢之辞。

对道歉的理解不同。不同文化对道歉言语行为的使用存在着差异，往往会给跨文化交际带来不可避免的障碍，甚至产生误会或纠纷。以2000年的“中美撞机事件”为例，当时美国国务卿的表态如下：

The United States regret that the Chinese plane did not get down safely and we regret the loss of the life of the Chinese pilot. We have already expressed our regret, we have already expressed our sorrow. We are sorry that a life is lost.

（对于中国飞机没有安全着陆以及飞行员的丧生，美国感到十分遗憾。我们已经表达了遗憾和哀思。我们对一个生命的逝去感到难过。）

美国驻华大使也做了同样的表态，同时美方还向中方正式发了致歉信。在上述美国国务卿的表态中，多次使用了"regret（遗憾）"和"sorry（抱歉）"。显然，美方的表态都属于道歉，因此中方认为美方已经承认了事故的责任，也应该赔偿中方的有关损失。但美国政府认为"regret"和"sorry"只是单纯美国式的表示"遗憾"，只有"apology"才是真正的道歉并承担事故责任。可见对这一事故，美国政府和中国政府的观点很不一样，其中就涉及对道歉的理解不同。

形式化的道歉用语。英美等国家的人与陌生人搭话、请人帮忙或中途离席时，经常张口就说"Sorry"、"Excuse me"，其实这些道歉语言早已变得很程式化，他们在说这些话时，很可能心中并未有多少歉疚之意。频繁使用道歉用语的日本人，由于从小受到礼貌语言训练，很多时候他们说"すみません"，仅仅是在遵从某种场合下约定俗成的礼貌说法。过去中国人不太说这种形式化的道歉语，但现在越来越多的人也常常使用"对不起"等形式化的道歉语。英美人当听到别人发生了不好的事情时常常说"I'm sorry"，所以当他们说汉语时常常发生语用错误，如：

美国学生：你昨天怎么没来上课？

中国学生：我昨天生病了。

美国学生：对不起！

显然，这里用"对不起"是不符合中国人的习惯的。

（六）恭维

恭维是人们日常交际中经常需要使用的一种礼貌性的言语行为，恭维及其应答构成了人们言语交际能力的一个方面。这一言语行为并不像看上去那么简单，它涉及社会文化的许多方面。目前对恭维的研究主要集中在英语中的恭维语及其应答的语言形式、分布与频率、功能及性别差异等方面，对其他语言的研究还比较少。恭维是说话人对听话人所具有的某种双方认可的优势或长处进行积极评价的言语行为。其目的大都是为了表示欣赏对方，取悦被恭维者，因为它可以使被恭维者获得一种良好的自我感觉。然而不同文化群体的人对恭维功能的认识可能不同，而且同一句恭维用于不同的语境中，其表达的意义和发挥的作用也有可能不同。因此要确定一句恭维语的功能，必须依据文化语境和现实交际中双方的关系来具体分析。对比一下英语和汉语中恭维这种言语行为的使用规范，我们能够看出不同文化之间的一些语用差异。

比如英语中恭维语的一个主要功能在于协调交往中双方关系的“一致性”（即平等关系），即恭维者把它作为一种融洽社会关系、增进彼此感情的手段。人们交往时之所以需要一个协调过程，是因为人们的社会地位或角色关系不固定。尤其是在既非陌生人也非朋友之间的交往中，关系常常要通过协调达到一致。而在中国文化环境中，恭维语的一个主要功能往往是通过恭维对方达到某种功利性目的。据调查显示，在中国恭维语似乎不是一个有力的协调“一致性”的行为，只有占5%的人认为恭维语是用于完成此目的；而“利用他人”是恭维语的一个主要的功能，占第三位。这是中国文化中的恭维语不同于美国文化中的恭维语的一个重要方面。[①]

恭维是对他人具有的某种优势的积极评价，因此所涉及的可以是各种不同的特点。但已有研究表明，绝大多数的恭维都围绕在外貌、行为、能力、成就、财物等几个方面。其中外貌和成就是美国文化环境中恭维最常涉及的话题，特别是恭维他人的外貌，是非常普遍的现象。尤其是对于女性，换了衣服、做了发型等，只要有了点变化，似乎都必须受到及时恭维。不管是什么样的年龄、社会地位、职业背景，女性的外貌永远是被恭维的对象。因此在西方文化中，男性称赞女性的容貌、身段、穿戴、打扮等是很平常的。但是这在中国传统文化中基本上是个禁忌。现在情况虽有了一些改变，类似对女性外貌方面的恭维逐渐多了起来，但依然要受具体情景中各种因素的限制。恭维不一定是

① 参见贾玉新《跨文化交际学》，上海外语教育出版社，1997。

人们所期望的社会行为，往往只能以略带开玩笑的形式实施，实际上恭维之力已被减弱。因此，如果学了汉语的美国男性用“你是个挺性感的姑娘”这种话来恭维他见到的中国女孩，中国女孩一般还不会轻易接受。围绕能力或成就所进行的恭维行为，在美国社会中通常是地位较高的人恭维社会地位较低的人，目的是维持上下级之间的融洽关系。相比之下，在中国文化环境中，情况很可能和美国正好相反，常常是下级对上级的能力和成就进行恭维，其目的主要是取得上级的好感。这种现象的存在与中国文化的“群体”和“关系”的价值取向是分不开的。此外，汉语中的恭维语还有两个值得注意的特点：

第一，在表达方式上有一个在美国文化中极为罕见的现象，那就是在夸奖别人的同时，往往会有意无意地贬低一下自己。比如说：

你这个主意不错，我就没想到。

你真行，我要是有你一半能干就好了。

不少学者指出中国文化的礼貌有“贬己尊人”这样一条准则，并认为这是最富有中国文化特色的一种现象。其实这和中国传统社会的基本结构与人际交往中角色关系的不对称有关。因此恭维语在美国文化中所起的协调“一致性”关系的功能在中国社会就显得不是很突出，这可能也是中国文化中恭维语远没有在美国文化中使用那么频繁的原因之一。

第二，在中国文化中，大量的恭维语是隐性的，需要结合语境领会。在美国文化中，恭维语往往是高度程式化的语言，其突出特点就是句式较为固定，因而极易被识别出来。而在中国文化中存在大量的隐性恭维语，说话人的赞美并不显见于言辞本身，被恭维的人只有结合具体语境与相关背景知识才能领会其称赞之意。比如跳舞时，一位男士对一位刚认识的年轻女教师说：“你不是学师范的，而是学舞蹈的吧？”表面看来这句话没有恭维的显性特征，但实际上达到了恭维的语用效应。因为说这句话的“预设”表明这位男士知道对方是师范出身，再这样说无非是恭维对方舞跳得好。又如一位年轻棋手对一位上了年纪的棋手说：“今天我才体会到姜还是老的辣。”表面看来这是一个客观的陈述，但在特定语境中年轻棋手显然是在恭维对方棋艺高明。

思考题

1. 人类言语交际的普遍原则为什么会受到批评?

2. 什么是社会语言相对论? 它与文化相对论有什么联系?

3. 为什么说言语是权势或平等的标志? 请阐述理由。

4. 什么是语用迁移? 它导致的后果是什么?

5. 请以实际案例分析语用迁移导致交际失败的原因。

6. 什么是言语交际中的合作原则? 它包括哪些准则?

7. 请以实例分别阐述合作原则中各项准则的文化差异。

8. 什么是言语交际中的礼貌原则? 它包括哪些准则?

9. 请根据你学到的知识和亲身经历,谈谈中国社会中"礼"的概念。

10. 请以实例分别阐述礼貌原则中各项准则的文化差异。

11. 请概述奥斯汀的言语行为三分说的主要观点。

12. 请概述塞尔对言外行为分类的主要观点。

13. 什么是间接言语行为? 请联系日常会话的实际加以说明。

14. 言语行为理论对间接言语行为有哪两种解释,你主张哪一种解释?

15. 请举一个间接言语行为的实例,并运用推理论加以分析。

16. 间接言语行为的制约因素有哪些? 对这些因素如何进行调节?

17. 中国人一般在哪几种语境下不实施致谢的言语行为? 为什么?

18. 中国人在实施答谢的言语行为时最大的特点是什么? 对跨文化交际有什么影响? 请举例说明。

19. 不同文化中对道歉言语行为的实施有什么区别? 请举例说明。

20. 什么是恭维的言语行为? 中西方在恭维的语用功能方面有什么区别? 请举例说明。

第六章　跨文化语篇对比分析

第一节　跨文化语篇差异的相关研究

自从现代语言学奠基以来，语言学研究的主要对象是句子，主要研究句子内部的句法、语义特征和规则，以及句子在语用中的功能。因为句子被认为是最大的语言单位，它内部可以分解成各种构成成分，但它不是任何更大语法形式的构成成分。对于超越句子层次的语篇的系统研究，是从 20 世纪 60 年代以来才逐渐发展起来的。对语篇研究的重视，说明语言学研究的视野正在拓展。因此，对语篇及其构成模式进行跨文化的对比研究，不只是语篇研究大有可为的一块新天地，更是以研究使用中的语言为主要对象的语言学家的任务。

按照当前语言学界通行的看法，语篇是句子之上更大的语言单位，是语言行为的成品，是使用中的语言。对语篇研究来说，虽然可以使其与所产生的具体语境和社会文化背景脱离开来单独进行分析，但语篇归根结底是特定语境和社会文化中语言运用的产物，所以对语篇组织构造的分析不能脱离语篇产生的社会文化语境。语篇的形成有一定的规律，语篇的样式有一定的特征，这些规律和特征与文化的许多方面有着十分密切但又不那么明显的联系，具有隐性的特点。在不同的文化中，人们创作、使用的语篇会有所不同，因为不同语篇建构的是不同民族的社会经验和文化现实。

一 语篇及其相关概念

(一) 语篇及语篇特征

"语篇"在英语中可以是 discourse,也可以是 text 。除了"语篇"这个术语外,在汉语中我们也常用"篇章"这个概念。我们这里说的"语篇"主要指言语行为的成品。它可以是书面的,如写成的文章;也可以是口头的,如说出的一段话,像一个交际行为的磁带录音就是这个交际行为的口头语篇。

决定语篇修辞结构的构成状况的主要因素,涉及衔接手段和语段发展模式。一段文字是否能被称为一个语篇,主要看它是否构成了一个有意义的连贯整体。语言学家韩礼德和哈桑(Halliday & Hasan)认为检验一段文字是否具有整体性有两条标准,其中一条就是看是否具有语篇特征。语篇特征主要包括两个方面:结构性语篇特征和非结构性语篇特征。结构性语篇特征指句子本身的结构(如主位结构);非结构性语篇特征指在不同句子中的不同成分之间的衔接关系。从语段发展模式分析,则可以看出文章作者是如何将一组概念和命题缀合成篇章段落的。①

1. 结构性语篇特征

语篇的结构性衔接,即"主位推进程序"(patterns of thematic progression)。"主位"(theme)和"述位"(rheme)的概念最早是布拉格学派的语言学家提出来的,其目的在于研究句子中不同部分在语言交际中的具体作用有什么不同。主位是指位于句首的成分,它的作用是充当句子其余部分叙述内容的起点(point of departure),而句子其余部分则称为述位。从所传达的信息性质来看,主位通常表示已知信息(given information),而述位通常表达新信息(new information)。在孤立的句子当中,主位和述位是确定不变的;但是,在由若干句子组成的语篇中,各个句子之间,主位和主位、述位和述位、主位和述位就会出现某种联系与变化,我们称之为推进(progression)。占据句首位置的主位,承担的信息负荷较小,是语篇组织的重要构造手段。因此,各句主

① 参见许力生《语言研究的跨文化视野》,上海外语教育出版社,2006。

位之间的联系与变化所形成的主位推进程序就能在一定程度上体现出语篇结构的基本框架。

不少学者对主位推进程序(即在语篇段落中相连句子的主述位结构的组合方式)都有过很好的总结。比如有学者将主位推进程序归纳为六种类型:一是平行型,即以首句的主位为出发点,以后各句均以此句的主位为主位,分别引出不同的述位;二是延续型,即首句的述位或述位的一部分作为次句的主位,这个主位又有其新的述位,该述位又成为下一句的主位,依次延续;三是集中型,即在首句主位与述位之后,以下各句分别有各自新的主位,但其述位都与首句述位或述位的一部分基本相同;四是交叉型,首句的主位成为次句的述位,次句的主位成为第三句的述位,第三句的主位又成为第四句的述位,依次交叉发展;五是并列型,即第一、三、五等奇数句的主位相同,第二、四、六等偶数句的主位相同;六是派生型,即首句之后各句的主位均从首句述位的某部分派生出来。[①]

2. 非结构性语篇特征

语篇的非结构性衔接,即语义衔接。按照韩礼德和哈桑的观点,语篇中的非结构性衔接特征,即具有语义衔接作用的语法与词汇手段,共分为照应、替代、省略、连接以及词汇性衔接五类。

(1)照应(reference)。照应就是用代词等语法手段来表示语义衔接关系,即语篇中的一个成分作为另一个成分的参照点。照应分为人称照应(personal reference)、指示照应(demonstrative reference)和比较照应(comparative reference)。

(2)替代(substitution)。替代就是用某种同功能的形式去替代语篇中的某个语言成分,其目的既是为了避免不必要的重复,同时又有效地衔接语篇。替代分为名词性的(nominal)、动词性的(verbal)和小句性的(clausal)三种。

(3)省略(ellipsis)。省略就是把语篇中某个或某些成分省去,实际上是一种特殊的替代现象,即零替代(substitution by zero)。因此,和替代一样,省略

① 参见黄国文《语篇分析概要》,湖南教育出版社,1988。

也分为名词性的、动词性的和小句性的三种。

(4)连接(conjunction)。连接就是运用各种连接词语来标明语篇中前后成分之间的某种逻辑关系。比较常见的连接类型主要有递进(additive)、因果(causal)和时间(temporal)等。

(5)词汇性衔接(lexical cohesion)。词汇衔接是以词汇手段来使语篇在语义上达到连贯,主要分为复现(reiteration)和搭配(collocation)两类。复现不仅包括重复,还包括使用同义词、近义词、上下义词、概括词等;搭配是指词项的习惯性共现,不仅包括句子内部的组合关系,也包括跨句子的语篇中的词项共现。①

(二) 话题与语篇结构

在语言研究中,"话题"是语用学的重要概念,与"焦点"的组合体现句子的信息结构。研究话语的学者们也常常通过对日常谈话的分析来了解话题在话语发展中的作用,因为日常谈话是最基本的言语活动,也是一个言语行为的口头语篇。

1. 会话构成阶段

温特勒(Ventola)认为会话通常可以由七个阶段组成,并认为会话过程中存在着性质完全不同的两种功能,一种是相互接触功能,一种是信息传递功能。七个阶段概括如下②:

(1)问候阶段(greeting phase)。通常是交谈开始的寒暄阶段。

(2)选用安全话题阶段(safe topic)。建立一个使对方感到心情舒畅的氛围,或者是关于交往本人的直接接触(direct approach),或者是关于诸如天气之类的情景因素的间接接触(indirect approach)。这一阶段的功能在于把谈话导入真正的话题。

(3)称谓阶段(addressing)。按照社会角色关系和角色规范正式称呼对方,是把谈话导入真正的话题之前的必要过程。

(4)自我介绍阶段(identification of oneself)。这是确认社会人际距离的

①② 参见许力生《语言研究的跨文化视野》,上海外语教育出版社,2006。

过程，也是把谈话导入真正的话题之前的必要过程。

(5)中心阶段(centering)。这是真正的话题阶段，其话语的内容显然具有认知和信息传递的功能，也是双方交谈的目的所在。

(6)告别前阶段(pre-closing stage)。为结束交谈所作的准备。

(7)告别阶段(good-bye)。正式结束交谈的标志。

以上提及的七个变量中的多数，在实际操作中是可以选择的。值得注意的是，以上提出的这些会话推进过程的相关规则都受到文化背景的制约，在社会环境层面，这些规则又受社会关系、社会地位、年龄、性别、职业、教育等背景因素的制约。它们还可能因民族、群体、地区，乃至个人而异，这一点对跨文化交际来讲尤其重要。尤其在真正的话题阶段，有些文化的话题所涉及的内容，很可能是另一文化所极力回避的。如中国文化在话题阶段所涉及的内容，诸如年龄、家庭和婚姻状况等，尽管能表示彼此之间的关心，但如果不自觉地迁移到美国文化的会话中去，会构成对美国人隐私的威胁。

2. 话题发展类型

话题在会话中所起的组织作用是显而易见的，因此话题发展类型的探索，对话语语篇结构的研究是非常重要的。根据科尔塔(Coulthard)等学者的研究，话题发展有如下六种类型①：

(1)话题介绍(topic introduction)。这是问候、选用安全话题、自我介绍等开始阶段之后，谈话的第一个话题。

(2)话题继续(topic continuation)。这是在偶对式交谈之间起衔接作用的话题，比如在讲故事过程中，听者常常加以评论或作出反应，就是很典型的话题继续。

(3)话题上指(topic shift)。当某一话题接续不下去时，说话人可以从前面同一序列(the same sequence)谈话的脉络中寻找已经谈过的话题，使谈话延续下去；或者可以扩展原有的话题，使谈话继续下去；或者采用话题渐渐消失(topic fading)的策略，在原有话题与转换话题之间起一种承上启下的作用。

---

① 参见贾玉新《跨文化交际学》，上海外语教育出版社，1997。

(4)话题再生(topic recycling)。当谈话不能继续下去,又不打算进行话题上指,说话人可以从更早一些时的谈话序列的脉络中去寻找话题,以使谈话继续下去。

(5)话题再现(topic reintroduction)。话题再现与话题再生相类似,但这一类型的话题是指目前被暂时打断而又重新提起的话题,这种话题的中断,常常是当情景发生了某些变化时听话人所作出的即席反应或评论。

(6)话题转换(topic change)。话题转换是指谈话中开始一个新的话题,一个与前一段谈话毫无任何关系的话题。

二　语篇的文化差异研究

(一) 语篇差异的二元论[①]

1. 卡普兰的观点

语篇不是句子杂乱无章的堆砌,在组织结构上都是很有讲究的。在这方面不同文化之间显然存在差异。对语篇差异的研究,一般认为起始于美国学者卡普兰(Kaplan)所开创的"对比修辞学"(contrastive rhetoric)。卡普兰不满当时语言学研究的现状,反对深受布龙菲尔德(Bloomfield)理论影响的语言学以句子为基本单位、以句法描写为归宿的主流研究倾向。他也不满当时修辞学研究的现状,反对亚里士多德传统的修辞学以词为基本单位进行的研究。他认为这种静态分析有很大局限性,因此提出以语篇为分析单位,这在当时是颇具超前性的。

卡普兰在20世纪60年代曾收集了大约600份外国学生用英语写的作文,对其文章的组织结构进行了分析和比较,分出了五种不同的语篇发展类型,并分别与具有不同母语文化背景的五组学生相关联。以此为根据,他提出了著名的不同语言文化思维图式的假设。卡普兰认为,英语语篇的组织结构具有直线发展的特点,英语段落通常由主题句直截了当地点明段落的中心思想,以后各句进而将其充分展开、说明,最后收尾。闪族语语篇的发展呈平行

① 参见许力生《语言研究的跨文化视野》,上海外语教育出版社,2006。

型,篇章组织主要采用一系列复杂的平行发展结构。东方语言(以汉语为代表)的语篇行文方式则往往是螺旋型,对其主题不是直接陈述和论证,而是"拐弯抹角"地从不同方面迂回地进行阐述。而罗曼语系的语言(如法语、西班牙语等)与俄语则有些相似,其语篇模式多呈"曲折"型,在篇章发展过程中常常会包括一些偏离主题的内容。他指出,作为修辞基础的逻辑产生于特定的文化,而并非普遍一致的。因此修辞随语言、文化的不同而不同,具有语言与文化的独特性。修辞模式和思维模式之间存在着对应的相互依存关系,通过对不同语言修辞模式的对比研究,可以看出不同的文化思维模式。对比修辞不仅是跨语言的,更是跨文化的对比。

卡普兰的研究有两点值得注意:第一,他所指的"修辞",不是传统意义上的修辞,而是广义的修辞,或者更准确地说是语篇的结构技巧。第二,他提出的不同语言文化思维图式的假设,虽然包括五种类型,但其中显著的、具有对比意义的是东西方由于思维模式的差异导致的语篇结构差异,那就是汉语语篇的"螺旋型"模式和英语语篇的"直线型"模式。因此卡普兰的研究结论实际上是一种"二元论"观点。

2. 斯考仑的观点

斯考仑(Scollon)认为,汉英语篇之间之所以有这样一些差异存在,是因为两种语言分别倾向于采用"归纳式"和"演绎式"的话语模式。归纳就是先提出次要论据,然后再从中推出主要论点。归纳的结构可示意如下:"因为A,因为B,因为C,所以D。"说话者在得出某个特定结论之前要充分说明多方面的原因,并通过详述论据来试探听话者对话题的潜在接受程度,直到认为合适的时候方才引入话题。与此相反,演绎是先提出主要论点,然后接下去提供次要论点或支持论证,说话之初就引入话题,是为了使后面的一系列支撑性论据显现出清晰的关联性。因此,归纳模式又称话题延迟模式,演绎模式则称为话题先行模式。这两种模式在不同语言文化中虽然都能见到,但其分布的不同在很大程度上反映出不同语言文化之间的差异。

显而易见,斯考仑的视点是着眼于语篇结构的逻辑对策,并且更直接地分析汉语和英语这两种主要语种的语篇差异。从上述观点可以看出:汉语语篇结构属于“归纳式”，类似于卡普兰所说的“螺旋型”模式；而英语语篇结构属于“演绎式”，类似于卡普兰所说的“直线型”模式。因此斯考仑等学者的研究也是着眼于汉英语篇差异分析的“二元论”观点。

3. 海因兹的观点

海因兹（Hinds）提出了“读者责任型语言”和“作者责任型语言”的区别，以此来解释汉语和英语的语篇差异。他认为，讨论语篇的构建，必须考虑读者与作者的相关责任问题（relative reader/writer responsibility），也就是读者与作者在语篇交际过程中对意义的传达和理解各负多少责任的问题。读者责任型的语言要求读者对文章作品的理解负主要责任，要求读者自己去弄清句子以及命题之间的各种语法和逻辑联系；而作者责任型语言则假设读者对文章的内容甚至各个命题都缺乏了解，作者要对读者的理解尽最大可能的责任。由此他认为英语基本上属于作者责任型语言，作者要对读者的理解负责。古代汉语是典型的读者责任型语言，作者写作时连标点符号都完全不用，全靠读者自己去“句逗”并理解。他还认为近代以来在西方语言的影响下，现代汉语不断向作者责任型语言靠拢，正处于从读者责任型朝着作者责任型方向变化的过渡阶段，但主流还是读者责任型语言。

海因兹的观点很独特，也很新颖。是否存在“读者责任型语言”和“作者责任型语言”的区别，可以商榷。但在语篇组织安排上，作者（说者）的动机及表述对策的区别是客观存在的，而且可能与历史传统、文化背景有关。他的研究同样直接分析了汉英这两种主要语种的语篇差异，属于“二元论”的观点。

上述这些学者的观点从不同角度概括和解释了汉语与英语之间存在的差异，当然都有一定的根据，也有一定的道理。但是，我们不能不看到，二元对立的划分难免有过度概括之嫌，有可能把本来很复杂的现象简单化了。

（二）语篇差异的文化论

不少学者认为，语篇构建究竟采用什么方式和类型，未必与某种特定的语言有关，而主要与某种特定的社会文化环境有关。如果说海因兹所认为的作者责任型语言和读者责任型语言的区分有一定的道理，那么其原因也不在语言本身的差别，而是与赫尔（Hall）所说的强语境交际文化与弱语境交际文化的差异有关。在强语境交际文化中,意义的传达更多地依靠语境和读者的"意会",作者不需要把什么都说出来,把什么都说清楚。而在弱语境交际文化中,意义主要由语码来负载,作者自然要承担较多的责任,把该说的意思说明白,开门见山,一以贯之。有学者认为现代汉语正在从读者责任型向作者责任型转型,如果这种假设是客观存在的事实,那也只能意味着由于改革开放,多元文化的渗透,当代中国社会正在从强语境交际文化向弱语境交际文化转型,而不是汉语本身发生了什么质变。

1. 文化差异的制约

卡普兰曾将汉语语篇的"螺旋型"模式归结为传统"八股文"的影响,认为八股文至今还影响着中国人的写作,以"起、承、转、合"方式来组织篇章段落依然十分普遍,他这样看问题实质上是将语篇结构方式归结为文体特征的影响。斯考仑也认为汉语表述方式是间接的、迂回的,但他并不将其仅仅归结为八股文的影响,而认为这与中国文化中的传统价值观有关。相对而言,西方传统文化强调个体,交际双方通常被认为是相对平等的。因此西方人的写作、表述突出个人的声音、个人的经验与个人的见解,直截了当,较少掩饰。中国传统文化强调群体,个体被看做群体中的一员,由社会所规定的双方地位、双方关系以及是否归属同一群体,对人们的行为有很大影响。因此中国人的写作、表述倾向于将个人观点隐蔽在群体观点之中,往往引经据典,喜欢使用成语、名言,过多地依赖历史、传统和权威来阐述自己的意见和观点,以获得他人的认同。基姆(Kim)的看法与上述观点有相同之处,他区分"独立自我"(independent self)和"互赖自我"(interdependent self)两种自我观,并以此作为个体取向文化和群体取向文化的代表。他认为不同的自我观与人们的话语策略选择有较密切的关系,一般说来,自我独立的倾向与表达的直接性成正比,而依赖和追求他人认可的倾向则与表达的间接性成正比。

费尔克拉夫(Fairclough)曾经指出,社会结构的权力关系会影响语篇结构。也就是说,语篇的构建模式在相当程度上受制于社会的构建模式,同时又会反过来影响或强化社会的构建模式。相对而言,间接、迂回的表述方式是社会等级制度和社会等级观念的结果和反映,而直截了当的表达方式则是在相对平等、允许争论、展示自我的语境中发展起来的。[①]

因此,有的学者指出,西方文化通常把与真实自我的接近程度、态度与观点始终保持一致的程度作为判断语篇优劣的标准,认为写作过程就是作者表达自我的过程。而在中国文化中,由于社会的等级差异和复杂关系,自我表达往往采取间接和暗示的方式,但由此也给读者留下了较大的参与空间,使其在一定程度上也能充当作者的角色,能产生更加令人信服的效果。

2. 语篇差异的评价

语篇结构的差异,在深层次上反映出传统文化因素的内在制约,这是毋庸置疑的,也是客观存在的事实。值得指出的是,不同民族语篇结构的差异实际上是不同风格的体现,没有高下、优劣之分。事实上从表述风格来看,中国人常常是先摆事实、讲理由,然后再得出结论,遵循的是"论点从何处来"的方式;而英美人一般是先表明自己的立场观点,然后再加以论证,遵循的是"论点往何处去"的方式。因此,就表达结果来看,是殊途同归。

但由于传统文化的影响,东西方的表达习惯、接受方式存在差异,往往不能真正理解对方的思辨方式,在跨文化交际中产生一些误解也是很正常的。比如英美人时常认为中国人讲话不着边际,喜欢绕弯子;而中国人则觉得像英美人那样一上来就表明自己观点立场的做法显得太突兀,不够礼貌。其实,对于语言表达习惯和语篇结构风格,从不同的视点看待,"局内人"和"局外人"的阐释可能会有很大的不同。比如卡普兰的母语是英语,他仅以外国学生用英文写成的习作为研究资料,得出的结论只是局外人的看法,难免偏颇与误断。同样,在对外汉语教学中,一个英美人用汉语表达,我们也会觉得对方说的话是汉语,但味道却不像汉语,由此也会得出并不客观的结论。如果将视点移到各自的母语成品,再来分析各自的语篇结构方式,也许得出的结论就比较真实、比较客观。

对此国内不少学者都提出过比较公允的见解。比如徐盛桓提出,应以一种开放的眼光来观照不同语言语篇结构的异同,应从跨语言、跨文化角度出发

① 参见许力生《语言研究的跨文化视野》,上海外语教育出版社,2006。

来研究问题，发现问题。因为现代语言学语篇研究的理论框架基本上是沿袭西方的概念范畴，未能建立在对世界多种语言研究的基础之上，现有的语篇研究往往存在着汉语“缺席”的问题。因此，他提倡语篇对比要有跨文化的互为参照。[①]李战子曾用批评性的分析方法对卡普兰 1966 年的那篇开山之作进行了剖析，从中发现了卡普兰在讨论语篇差异时所带有的偏见，以及偏见中蕴涵的价值取向。他指出，卡普兰文中不少地方都流露出英语修辞模式优于其他语言修辞模式的偏见，这种偏见在语篇对比领域中有较深的影响。[②]

（三）语篇差异的类型论

1. 语言文化的多元变异

许多研究已经充分说明了一个事实，我们不能简单地将某种语言和以那种语言构成的语篇认定为“直线型”或“螺旋型”，“归纳式”或“演绎式”，实际情况往往要复杂得多。不少研究资料表明，同类语篇也有可能出现不同模式共存共现的情况；而在每种语言中又都有着许多由特定语境、特定语类及特定文体需要而形成的差异。仅仅进行语言之间的语篇对比，我们很难发现在更大范围内所隐藏的问题，而且这样的简单对比的结果常常会导致误解或偏见。

从本质上看，语篇结构模式实际上是人们在特定文化的具体语境中使用语言完成其交际任务的习惯性方式和程序。虽然同一语篇模式在不同语言中的实现可能会有一些差异，但语篇的构建方式与所使用的语言类型没有必然的联系。决定语篇构建方式的深层动因是文化，是基本的、传统的价值取向，包括如何看待外部客观世界以及人与世界的关系、如何看待人与人之间、个人与社会之间的关系等等。这些决定文化基本特质的东西在很大程度上决定着人们会构建出什么样的语篇来。

但是值得指出的是，以“东方”、“西方”或不同民族为基本单位所划分的文化群体过于庞大，每种文化的内部都会存在许多亚文化的差异，难以作为整体概括的依据，需要进行更加具体、细致的分析。斯考仑在提出归纳式和演绎式

① 参见徐盛桓《关于英汉语篇比较研究》，《外语教学与研究》2001 年第 4 期。

② 参见李战子《话语的人际意义研究》，上海外语教育出版社，2002。

的话语模式时就指出:这两种话语模式没有天生固定的西方或亚洲模式之说,因为两种模式在所有的社会都在使用。因此,他认为更准确的做法是将它们视为不同的修辞策略,一种比另一种更为适用于某些情境场合。比如一个人提出他认为是理所当然的观点,或者至少是认为自己有充分理由坚持或发展的观点,他觉得不需要说服别人接受,而只需要进一步阐发以让人理解,在这种情景下较为合适的选择就是演绎修辞策略。相反,如果说话者还不太清楚自己是否有权阐发某一特定话题,或是不敢肯定听者是否会接受自己的论点,那可能就会选择使用归纳修辞策略。①

越来越多的研究表明,语言对比到了语篇层面,原有的以民族语言作为其对比基础的做法已经很难成立,如果还要进一步将语言与特定的文化一一对应起来,就更成问题了。实际上,一些用不同语言写成的语篇之间的相似之处有可能明显大于用同一语言写成的语篇之间的相似之处,某些同一语言语篇之间的差异也不一定就会小于与另外一种语言语篇之间的差异。也就是说,有些汉语语篇会与某些英语语篇有更多的相似性,而同样是汉语语篇或英语语篇,内部之间的差异却可能超出了不同语言语篇之间的差异。无论使用哪种语言,直接或间接的表述方式,归纳或演绎的语篇模式,甚至采取八股文“起承转合”的套路,应该说都是可能的。

进一步分析,随着生产方式的急剧变化和人口流动的加速,在当今世界的民族国家中,多元文化变异现象已成为普遍现实,民族文化早已不是同质的了,民族语言的界限也越来越多地被逾越。那种认为语言与文化之间存在一一对应关系的观点现在看来是过于简单化了。说同一种语言的人之间可能会有深刻的文化差异,而说不同语言的人之间有可能共享同一种文化。同时,今天的语言,尤其是那些使用范围广泛、使用者人数众多的语言也在不同国家、不同地区、不同群体中发生种种变异,形成众多的各不相同的话语系统,而这正是社会文化的多元化所致。文化上的不同导致语言使用上的不同,由此而产生了不同的话语系统,即语言使用上的变异。这种情况的存在对跨文化语

① 参见许力生《语言研究的跨文化视野》,上海外语教育出版社,2006。

篇对比分析提出了新的挑战。语篇层面的对比应当以不同的话语系统而不是语言系统为对象。因为,如果还说存在一种一一对应的关系,那么也只能存在于话语系统与文化之间,而不是在语言系统与文化之间。不正视这种情况的存在,依然以过去不同语言与文化相互隔离的状况为前提和依据,坚持以民族(或国家)的语言与文化作为对比分析的基本对象,其结果必然会与事实相悖。

2. 语篇类型与话语分析法

正因为越来越多的学者意识到了这一点,语篇对比研究现在强调以语篇类型(genres)作为对比研究中可比性的依据,不再像过去那样将学生水平测试的写作与正式发表的文章片段进行对比。由此,斯考仑提出的对文化及其语言运用差异的话语分析法,对语篇的跨文化对比研究很有启示意义。他主张不以语言系统而以话语系统(discourse systems)为基本单位来分析文化差异,认为每种话语系统都有各自的意识形态,有一套受制于其文化观念的话语模式,而一些话语系统会跨越民族与地域的界限,在传统意义上的不同社会与文化中都能找到。这意味着我们不应先入为主地以地区、国家、民族或语言来划分文化,而应当更多地考虑每个地区、国家、民族或语言内部话语系统的多样性,以及不同地区、国家、民族或语言之间某些话语系统的共享状况。因为话语系统是一种亚文化系统,相对于以国家、民族为基本单位的整体文化而言,话语系统有较强的内部同质性。所以话语系统间的对比在一定程度上会更加有效。

坦嫩(Tannen)曾研究过英语和希腊语的叙事性语篇及结构。从她的分析来看,英语叙事性语篇结构倾向于简单、如实地记述事情;而希腊语叙事性语篇结构则倾向于加入一些评论和解释。这些评论和解释在说英语的人看来可能是多余的、不必要的;而在说希腊语的人眼里却往往是必不可少的。也就是说,叙述内容是否与主题相关,不同文化的看法是不一样的。但是这种文化差异并不一定和语言本身密切相关,有着希腊文化传统和背景的美国人,虽然从不会说希腊语,在说英语和写英语时也会表现出通常认为是希腊语语篇模式的特点。①

① 参见许力生《语言研究的跨文化视野》,上海外语教育出版社,2006。

英、法医学论文语篇结构的对比分析显示，在描述病情发展过程时，英语论文一般会按时间顺序同时描述几种病情症状的发展变化，而法语论文则倾向于将几种症状分别从头到尾描述，并且可能在描述某个症状发展过程时顺带提出对其发展趋势的推测。说法语的人会认为这样做最自然不过了，但在说英语的人看来，这样的描述是曲折型的，加进了一些不必要的插曲。可是，英语论文的描述在法国人看来也不是直线型的，因为几种症状同时交叉描述，犹如几股绳索扭在一起，有可能让不习惯这种方式的人难以理清头绪。英、法医学论文语篇结构上的差异，其产生的根源也不在英语和法语的不同，而是英、法医学界认知观念上的不同。由于比较注重临床医疗观察结果，法语医学论文倾向于采用分述法，对整个治疗或手术过程按顺序分别描述，以便别人检验和重复这一经验；由于比较注重理论，注重阐述其观点，英语医学论文倾向于采用综述法，突出治疗或手术的适用范围和效果，并以此来论证某一理论或观点。①

三 语篇差异与语境因素

（一）语篇的衔接与连贯②

长期以来语境问题在语篇对比研究中没有得到足够的重视，人们习惯于将语篇看做独立存在的分析对象，忘记了它们实际上是存在于特定的语境之中的。当我们选取语料进行对比分析时，常常是把语料从其存在的语境中抽取出来，而作者、读者、时间、场景、写作目的、与其他语篇的关联等影响语篇构建的因素都很少进入我们的视野，语篇成了孤零零的、可以单独进行剖析的客观存在，静待我们去分析、去发现。

汉英语篇之间的差异当然与语言本身有关，毫无疑问汉语语篇是用汉语写成的，英语语篇是用英语写成的，这似乎是再明显不过的事实了。两种语言系统的内部构造差异是多层面的，不会不影响实际完成的语篇的面貌。然而

① 参见许余龙《对比语言学》，上海外语教育出版社，2002。

② 参见许力生《语言研究的跨文化视野》，上海外语教育出版社，2006。

汉语也好，英语也好，语篇产生和使用的语境是不同的，各自语篇的制造者（说者或作者）和语篇实际的与潜在的消费者（听者或读者）都有着不同的文化传统，生活在不同的社会环境中。汉英语篇各自的特征与它们之间的差异在很大程度是由语境的不同所导致的。认识不到这一点，我们就永远无法说清楚为什么它们会有如此这般的不同。而且任何语境上的变化都有可能影响语篇的构建方式和实际面貌。没有两个语境是完全一样的。语境，不管是具体的情景语境，还是社会文化的大语境，总是处在不断变化之中，只是变化有大有小、有快有慢而已。

语篇研究中讨论得较多的是衔接（cohesion）与连贯（coherence），韩礼德和哈桑提出的衔接理论在语言学界影响颇大，尽管他们并不认为语篇的衔接可以完全决定语篇的连贯性，但至少把衔接置于相当重要的位置，以至于谈连贯必谈衔接，语篇对比几乎都要涉及衔接方面的对比。韩礼德和哈桑的衔接理论提出后，也引起过不少的争议与质疑，由于他们所论述的衔接只包括了照应、替代、省略、连接和词汇衔接等几种类型，而没有涉及其他的语义联系如语音语调、时态语态等的衔接作用，因而还不能完全解释语篇的连贯机制。还有学者指出，到底是连贯产生衔接，还是衔接导致连贯，这是应当首先弄清楚的问题。他们认为，衔接之所以被视为衔接是因为语篇已经被假设为连贯的了。也就是说，衔接不过是连贯的一种外显体现方式。事实上在探索语篇衔接与连贯时，我们能计算、统计和分析的往往只是语篇中的显性衔接特征，而那些隐性特征也许对语篇构建更为重要。而且语篇的连贯和完整与否，在很大程度上依赖于语境。毫无明显衔接特征的语篇可以因其所处的语境而具有连贯性，语篇常常是针对特定场景构建的，是在具体语境中由作者和读者之间的互动来决定的。因此，语篇连贯更多依赖的是语言之外的因素，如语言交际者的共享知识或交际者在交际过程中为达到相互理解而进行的不断协调。

从根本上讲，语篇是否连贯，以及在多大程度上连贯，与语境和文化紧密相关。换句话说，只有把语篇与语境及其文化环境联系起来，我们才能决定语篇的连贯、完整程度。有的学者明确指出，对于非本族语使用者来说，阅读过程中最大的困难之一不是语篇内部的衔接，而是话语的文化连贯。比如：

Although he was over 20 years old, he still lived at home.

(尽管他已经20岁了,却还住在父母家里。)

对于上面这样的话,美国人不难理解;而在有的文化中,人们对年轻人成年之后依然住在父母家是习以为常的,对那样的文化背景的人来说,这句话就比较费解了。由此可见,连贯在很大程度上依赖于语境,依赖于文化。

(二)语篇的期待与理解[①]

不同文化对语篇连贯会有不同的期待与理解。语篇之间的差异不仅表现在为实现连贯而使用的衔接手段和方式上,同时也可能存在于对连贯的期待与理解中。怎样才算连贯,连贯程度如何,不同文化都会有各自不同的认识。

比如印度人实行与西方人明显不同的语篇构建方式,即便是他们在使用英语时也是如此。迪山那雅卡(Dissanayaka)认为造成这种差异的深层原因在于印度文化与西方文化不同的逻辑思维方式。印度文化的逻辑不主张相互排斥的二元对立,不认为一个事物非此即彼,而是承认价值的相对性,认为每个事物有其自己的真实,但其真实是相对的,只是众多变化不定的经验形式中的一个而已。超越经验层面,一个事物不是非此即彼,而是非此非彼或者即此即彼。即使在经验层面,印度人也不愿意将彼与此视为相互排斥的对立物,而倾向于将它们视为由一系列中间状态或过程相联系的整体,二者之间没有可以截然区分的边界。比较一下西方的演绎推理和印度的演绎推理,就能清楚地看出两者之间的差异了。西方传统的演绎推理是三段论:大前提、小前提、结论。如:

什么地方有烟就会有火(大前提)

山上有烟升起(小前提)

山上有火(结论)

然而,典型的印度演绎推理则由五个部分构成:命题、理由、例证、施用、结论。如:

山上有火(命题)

---

① 参见许力生《语言研究的跨文化视野》,上海外语教育出版社,2006。

因为山上有烟升起(理由)

什么地方有烟就会有火(例证)

山上的情况就是如此(施用)

所以山上有火(结论)

对比一下西方的三段论,可以看到,印度演绎推理中的第三部分对应于西方逻辑推理中的大前提,第二部分对应于小前提,而第一部分对应于结论,其顺序正好相反。逻辑在语篇组织与修辞上具有十分重要的作用,印度与西方在逻辑推理方面的这种差异,不可避免地会造成各自语篇构建上的特有方式。西方人常常觉得印度人说话缺乏逻辑性,以至于认为他们思维紊乱,其实原因在于他们拿西方的逻辑为标准去判断和衡量其他文化的言语行为。语言及其使用主要是一种文化习俗,特定文化的逻辑推理方式在很大程度上决定着语言运用的状况。人们在母语习得过程中所获得的言语习惯同样会对他们使用外语产生深刻影响。印度英语与英国英语或美国英语的差异不仅仅表现在语音、语调、词汇等方面,更深刻的差异体现在语篇模式上。

通常认为西方人的思维方式主要建立在古希腊罗马哲学传统的基础上,是一种直线式的思维。按照埃姆斯(Ames)的阐释,在直线式逻辑思维中,一个事物是通过与一个基础的、不变的、显露的真理之间的关系来加以理解的,其重点在于通过“一”去理解“众”。换句话说,一项普遍的真理被运用来解释许多特定现象。这种直线式思维具体体现在西方人所熟悉的归纳式逻辑和演绎式逻辑之中。二者都是直线式的,不同之处是后者直接从一般性前提向特定个例推进,而前者则是从特定个例归结到一般性结论。而相比之下,东方人的思维有着与柏拉图——亚里士多德思想体系完全不同的儒学、道学和佛学的传统,其方式是图形的而非直线的。在这种图形式逻辑思维中,一个特定的现象不是用一项普遍不变的原则去说明,而是通过在不同环境中与其他多种现象的关系来理解的。这种思维方式为我们提供了各种现象如何以复杂的模式和体系相互关联的整体视野。图形式逻辑产生了一种非线性思维关联,它不是从一个特殊理念到一般性结论,或从一般性结论到特殊理念的线性思维模式,而是从一个特定的理念到许多其他相关的理念,以求找出那些聚在一起的事物之间的关系。

由于英语是当今世界的国际通用语,西方文化在全球众多文化中占据优势主导地位,直线式思维影响不可低估,并由于英语作为第二语言和外语教学的现状而得以加强。世界各地的学生,无论他们的母语是什么,都被要求按照“直线”发展的方式写作英语,否则他们就很难通过一些考试,而这些考试往往又是事关他们个人前途命运的。另外,全世界的学术研究人士,如果想在英文刊物上发表论文,也是一定要用直线方式写作的。有人认为西方的思维方式比较武断,只见理念,不见事物,会妨碍相互理解;还有人认为,现在的英语教学中实际上承载着许多西方的文化内容,其中就包括西方的话语模式,而正是这类模式导致了跨文化交际中的混乱和误解。

第二节 语篇结构差异的对比分析

人们说话和写文章,为使听话人和读者在理解过程中建立起相应的期望,一定要遵循约定俗成的语篇或话语的组织规律。然而,由于不同文化在价值观念、思维方式等方面存在着差异,其语篇结构也会因文化而异,这就给不同文化背景的人们在交际时造成很大的困难。对学习外语的人来讲,尽管掌握了目的语的语法规则,但因缺乏对目的语语篇组织规律的认识或敏感性,常常会无意识地把本族语的语篇组织规则迁移到目的语中去,从而造成语篇结构的差异,导致交际失误。

语篇组织规律与其特定的思维模式紧密相关,有什么样的思维模式,就会有什么样的语篇组织结构。东西方在思维方式方面存在着明显的差异,其语篇组织结构也必然存在明显的差异。平心而论,卡普兰对语篇结构的研究,虽然结论过于绝对,概括过于简单,但他所提出的汉语语篇和英语语篇差异的总体倾向还是有道理的。语篇差异的根源在于思维方式,这种差异是思维方式在语篇结构上的投射结果。从相对倾向来说,汉语语篇结构表现为直觉、具体、圆型,英语语篇结构表现为分析、抽象、线型。本节试图以汉语语篇和英语语篇的结构为例，进行跨文化的比较，并对其各自的思维模式进行一些相关分析。①

一 汉语和英语的语篇结构差异

（一）汉语语篇结构的思路

中国人（包括一些东方国家）的思维方式在语篇结构上的投射，表现为直觉、具体、圆型的特征。他们写文章往往把思想发散出去还要收拢回来，落到原来的起点上，这就使其话语或语篇结构呈圆型。他们说话习惯于绕弯子，常常避开主题，从宽泛的空间和时间入手，从整体到局部，从大到小，由远及近，然后展开主题。他们喜欢把对别人的要求、对别人的意见、自己的想法、自己的结论等关键问题保留到最后。他们在同别人讨论问题时，不是采取直接切题的做法，总有一个由次要到主要、由背景到任务、从相关信息到话题的发展过程。他们在向别人提出要求时，总是先陈述原因、背景、理由，以使对方有个思想准备，引起对方认同和理解，然后才提出自己的具体要求。这是一种逐步达到高潮的方式。总之，汉语语篇结构的主流倾向呈现为一种逐步达到高潮的方式，层层推进，起承转合，渐入佳境，画龙点睛。八股文的程序，“虎头、猪肚、豹尾”的写作要诀，大概都体现了这种思路。

因此，汉语语篇表达中，表示因果、条件、转折、让步等关系的句式比较常用，成为汉语语篇结构的形式特征之一。如：

因为 A……，B……，C……，所以 D……。

如果 A……，B……，C……，那么 D……。

虽然 A……，B……，C……，但是 D……。

尽管 A……，B……，C……，然而 D……。

其中表示原因、条件是逻辑推理的体现，转折、让步是语用预设的手段，反正要紧的内容放置在后面。这种句式结构在思路上属于“归纳式”。

实例 1：中国营销人员与美国商人的一次商业谈判的录音片段

① 本节语料均来自贾玉新《跨文化交际学》，上海外语教育出版社，1997。

Irving(美国商人):Oscar, anything else to add? Your line of business is, again, quite different from what PK and Tony have. And, in your line of business, I presume market information will be quite important.

Oscar(中方人员):Yes. What have been mentioned previously by the three gentlemen, I think they are quite sufficient to cover all the basic requirement of a salesman. My business is textile. The salesman is… The quality of the salesman, need something different. Because the volume of making sales in textiles is about at least to over ten thousand U. S. dollars, sometimes. So that is the problem! That is whenever anybody who makes a decision to buy such… Willing to pay such amount, we'll make sure their financial aid is strong! And, then? such … sometimes the market may suddenly drop in textile. Maybe we're willing to buy one month ago, but may not be buying… want to buy now! Things like that! So, for a salesman, also have to understand about the financial situation and things like that.

这一段录音是谈判过程中的一段口语语篇,话题是关于一个销售人员应具备的素质的讨论。从谈话中我们可以领会到,外商认为中方销售人员的思路有偏差,所以明确指出“你的商业思路还是与帕克和托尼他们的相当不同,我觉得市场信息在你的思路里是至关重要的”,言下之意要中方销售人员在销售思路中突出和强化“市场信息”的重要性。而中方销售人员的回应虽然使用的是英语,但却是汉语语篇结构迁移的典型实例。他的态度是很有意思的,整段语篇由三个层次构成。他先肯定对方的说法,表示自己也是同意对方的见解的。然后话题一转,说明做纺织品生意的销售人员还需要了解一些财务方面的信息,理由有两个:第一,通常纺织品的销量大约需要一下子支付至少一万美元以上,所以每当有人决定买的时候,我们必须确认他们是否有足够的财务支付能力;第二,市场变化快,有时候纺织品的需求会突然下降,可能一个月前是愿意购买的,但现在就不想购买了。最后中方人员再次重申:“所以对一个销售员来说,也需要知道一些财务状态和类似的信息。”从整个语篇来看,中方销售人员表面上同意对方的意见,实际上拐了个弯坚持了自己的观点,语篇结构呈现为间接、迂回的特征。这是很常见的现象,不直接反驳对方的观点,而是先“把球接过来”,然后再巧妙地“把球打回去”。

实例 2:一位哈尔滨工业大学二年级中国学生用英语写的议论文

Should students do business or not?

In recent years, doing business is very popular on the campus. More and more college students spend more time doing business. This phenomenon causes a lot of hot argument. Is it right or not? In my opinion, we can not say it is right or wrong directly because the reason is complex. On the other hand, many students do business in order to reduce the burden of their families because their families have not enough money to support them. So their doing business is reasonable. We can not say it is not right. As to those students whose families are not very poor, some of them doing business just want to practice in the society and gain some experience. Earning money is not their main purpose. We can not say it is not right, either.

议论文本身就是逻辑思维的反映,这篇议论文是很典型的圆型思维的表达方式,文章尽管是用英文写的,但本质上却是汉语语篇结构迁移的结果,而深层次的动因是我们某种思维方式的反映。文章讨论的是如何评价学生经商的现象,其实文章的观点是鲜明的,作者对学生经商是持赞成态度的。而且理由也是充分的,贫困学生经商是出于经济上的考虑,并非贫困的学生经商是为了接触社会、增长才干。只是文章的表达是间接的、迂回的,不是直截了当的。而这种思维方式和表达方式在中国人看来,是非常正常的,而且是比较巧妙的,含蓄而不张扬,委婉而有见解。所以看了这篇文章后,不少中国教师对其评价很高,认为大学二年级的学生能写出这么好的文章很不容易。很明显,这些教师是以中国文化的标准来评价这篇文章的。美国教师看了这篇文章后指出，这篇文章显然不符合西方人的思维习惯。第一，文章结构与西方那种解决问题式的逻辑推理和演绎式的思维表述不同。这篇文章提出了问题："学生是否该经商？"但答案是模糊的："我不能直接断定是对的还是错的。"第二，文章的讨论方式也与西方的习惯相反，西方人习惯非此即彼的思维方式，要么肯定，要么否定；要么 yes，要么 no；他们不会模棱两可。这篇文章阐述了学生经商的截然不同的两个方面的原因，但结论是都有其合理性。那么对学生经商究竟应该如何评价呢？应该如何处置呢？贫困和非贫困又如何界定呢？看来问题没有解决。

（二）英语语篇结构的思路

西方人（主要是说英语的国家）的思维方式在语篇结构上的投射，表现为分析、抽象、线型的特征。其中一个鲜明特点是开门见山，直入主题，所以有的学者指出西方语篇结构的特点是"起笔多突兀，结笔多洒脱"，这是一种"逆潮式"结构方式。他们谈话、写文章习惯于把话题放在最前面，以引起听话人或读者的重视。他们习惯"果"在前"因"在后，与中国文化的"因"在前"果"在后形成鲜明对照。即使朋友之间打电话，他们也会首先说明打电话的目的之后才讲述原因或事件发生过程。当一个美国商人被问及谈判时他对东方文化中那种间接或迂回式的话语方式有何感想时，他回答说："你所需要的全部东西是五个 W（what，where，when，why and how）。没有其他什么了。如果你需要的太多，你就会赔钱的。"与中国文化的归纳式语篇结构相反，美国文化偏爱演绎式语篇结构。

实例 1：美国人关于天气如何影响文化的一段谈话录音

Climate affects the culture of a country. Men must learn to live within the limitations of their environment, and climate is an important part of the physical environment. Life in a tropical country is less strenuous and more casual than it is in a temperate one. Men work shorter hours and less vigorously in a hot climate. They cannot play hard either. They tire easily. They can relax by reading, by sipping cool drinks, or by listening to soothing music. They must try to conserve their energy. The wisest ones learn to respect the demands of Nature.

谈话者开门见山,直接提出自己的观点:“气候影响一个国家的文化,因此人们必须学会生活在环境限制之内,而气候就是物理环境中的一个重要部分。”然后他以热带气候影响热带国家文化为典型案例加以证明,列举了三个方面的事实:第一,他们的生活不像温带那样奋发,工作时间更短,精力也不那么旺盛;第二,他们很容易疲劳,因此他们不能玩得太疯,生活更休闲;第三,他们必须尽量储备能量,所以喜欢通过阅读、喝冷饮料和听音乐来放松自己。最后得出结论:“聪明的人们认识到需要尊重自然环境的要求。”

实例 2:一位美国教师写的议论文

Although the new testament writers used the popular language of their day, they often achieved great dignity and eloquence. Convinced of the greatness of their message, they often wrote naturally and directly, as earnest men might speak to their friends. Although St. Mark's writing was not necessarily polished, he wrote with singular vigor and economy. St. John struggled with the language until he produced sparse and unadorned prose of great beauty. St. Paul, at his best, reached heights of eloquence which some consider unsurpassed in literature. St. Luke, the most brilliant of the New Testament writers, gave us Jesus' Parable of the Prodigal Son. Taken as a whole, the work of these great Christian writers of the first century has a dignity and splendor all its own.

这篇议论文是很典型的直线思维的表达方式,文章分开头、正文和结尾三个部分。文章一开始作者就明确表明了观点:“尽管那些《新约》的作者们用了他们当时流行的语言,他们常常取得了高贵和雄辩。深信于他们言语的伟大,他们经常写得自然而直接,就像热心的人们向他们的朋友述说那样。”读了这开头的一段话,读者就会明白作者是把 *New Testament* 当做文学作品而不是圣经来讨论的。在正文中,作者对此书的作者一一加以评论:圣马可的创作有奇异的活力和简约的风格,圣约翰用精练和朴实创造出华美的散文,圣保罗的雄辩程度难以超越,圣卢克是最有才气的新约作者。这样作者就提供了充分的证据,使读者明了为什么他如此坚信此书的作者们的文采会使本书受到世人的尊敬并享有雄辩的赞誉。文章的最后一句话,作者重复了自己提出的观点,进一步阐明文章的主题:"基督的作者们享有尊严和荣耀。"总的说来,观点鲜明,理由充分,结论明确,思维是演绎的,表达是直线的。

二 语篇结构差异的相对性

(一) 语篇结构差异及交际失误

在中国人和美国人谈话时,由于中国人常常不正面阐明谈话的目的或要求,美国人往往会说:"Well, what's on your mind?"或"Please get down to business."如果中国人对细节陈述过多,不直接接触话题,美国人也会十分不耐烦,他们会打断你的谈话:"Let me see if I understand your main point…"因为美国人总是期望对方能够直接切题。谈话或写文章的语篇结构不同,自然反映出各自文化不同的思维方式,在跨文化交际中容易导致误解。下面是一个典型实例。

飞利浦照明公司的某分公司有两位普通的员工:中国员工甲和美国员工乙。甲和乙在该公司已工作了一年有余,积累了不少实际工作经验。在这段时间里,他们的工作态度端正,且极富创造力和责任心,工作业绩也都相当出色,为公司带来不少利润,所以公司对他们两位的表现都十分满意。适逢公司里有一位部门经理被调往另一家分公司工作,于是该公司的副总裁(美国人)便考虑在甲和乙中挑选一位接任这个职务。由于二人同样出色,所以他决定先听听他们各自的职业发展规划,再做打算。

当被问到对自己的职业发展规划和能力定位时,甲、乙的回答截然不同:甲按照中国人习惯的谦虚、委婉的心理习惯,认为单刀直入地表明自己希望得到升职的心态,会显得自己过于高傲自大,所以他不正面回答问题,而是开始谈论起公司现阶段的运转情况、公司的晋升体系、公司未来的发展方向，以及他本人在组织中的位置，讲了半天也没有正面回答副总裁的问题。副总裁大惑不解，没等他说完就已经显得有些不耐烦了，因为同样的事情已经发生了好几次了。和甲谈话结束后，副总裁向人力资源总监诉苦："我只不过想知道他对自己未来工作的打算以及他对担任更高职位是否有信心而已，他为什么绕了几个大圈子就是不回答我的问题呢？"相反，乙则选择以一种简单、明了、直接的方式表达自己希望在公司里有更多施展才华的机会，并且他也坚信自己有能力担当起更富挑战性的工作的想法。他大方地坦言自己能通过努力来取得更为辉煌的业绩，从而为企业创造更大的财富和收益。

在对甲乙两名员工的回答进行反复衡量比对后，副总裁最后决定将升职的机会给乙。因为他觉得乙有更为明确的奋斗目标和人生规划，并有强烈的自信心和敢于拼搏的实干精神。这是一个很典型的跨文化语言交际的案例，涉及两个有着不同国籍、生活习惯、教育程度、思维方式、文化背景的人物。乙的回答直截了当，毫不掩饰，直抒胸臆，这种谈话方式让有着同样背景的副总裁感到满意。而甲则截然相反，先谈公司的业务现状，再谈自己在公司中的地位，迟迟没有切入主题。他失去了晋升的机会，实际上是交际失误的结果。

（二）语篇结构差异的相对性

在上面的章节中，我们讨论了东西方思维方式和篇章结构的差异，运用的是一种典型特征分析法。也就是说，东方的语篇结构呈归纳式，西方的语篇结构呈演绎式，这只是整体性的比较，是相对的结论。如果我们根据这一观点得出东方人都遵循归纳式的规律，而西方人都遵循演绎式的规律，那显然是片面的。总体倾向不是绝对的，共性之中有个性，从实际情况来看，不论是归纳式结构，还是演绎式结构，在东西方都可以找到例证，只是主次和多少的问题。

在中国文化中，古代就有典型实例，一部《论语》记载了孔子和其弟子之间的对话，基本上采用了演绎式语篇结构。孔子对学生的教诲往往直抒胸臆，并不绕弯子。现在日常生活中也常见此类现象，比如朋友偶然相遇，可能会直截了当地说，"我们去商店买东西好吗"或"我们去喝杯茶吧"。可见演绎式在中国文化中也是常常使用的形式，尤其当交际双方的地位平等或关系比较亲近时。这种演绎式的语篇结构的使用并不是像有些学者所说的那样是受西方文化影响的结果,而是交际语境所决定的。同样,归纳式语篇结构也是西方人常用的方式,比如当一个美国人想向其朋友借相当大的一笔钱,或者请求朋友办一件相当困难的事情时,他也会难于开口,他也不会直截了当,而会极为婉转地先阐明原因,而后再提出要求。因此,在跨文化交际中,仅考虑一种文化的整体定势是不够的,我们还必须充分考虑个体的因素,包括具体的角色关系及其他交际情景因素。

许力生曾对英语语篇和汉语语篇的结构做过比较研究。① 他发现就总体而言,英语语料在语段发展模式上绝大多数是直线发展的,非直线发展的只占总数的极小部分。就具体篇章而言,有半数全部段落均采用直线发展模式,采用非直线模式最多也只占其段落总数的三分之一。然而,也能看到非直线发展的语篇段落,下面就是一个典型实例:

> Now who wrote that? Perhaps you say Hitler, or Coebbels, or one of our local anti-Semites? No, it was written by Saint John Chrysostom, in the fourth century A. D. Saint John Chrysostom, as you know, gave us the first liturgy in the Christian church still used in the Orthodox churches today. From it all services of the Holy Communion derive. Episcopalians will recognize him also as the author of that exalted prayer that closes the office of both matins and evensong in the *Book of Common Prayer*. I include this incident to show how complex the problem is. Religious people are by no means necessarily free from prejudice. In this regard be patient even with our saints.

上面这个段落中,语篇结构显然属于非直线的发展模式。作者并没有直接提出观点,而是先采用选择问形式提出问题,供读者思考:"谁写了那东西? 也许你说是希特勒,或戈培尔,或我们当地反犹太分子中的一个?"然后告诉读者答

① 参见许力生《语言研究的跨文化视野》,上海外语教育出版社,2006。

案:“不,那是圣约翰·克里索斯托姆在公元14世纪写的。”随后作者阐述了约翰·克里索斯托姆值得崇敬的两大充分理由:第一,他创始了基督教堂礼拜仪式,以及所有圣餐礼的仪式;第二,主教派的人认可他的作品是高尚的祈祷,在祈祷书中作为晨课和晚课祷告的结束语。最后作者才表明自己的见解:“我引用这个插曲来说明问题是多么复杂,信奉宗教的人们并不是一定不存在偏见的,在这点上,就是对我们的圣人也是需要忍耐的。”这种表达方式先设问,再阐述理由,最后得出结论,在汉语语篇结构中是很常见的。

同时他发现在他收集的汉语语料中,语篇结构既使用直线模式,也使用非直线模式。但是,汉语篇章中没有一篇是全部使用直线模式的,也没有一篇是全部使用非直线模式的。所分析的全部汉语段落中,直线模式和非直线模式各占总数的一半。下面就是一个直线发展的汉语段落:

> 社会需要法律援助,法律援助同样需要社会的支持。法律援助表现为律师等法律服务人员免费为经济困难的人提供法律服务。现在情况是,由于许多地方没有拨法律援助经费,律师等法律服务人员不仅免费为经济困难的人提供法律帮助,还要承担交通费、住宿费等办案开支。由于需要得到法律援助的人多,光靠律师等法律服务人员,显然不堪重负。法律援助实质上是政府行为,是一项社会保障工程,需要各级财政拨款和社会捐助。否则,这项工程便不能长久,更谈不上发展了。

上面这个段落中,作者一开始就亮出了观点:“社会需要法律援助,法律援助同样需要社会的支持。”然后具体说明目前存在的法律援助经费不足、律师等服务人员不堪重负的现状。再后进一步指出法律援助是政府行为,是社会保障工程,需要各级财政拨款和社会捐助。最后强调:“否则,这项工程便不能长久,更谈不上发展了。”这种表达方式是典型的直线型语篇结构模式。

思考题

1. 你认为语言学研究的范围从句子拓展到篇章有什么意义?
2. 什么是语篇?语篇包括哪些形式?
3. 语篇的结构性特征指什么?包括哪些类型?

4. 语篇的非结构性特征指什么？包括哪些显性手段？

5. 会话过程存在哪两种功能？包括哪些可能出现的阶段？

6. 话题发展有哪些类型？请联系谈话实例说明。

7. 跨文化语篇差异研究创始于什么时代？是谁首创这个研究领域的？

8. 你是否同意卡普兰的语言文化思维图式的假设？请说明理由。

9. 你对斯考仑的"归纳式"和"演绎式"的话语模式怎么评价？

10. 海因兹区分"读者责任型语言"和"作者责任型语言"，你认为这样划分有道理吗？

11. 基姆把自我观分为"独立自我"和"互赖自我"，对语篇结构有影响吗？

12. 请以中国改革开放以来的事实说明当今世界上语言文化的多元变异现象。

13. 为什么跨文化语篇差异研究要以语篇类型为依据？

14. 韩礼德和哈桑提出了话语衔接理论引起了不少争议和质疑，你如何评价？

15. 印度人与西方人的逻辑思维方式有什么不同？你平时采用哪种方式思考问题？

16. 以你所上的英语写作课为例，说明教师对语篇结构的要求。

17. 汉语语篇结构的思路有什么特征？你平时是如何安排语篇结构的？

18. 英语语篇结构的思路有什么特征？请结合自己的英语写作实践加以说明。

19. 语篇结构差异会导致交际失误，请举例说明。

20. 为什么说语篇结构差异具有相对性？请举例说明。

第七章　非言语行为差异与跨文化交际

第一节　非言语行为的类型与功能

一　非言语行为的类型

非言语行为包括言语行为之外的一切由交际者和交际环境所产生的刺激，这些刺激对于交际参与者都具有潜在的信息价值或意义，一旦这些刺激被对方感知就产生了交际意义。非言语行为包括说话时的语调、语气、语速、音量、身姿、手势、表情、服饰、体距（交谈时的身体距离）等。这些非言语行为都可用来作为交流信息、传递思想、表达感情的手段，在交际过程中扮演了十分重要的角色，有效地辅助了言语行为的实施，有时甚至具有"此时无声胜有声"的效应。

非言语行为具有鲜明的文化特征，不同国家、民族对非言语行为的社会规范区别很大，甚至表示的意义正好相反。因此，非言语行为在跨文化交际中的作用就特别显著，对对方的文化习俗不熟悉或不了解，在编码、译码过程中处理不好，就会导致交际障碍，甚至引起国家和民族之间的冲突。通常把非言语行为分为以下几个类型：

（一）体态行为[①]

体态行为指人的身体各部位的行为动作，表现为说话时的身姿、手势、表

---

① 参见庄继禹《动作语言学》，湖南文艺出版社，1988。

情等。这些有意识或无意识的表现都可以交流信息、表情达意，而且往往起到言语所起不到的作用，因此有的学者认为“身体即信息”。研究表明，在情感的表达手段中，有65%以上是靠身姿、手势、表情等体态行为完成的。

在言语交际中，无声的体态行为和有声的言语行为相辅相成，相得益彰。人们谈话时不但动嘴，而且伴有脸部表情和其他相应的姿势、动作。正如《礼记》所云：“说之，故言之；言之不足，故长言之；长言之不足，故嗟叹之；嗟叹之不足，故不知手之舞之，足之蹈之也。”有效的言语交际，不但要求说话者说话时应伴有相应的身姿、手势、表情等体态行为，而且要求他能察言观色，不断地观测听话者的各种反应，通过对方的反馈信息来检验自己的话语效果，并确定下一步的言语策略和方式。古人就注意到言语交际中信息反馈的重要性，比如《论语·季氏》中孔子说：“侍于君子有三愆。言未及之而言，谓之躁；言及之而不言，谓之隐；未见颜色而言，谓之瞽。”意思是说与人交际要避免三个弊病：没轮到你说就急不可待地说，这是急躁的表现；该轮到你说了你不说，这是隐瞒自己的想法；不察言观色就随意说话，那就好比睁眼瞎。孔子强调的就是在交际中要善于捕捉对方的体态行为，作为控制自己说话的依据。

一般来说，体态行为大多是无意识或下意识的。《三国演义》中说刘备是个喜怒不形于色的人，自我控制能力强。曹操同他青梅煮酒论英雄，当曹操说到“天下英雄唯使君与操耳”时，刘备大吃一惊，手一颤，不觉把手中的筷子掉落在地。幸好此时空中响起一声雷，刘备借雷声掩盖了过去。“大吃一惊”在刘备身上的反应仅仅是手微微一颤，是一种无意识的行为。从这一角度来看，非言语行为最能吐露真情，难以控制和掩饰。有研究表明，有时候人体语言会在很大程度上与文字表意（主要指口头表达）相矛盾。

体态行为与其所表达的意义之间的联系，有的是任意的，有的则是规约的。体态行为的表露有的是与生俱来的，有的是后天习得的。从跨文化交际的实践来看，体态行为中最敏感的是身姿语、手势语和表情语。这些领域是言语行为学研究得最多的，也是跨文化交际中特别要注意的。

（二）时空行为

时空行为指交际者在交际中如何运用空间和时间的范畴，包括体距行为

（交际时的空间处理）和时间行为（交际中的时间处理）。

1. 体距行为

体距行为是交际者利用空间距离传递信息的行为，即人们在言语交际中处理相互之间空间距离的方式。事实表明人需要私人空间，对他人侵入这一空间会进行抵制。因此即使在稠密的人群中，人们还是要为自己寻觅一定的空间。有一位西方记者仔细研究了示威游行人群的空中摄影照片，在这些照片上每个参加游行的人都能被分辨出来和数出来，他发现即使在人数众多的集会中，每人通常需要半平方米的地盘，在人数较少的活动中，每人需要的面积为一平方米。据说弗洛伊德早已意识到人是需要私人空间的，他在进行治疗时总是让病人卧在一张躺椅上，而他自己则坐在病人视野以外的一张椅子上，病人的私人空间没有受到侵犯，能有效地进行心理治疗。开车的人都有体会，如果有人突然抢道超车或转弯，被超车者会火冒三丈，因为他觉得私人空间受到了侵犯，但由于坐在车里，人体语言不起作用，因而就用自己的车子进行反抗，许多交通事故就是这样造成的。

美国西北大学人类学教授赫尔（Hall）博士长期研究人类对周围空间的反应，发现了人是如何使用空间以及如何向他人传递有关信号的规律的，并提出了“人际空间学”这一概念，并以此来阐述他关于人类空间和空间使用的理论。他认为每个人都有他自己独有的空间需求，空间的使用与人的某种本能有直接关系，即把自己的存在告知他人以及感觉到他人存在之远近的本能。赫尔教授精确地研究了这些需求，发现了四个空间区域类型：密切空间（即密切距离）、个人空间（即个人距离）、社交空间（即社交距离）、公共空间（即公共距离）。很明显，这些空间就是指我们行动的各种空间区域。①

（1）密切空间。密切空间可以是近距离的，真正的人体接触就属这种空间，通常出现在谈情说爱时，出现在知心朋友之间，出现在父母及偎依着父母的孩子之间或一起玩耍的孩子之间。密切空间也可以是远距离的，即保持大约 20 厘米至 60 厘米的间隔，这是一般较为密切的关系距离。生活经验告诉

---

① 参见[美]朱利·法斯特《人体语言》，陈钰鹏译，上海文化出版社，1988。

我们，一般情况下人们处在密切空间中容易引起不安和不快。如果是一对十分亲昵的男女处在这种空间，则相互感到快慰、自然；要是不太熟悉的一男一女处在这种空间，则双方都觉得尴尬。如果人们在电梯或公共交通工具中相遇，他们会自动地遵守某些行为规范，同时互相暗示，取得共识；他们将尽可能站得直挺些，尽量不碰对方的任何部位，一旦碰着了对方，便赶快向一边挪一挪，并会引起紧张。因此，在这样的空间要注意，我们不能久久地盯着他人看，否则会带来不愉快的后果，异性之间尤其如此。

(2)个人空间。近距离个人空间的人际间隔大约在 60 厘米至 90 厘米之间，在这一距离内，朋友可以拉着对方的手，而妻子若处在这样的空间，她可以进而挨近丈夫。这样的空间是聚会、酒会时最舒适、最愉悦的人际距离，它允许一定程度的亲密，所以非常接近于密切空间。远距离个人空间的人际间隔大约在 1 米至 1.5 米之间。在这样的空间里，接触对方比较困难，所以保持这一间隔的接触通常都不是私人交往。远距离个人空间状态比较敏感，可提供很多言语行为的交际信息，比如一位关系不太亲密的人处在这种空间时，倘若他进一步靠近对方，那表明他在献殷勤或对对方特别有好感。又如在处理银行业务或取款的时候，“一米线”是惯例，它表明这是一般人际关系的间隔，是保护个人隐私的空间范围，所以人们都自觉遵守，不会逾越。

(3)社交空间。近距离社交空间距离大约在 1.5 米至 2 米之间，我们处理非私人事务一般就在近距社交空间中。比如你与客户谈生意，接见来访者，或与同事谈论公务。家庭主妇与修理家用电器的工匠、与食品送货员或快递员之间均保持这种距离。在单位里，上司通常也用这种间隔来与下属人员保持距离。社交空间的远距状态大约在 2 米至 4 米之间，它适合于正式的公务活动、商业活动或社交活动。社会地位比较高的人在办公地点通常都有一张很大的办公桌，它大得足以使他与对方保持在社交空间的远距状态；他同样可以用这一间隔坐着跟一位站着的人说话，不会因此而显得低矮，这时站在他面前的人从头到脚都在他的视野中。由于距离大了，保持这种间隔时，如果短时间地看对方一眼，然后把目光移开，那就不礼貌了。因为此时目光的接触交流很重要，传统习俗要求我们在这种间隔下谈话时要看着对方的眼睛，以示真诚。倘若只是扫视一眼，实际上就是不想跟对方说话的意思。远距社交空间的优点是可以起到调节作用，保持这种间隔时，可以把工作放下与对方攀谈，也可以继续工作，而不会被看做不礼貌。所以在机关里或公司里，接待人员和来客总是保持这种间隔，以便让他继续工作，不至于被迫停下手头的工作去进行交谈。在家里也一样，夫妻之间关系当然是密切的，但有时也可以利用这样的间隔来进行休息，如果想说话，那就交谈几句，否则可各自干各自的事，这是非常必要的。

(4)公共空间。公共空间的近距状态大约在 4 米至 8 米之间，一般教师上课、司法调查、商业谈判等都必须保持这样的距离。这样的空间距离往往是程式化的，以显示出这些特定交往的正式性和功利性。公共空间的远距状态大约在 8 米以上，它适用于政治家与公众会面、演讲者进行演讲、舞台演员表演等场合。对他们来说，这样的远距公共空间为他们提供了发射人体语言信息的恰当场所，这些信息不一定说明真相，多数是为了给听众或观众造成某种印象。“距离产生美”就是这种空间间隔造成的，因为它舍弃了很多细节，给人一个总体的“模糊”感觉。

2. 时间行为

时间行为就是人们在交往接触中处理时间的行为。赫尔教授指出人类时间观念有两种文化模式：时间的单一性(monochronic-time)和时间的多样性(polychronic-time)。

单一性时间模式强调严格遵守日程安排，该干什么的时候就要干什么，不管任务是否完成，只要时间一到就必须停止，绝不能打乱这种安排。多样性时间模式使用时间时较随意，或者说时间观念不是很强。人们不太注意对日程活动的安排，也不太注意遵守时间。根据情况一项工作可能干得时间很长，也可能干得时间很短；或同一时间干一件事，或同一时间干多件事。这一切取决于某些当事人或管事人的意愿。

相对来说，欧美国家属于单一性时间模式。欧美国家的人时间观念较强，非常强调时间的准确性，他们每一天、每一星期、每个月都做了精确的安排，他们厌恶浪费时间。因此与欧美人打交道要注意守时，事先约定了时间就要遵守，早到没必要，迟到会惹麻烦，可能引起交际的障碍，甚至不欢而散。而亚洲和拉美地区一些国家属于多样性时间模式，人们对时间不太敏感，处理也有一定的随意性。因此，在开会、约会、聚会等场合，有时并不刻意守时，大家也习以为常。

（三）外表行为

外表行为包括体型（身材、体重、身高、肤色、脸型等）、服装（质料、款式、颜色等）、头发（疏密、式样、颜色等）、气味（香水、体味等）、化妆（淡妆、浓妆、指甲、假发等）、饰品（眼镜、首饰、提包、钱包、别针等）等各种要素。

事实上人们的外表行为也像其他非言语行为一样表露出人的社会地位、兴趣爱好、信仰观念以及职业特征等。由此可见，要使自己的形象符合对方的期待，必须一方面注意培养自己的形象表现力，另一方面还要控制这种形象表现力，尤其是在种种细节上恰到好处。这完全做到是不容易的，必须经过比较专业的训练。下面集中分析容貌、仪表、服饰三个方面。

1. 容貌

无论哪种文化，人们对长相、容貌都非常在意。经验告诉我们，人们交际时给对方的“第一印象”很重要，这里面就包括长相、容貌的因素，这个因素会直接影响人们交往的质量，尤其是延续交往的频率和深度。因此，虽然长相、容貌不是个人可以选择的，但在交际中的作用是不可忽视的。很多国家的文化中都有看面相的习俗，虽不免有迷信之嫌，但也反映出人们对“面相”的重视。

在各国文化中，容貌美的标准既有共性也有个性，而且关注重点在女性。中国古代强调“郎才女貌”，在一定程度上反映了人类审美的共性。一般来说以五官端正、四肢匀称为美，这是共性，但不同文化对容貌美的观念差异依然存在。比如拉美一些国家以女性臀部大为美的标准，缅甸有的少数民族以女性脖子长为美的依据；在美国人们欣赏个子高的苗条女子，而在欧洲的一些国家则认为这是体质羸弱、意志薄弱的体型。在现代中国，几乎所有的减肥美容产品广告都在强调女性“骨感美”，这正迎合了现代中国人对女性的审美观念；而在古代中国，在很长的历史阶段（特别是在唐代）人们崇尚“丰满”，美女杨贵妃就是典型的例子。

2. 仪表

在人际交往中，尤其在比较正式的交际场合，参与者的仪表有很重要的作用,它能有效调节交际双方的情绪、态度、关系,以及交际氛围。如果说一个人的长相、容貌是无法选择的,那么仪表在一定程度上是可以人为的。因为仪表不简单地等同于容貌,更多地依赖于一个人体现出来的气质,而气质又依赖于一个人的受教育程度、文化修养、人格魅力。因此,一个其貌不扬的人不一定就没有气质,而一个容貌姣好的人仪表未必就佳。一般来说,一个英俊潇洒的说话者,更容易得到听众的青睐;然而一些身材容貌欠佳的人也同样可以赢得听众的倾心。比如鲁迅先生身材矮小,绝无英俊潇洒之感,但演讲场场爆满,拥有很大的听众群;曾任美国总统的罗斯福身有残疾,但他巧妙利用非言语手段,凭着人格魅力得到公众的拥戴。曾任英国首相的撒切尔夫人未必算得上美女,但她的服装一直保持着"柔和的秋色",强调作为女性的魅力,她的发式是微曲后梳的所谓"达拉斯发型",与服装一起衬托出一种雍容而不过度华贵、庄重而不显老相的绰约风韵。由此可见,美好的长相、容貌固然是成功的因素之一,然而更重要的还在于美好的心灵、高尚的品德和丰富的学识。

对于仪表的审美观念,在不同文化中表现出明显的差异。因为论仪表不单纯看外表长相,更多地涉及人的气质,与修养、态度、性格有密切关系,所以自然涉及特定文化的价值取向。比如美国人崇尚开朗坦率、个性张扬、实话实说;中国人讲究含蓄深沉、谦虚谨慎、灵活变通。那么不同文化塑造出来的气质不同,在交际场合表现出来的仪表一定是不一样的。又如中国女性讲究"淑女情怀",文静而不张扬,谦恭而重礼仪;美国女性则表现为开放型人格,活泼开朗,直率可爱。那么这不同的价值取向必定会塑造出不同的个性,在交际场合表现出来的仪表也大相径庭。

3. 服饰

俗话说"人靠衣装马靠鞍",现代时髦的说法叫"包装"。人们讲究衣着和饰品,既是出自追求美的本能,更是为了达到交际的目的,同时也是一种文化的展示。在古代欧洲,贵族以下的阶级不得穿盖住臀部的紧身衣或鞋尖长于两英寸的鞋。在我国封建社会,历代朝廷对于官服的款式、颜色、质地、饰纹有严格的规定,成为等级社会的"标志"。在现代社会中,着装可以体现一定的社会地位,特定的制服也能标明一定的职业身份。通常高档酒楼、豪华宾馆、娱乐场所明确规定服装不整不得入内，比较大型的正规的社交活动，人们都会非常精心地选择和搭配自己的服饰。一般来说，政府工作人员、律师、银行和大公司的管理人员衣着比较正式；而一些从事体力劳动的工作人员或一般工作人员，穿着主要是注重舒适和方便。服饰还可以表现人们的情感和价值观念。心情愉快时，服饰的颜色会比较鲜艳明快；而情绪低落时，服饰的颜色则偏向沉重暗淡。思想保守的人穿着会比较守旧，随大流；而追求新潮的人穿着会超前，显示个性。

服饰文化的一个特点是着装的规范。在欧美国家，一般正式场合都必须穿西装，这样穿着体现出一种庄重、威严及对他人的尊敬等，但穿着时必须遵守下列规则：双排扣上衣须扣下边一颗扣子，单排扣西服只扣上边的一颗扣子。人们认为：扣上纽扣是正规，不扣是潇洒；如两个扣子都扣上是土气；如果扣下边那个，不扣上边那个，就有点流气。衬衣颜色要与西服搭配得当，下摆必须放入长裤内，袖口应比外衣袖口长出半寸，袖口必须扣好。正式着装时必须配有领结或领带。

服饰文化的另一个特点是民族风情。比如，一般来说穿裙子是女子的专利，但在阿拉伯地区的有些国家，服饰的最大特点是男穿裙子女穿裤子。男子上着衬衣，西装外套，头扎白头巾，肩披一条长巾，脚穿拖鞋，一年四季都穿裙子。妇女则穿着长裤或连衣裙。按伊斯兰教戒律，女人出门要把全身都裹住，只露两只眼睛。

（四）类语言行为

类语言行为包括人类发音器官所发出声音的音量、音调、重音、语调等因素，以轻重缓急、抑扬顿挫、高低强弱来表达说话人的思想感情和态度；也包括表达不同意义的诸如叹息、呻吟、咳嗽等声音。类语言行为属于有声的非言语行为。语言学家将这类现象分成三种情况：作为言语基础的声调（voice set），作为言语伴随的音质（voice question），浊音化现象（vocalizations）。“声调”指声音的高低、声音的长短、声音的响度和力度，这种现象既包括语音系统的规约性，也包括一些人为的特征。“音质”指音调、节奏、语速、发声共鸣等语音特征，比如尖叫、鼻音、孩子气的声音、有节奏的声音等，这种现象在一定程度上能传递感情。“浊音化”指非表意自然声音，诸如笑声、哭声、清嗓子声、哼哼声、啜泣声、喷嚏声、呼噜声等。

类语言所表达的感情与面部表情和动作有密切联系。最有趣的现象是在说话时若逐渐把声音放低，头随着也会低下来；反之，若逐渐把声音提高，那么头就会慢慢地抬起来。表示气愤的声音特征是声大、音高、音质粗哑、发音短促、音调和节奏不规则；表示爱慕、温柔的声音特征为柔软、慢速、音低、均衡而略向上升的声调、有规则的节奏及含糊的发音。常识告诉我们，一般情况下，运用表示气愤的声音特征是表达不出爱心来的，而用缓慢而柔和的声调也是表达不出气愤来的。表情与声音是互相配合的，我们只要观察一下配音演员的工作，便可以体会到类语言同表情、动作的密切关系。

类语言在人际交往中的种种区别同很多因素相关，在不同的文化中有微妙的作用。一般来说女性说话的音调高于男性，她们说话更多地使用声调，特别是年轻妇女，说话时声调运用频繁。美国人给人的印象是精力充沛，干劲十足，情绪容易激动，所以他们说话一般都较大声；而相对来说中国人、日本人比较含蓄、保守，所以说话的音调一般都比较低沉、轻柔。连最简单的清嗓子的声音，在中国人看来也能表达多种意义，但英美人常因发出这样的声音而向旁人道歉。

二　非言语行为的功能

（一）非言语行为是社会关系的标志①

同言语行为一样，非言语行为也是人际交往时双方社会关系的标志，它标志交际者的“权势”和“平等”关系。人们在交往中，往往能从对方的非言语行为特征，判断出他或她的社会地位、出身教养、教育程度、职业特点等，从而决定或调整自己的交际行为。总的说来，“平等”关系好处，“权势”关系敏感。

从所有的非言语行为来看，空间行为，即人际空间距离最为敏感，也最能反映出社会关系的“权势性”。空间的观念是立体的，不仅包括领域的距离，还包含领域的高度。“拉开距离”具有保持身份威严的功能，而保持空间领域的

① 参见[美]朱利·法斯特《人体语言》，陈钰鹏译，上海文化出版社，1988。

高度又是支配权力的一种方式。法庭、教堂、礼堂、会议厅的布置都十分注重利用空间距离来发挥这一功能，以表现优越感与从属关系。通常人们在国王、偶像和祭坛面前都要鞠躬致意和行屈膝礼，这是一种表现优势和劣势的人体语言手段，它表示：你地位比我高，所以你是统治者。第二次世界大战爆发前不久，查理·卓别林拍摄了影片《大独裁者》，和卓别林的所有影片一样，这部影片也充满了人体语言的细微信号，最滑稽的就是在理发店里的一场戏。希特勒和墨索里尼并排坐在理发椅上，理发师正在为他们剃胡子。野心勃勃的希特勒和墨索里尼都想显示自己是最高统帅，但两人的脸上都涂了肥皂，白色的大围布将他们缚在椅子上，能表现自己优势的手段只有一个：将椅子升上来。两人都可以操作调节高度用的手柄，谁升得高，谁就获胜。在影片中，两人都一个劲儿地升高自己的椅子。

其实在生活中也一样，正在训斥孩子的父母，如果同时把身体俯向孩子，就是在强化孩子对父母的依附关系，使孩子易于屈服。在西方，交谈一方采取站立姿势或来回走动，意味着他在职位、年龄、地位上长于坐者，在交谈中扮演主导角色；在中国，晚辈或地位较低者以站为礼，倾听意见，处于被动地位，长辈或位尊者常坐着，处于支配地位。警察在审问犯人时也经常利用这一经验。进行审讯的警察应坐在离犯人很近的地方，两者之间不要放桌子或其他障碍物，因为任何一件障碍物都会在很大程度上为受审者提供安全感和自信心。同时，审讯者起先可坐在离受审者一米左右的地方，在审讯过程中应不断向受审者的身体靠近，最后使受审者的一只膝盖位于审讯者的两只膝盖之间。刑警人员这种侵犯受审者人体空间的方法很有实践意义，一个人的防线一旦受到侵犯或被突破，其自信心也就随之破灭。

在军队里，级别的高低是通过标志表示的，比如条纹和星。但是在商界，人们没有可供识别的标志，但高级职员通常还是能发射出体现优越感的人体语言信息。他们是如何做到这一点的？他们有什么办法使下级唯命是从？两位科学家试图用无声电影系列片来发现这些秘密，他们请来两位善于准确把握角色的资深演员，让一位扮演高级职员，另一位扮演高级职员的助手，并让他们多次互换角色。在每一场戏中，总有一位坐在办公桌旁，而扮演助手的就敲门，把门推开，走向办公桌。然后要求观众从级别概念来谈谈对高级职员和助手的印象，从观众的各种判断中得出一系列明显的规律。如助手进门后在门旁站住，在那儿和坐在办公桌旁的人说话，那他的级别最低；要是他走到办公室中间，观众就认为他的级别高一点；倘若他一直走到办公桌旁，面对着高级职员说话，则级别最高。另一个帮助观众作出级别判断的因素是时间，即敲门和步入办公室之间的间隔时间，以及从敲门到高级职员让他进去的间隔时间。助手进去越快，说明他的级别越高；高级职员让敲门者等候的时间越长，这位高级职员的级别也越高。

这类现象在大公司里是很常见的。比如如何闯入别人的办公室，以什么速度闯入，也就是说以什么方式“侵犯”别人的私人领域，这也是由级别决定的。上司不必通报，也不需要敲门就可进入下属的房间，而下属却需要在上司的门口等到允许后才能进去。如果上司正在打电话，那么下属也许会用脚尖轻轻退出去，过一会再来。如换成下属在打电话，上司则往往满不在乎地留在房间里，以此强调他的级别，直到下属对着听筒抱歉地说“我过一会再给你打电话”，然后把全部注意力集中到这位上司身上。此外，在一些大公司里还有很多显示地位的显性标志。比如美国费城的一家大制药厂以其生产的镇静剂闻名遐迩，业绩辉煌，职工人数不断增加，总经理决定建造一座新的办公大楼。在设置办公室时，厂方有意识地要体现级别和地位。最上面一层拐角处的房间是为最高人物准备的，下一层的拐角房间给下一级的职员使用，权限再小一点的职员的房间不在拐角处，助理人员的房间没有窗。最后还有被安置在隔成小间的办公室里的职员，小间的隔墙用毛玻璃做成，权力更小的职员办公的小间用透明玻璃隔开，最低级职员的办公桌放在一个很大的集体办公室里。当然，还有室内的窗帘、地毯、沙发和其他家具、秘书的配备，这些都是体现级别的第二特征。

（二）非言语行为是话语功能的标志

我们在交际时常使用非言语行为来标示话语功能，如问候、道别、致谢、恭维、答谢、同意、赞赏、拒绝、命令、求救、协作、承诺、威胁等。我们在实施这些言语行为的时候，往往伴随着有意识或无意识的非言语行为，以增强话语功能的信息量。许多人体语言如眼神、手势、姿势、动作，在特定语境中已形成了一些"规约性"的含义，成为了一种特定含义的"符号"：双方见面握手表示友好，朋友拥抱表示亲密，拍拍对方的肩膀以示关切或鼓励；称赞对方时会显出赞赏的眼神，宣布某个重大决议时显得严肃，承诺时满脸真诚；点头表示同意，摇头表示否定，一只手的食指顶住另一只手的掌心示意对方停止某个行为；坐奔驰车显示身份，穿吊带裙体现时尚，鼻孔上穿一个环标榜"酷"。

人体语言多数属于无声行为，但他们的作用可不能小看。比如空中乘务员总是保持亲切的微笑，那不一定是空姐的性格，而是航空服务的需要，她们的职责要求她们实施"安慰"的言语功能。因为乘客坐在飞机上都有程度不同的"不安"感觉，在心理上依赖于飞行员等航空方面的专业人员。空姐当然也是专家中的一员，受到乘客的信赖，她的微笑会让乘客有一种安全感，而发生意外时，空姐的微笑会让乘客心神平静，减少恐惧感。空姐们习惯于发出亲切微笑，因为她们意识到自己微笑所具有的重要意义。由此可见，人体语言的这种作用的极端体现就是"此时无声胜有声"的境界。在一定的语境支撑下，人体语言可以独立实施交际功能。在日常生活中，这样的场景很常见[①]：

医生们做手术时，主刀医生在熟练地操作，配合他的有施麻醉的、管供氧的、监血压的、递器械的等。但他们之间极少用语言来沟通，一个眼神，一个手势，一个动作，都能顺利达到信息沟通的目的。那是因为他们经过多次的专业合作，彼此的默契已达到相当程度，并不需要用有声语言来沟通。如果这一群医生刚开始合作，或合作还不够默契，也许在很多时候就不得不依赖语言手段了。

一对情侣组成了家庭，开始时为了操持一个家，夫妻俩话特别多，有了孩子更是手忙脚乱，大呼小叫的。那是因为共同生活不久，需要"磨合"，这时语言沟通是最要紧的。但大家都有这样一种经历，生活久了，话开始少了。这倒不是说不需要沟通了，而是因为经过无数次沟通，真的"沟通"了，互相之间配合默契了，在很多日常处事上，一个眼神，一个表情，一个姿势，就能解决问题。这就是达到了"心有灵犀一点通"的境界。

---

① 参见吴为善《透视汉语交际技巧》，上海古籍出版社，2005。

在球场上，无论足球、篮球还是排球，都不是个人竞技项目，而是团队运作，配合是相当关键的，沟通自然少不了。但是，在激烈的比赛过程中，球员不可能从容地用语言来交际，比赛规则也不允许球员在比赛进程中互相讨论。因此，合作长久的球队往往占优势，因为他们的配合经过多次合作，彼此心照不宣，一个手势，一个吆喝，一个特定的站位，一个特定的动作，都能达到有效沟通的效果。

文艺表演中有一种形式，叫哑剧小品，特点是不说话，全靠演员的神态、姿势、动作表情达意。为什么观众能看懂呢？因为先有一个题目，点名了表演的主题，使观众了解了信息传达的范围，有了一个接受信息类别的思想准备。同时小品都设置一个观众熟悉的场景，能让观众在特定的“语境”中去体会、领悟，不至于误解。所以，这种沟通和交际可以不用语言手段而达到预期的效果。

诸如此类的现象，在日常生活中比比皆是，习以为常。但是我们同时也要明白，人体语言独立实施交际功能有个前提，就是必须有特定的“语境”作为支撑。人体语言之所以能独立进行交际，主要因为语境本身就传递了很多必要的信息。没有足够的、必要的信息作为依托，人体语言的表意是不确定的，在不同的场景中，同一个体态语表示的意思也是不同的。比如点一下头，可能表示同意对方的意见，可能是与熟人打招呼致意，也可能是暗示对方实施约定了的行动。又比如一声尖叫，也许是受了惊吓，也许是遭到不测，还有可能是惊喜而发出的叫喊。至于在交谈中，对方突然笑了，还真难以判断是什么意思，必须从综合场景及对方的心态去捉摸。

（三）非言语行为是感情流露的标志

人们交际是为了传递信息，传递信息的目的是为了实施交际功能，在这个过程中，人们总是伴随着各种各样的情感。情感的交流是人的天性，也是人们生存的需要。人体语言在言语交际中的伴随性强化功能是显而易见的：高兴与沮丧、爱慕与愤恨、赞赏与反对、轻松与郁闷、尊重与鄙视，一切表情全都在你的人体语言中表露得淋漓尽致。

虽然所有的人体语言都能传情达意，但其中最值得注意的是眼神，所以就有了“眼睛是心灵的窗户”的说法。眼睛可以传递最细微的感情。一个人如何使用眼睛、眼睛与脸上其他部分的配合、目光持续的时间、眼睑的开闭、瞬时的眯眼以及其他许多细小变化都能发出信息。所以目光的名目繁多,如"瞬间目光"、"持久目光"、"直接目光"、"斜视目光"、"一掠而过的目光"、"勾人心弦的目光"等。因此,望你一眼,常常包含着很复杂的语义,不是一句话两句话能说清的,"暗送秋波"、"眉目传情"说的就是这种情景。这种现象在汉语语汇中也得到了充分的体现。例如:

冷眼旁观　望眼欲穿　眉开眼笑　贼眉鼠眼　醉眼蒙眬

目不转睛　目瞪口呆　瞠目结舌　慈眉善目　横眉怒目

上述成语都通过眼神来描绘一个人的表情,复杂而丰富,生动而形象。中国讲绘画时往往说"画龙点睛",就是说,点"睛"传神,龙就活了。其实画人也一样,把眼睛的瞳孔恰到好处地"点"上去,点得好,这人就栩栩如生;点得不好,就死板板的,一看就是假的。眼睛是神采的表现,神采是物质的,同时又是精神的。这种情形在人际交往中表现得非常敏感。有的人城府极深,待人接物不露声色,别人往往对他敬而远之,保持距离。为什么呢?因为别人无法从他的表情中捉摸他的内心,自然生出一种莫名的恐惧,怎么敢同他"零距离"接触呢?有的人心里藏不住东西,无论高兴还是生气,都"写"在脸上,有时也惹人讨厌,但别人敢同他打交道,因为他最能"眉目传情",属于单纯一类。有的人待人极其热情,满脸堆笑,应该受人欢迎,但未必,因为别人从他的眼神中"看"到了虚假,同他打交道心里总提防着,不会深交。①

人体语言的这种流露感情的功能得到很多事实的证明。比如听演讲可以有两种情况:一种是现场听演讲,能看见演讲者;一种是听录音,看不见演讲者。在看得见演讲者的场合,分音节的有声语言传到你的听觉器官,与此同时,这个人的"动姿"和"静姿"都通过你的眼睛传入大脑。这些"无声的语言"起着强化有声语言的语义和情感的作用,听讲者所获得的信息,其清晰度和精确度,远比只听录音要高得多。这就是为什么在传播领域,电视媒体比广播媒体有效得多的原因。更进一步比较,如果读一个人的演讲稿,效果更差。这是

① 参见吴为善《透视汉语交际技巧》,上海古籍出版社,2005。

因为听录音虽然“删”去了体态语成分，效果打了折扣，但还有声调、语气可以捉摸。而读演讲稿则除了书面化的“语言”，一无所有，标点符号的主要功能是断句，不会有太多的情感信息，于是获得的主要是语言的“字面”意思。又比如学外语的情形也是一样的，听录音带和情景教学这两种方式的效果是有区别的。道理也很简单，因为情景教学中，学生能与教师面对面地操练，有“捕捉”人体语言的机会，增强了对话语的理解。据神经生理学的研究，人的大脑左半球接受语言和逻辑信号，右半球接受非语言即形象信号。如果是这样的话，只听录音就意味着仅仅让大脑左半球工作；视听同时并用，则大脑两个半球都在工作。因此视听并用所获得的信息全面，效果也更深刻些。这是语言教学，尤其是对外汉语教学中值得探索的重要课题。[①]

在与人交谈时，如果不刻意掩饰，眼睛会自然地流露出内心的喜、怒、哀、乐，不用说话，但看眼神，就知道他（或她）在想什么。虽然不能确知对方要说的词句，但是可以确知对方的倾向性情态。眼神所传达的感情有时比有声语言还深刻，眼睛甚至能传达超过有声语言所能传达的感情。值得注意的是，通过表情流露出来的情感往往是下意识的，很难掩饰。在大多数文化的约定俗成中，凝神表示专心听讲，是对说话人的尊重；眼睛左顾右盼则意味着心不在焉，对谈话不感兴趣。如果在交谈中，一方有较大幅度的体态改变，就暗示谈话将结束。如果体态的改变到了不再正视对方的地步，则往往表示不愿再交谈下去，想把注意力转移到其他对象上去。在人际交往中，特别是在跨文化交际中，我们应该注意这些潜在的“规则”。

第二节　非言语行为的文化差异

一　身姿语的文化差异

身姿语主要指人体的姿势和动作。而身姿语行为不是天生的，大多是后

① 参见陈原《社会语言学》，学林出版社，1983。

天从环境中习得的。作为一种交际的非语言行为，它是一个社会、一个民族千百年来约定俗成的，不同的社会、民族各有其文化习俗的独特性，这就造成身姿语行为的文化差异。也就是说，因为文化差异的存在，相同的身姿语行为在不同文化中可能表示不同的意义，实施不同的社会功能。比如美国人常伸出舌头表示对对方的蔑视，中国人则以此行为表示惊愕，而藏族人则以此行为表示对客人的尊敬或礼貌。这种差异不仅为跨文化交际造成困难，如果不了解这种差异，往往会产生不良的后果，严重影响交际。赫鲁晓夫访问美国，当他走下飞机时，他曾用"双手举过头顶并紧握在一起"的姿势向到机场欢迎的群众表示致意，然而这一行为却激怒了美国人，因为这一行为在美国文化中意味着美国人被击败了。因为拳击比赛时，胜者常用这个姿势来表示胜利。①

（一）姿势动作的文化差异

身姿语行为中，坐立的姿势比较敏感，在不同文化中也有不同的象征意义。美国男人坐着时喜欢把一条腿放在另一条腿上，脚尖朝着旁边的人，而这种"跷着二郎腿"的习惯在中国人看来是对客人的不礼貌。在开罗曾发生过这样一件事情：一位英国教授上课时，身体靠着椅子背，双脚跷起朝向学生，这种行为激怒了埃及学生。学生们游行示威，强烈要求开除这位英国教授，因为这种行为是对穆斯林传统的侮辱。其实类似的行为在中国也曾发生过，有的外教上课时比较随便，结果被校方告知在讲台上要严肃一些，不然有失师道尊严。有一次，某国和美国打官司，美国人雇请的美国律师就坐在桌子上进行辩护，这个国家在场的人就按照自己的文化习惯认为美国人傲慢无礼，并做了不少文章，造成不必要的误会。在很多场合，西方人对"站"有一种偏爱，他们站着开会，站着吃饭，站着聊天。这是传统习惯，有时与效率有关，有时毫无关系。美国人待客不习惯给客人让座，不喜欢坐着与客人交谈，他们认为站着聊天会使气氛更和谐、亲切，然而这样的习俗会使一个中国客人局促不安。我国一些常驻国外的人员或留学生，甚至那些旅居海外多年的华人对这种习惯仍然感到不适。

---

① 引自贾玉新《跨文化交际学》，上海外语教育出版社，1997。

姿态、动作的幅度和速度,能明显地反映出不同的文化背景和心态。犹太人的手部动作远比一般德国人的手部动作来得自由,所以第二次世界大战时期生活在德国境内的犹太人要尽量控制自己的手部动作,以免暴露身份。年轻的白人步履轻捷,而年轻的黑人则步伐较慢,这与他们的社会环境不无关系。在东方人眼里,美国女子大胆而泼辣,因为他们的步子比东方女子大,腰板挺得更直;在西方人眼里,日本女子的莲花碎步反映出她们的柔顺心理。英国人将两臂交叉放在胸前表示旁观或不准介入,恰似中国的"袖手旁观"。美国人着重随意与个性,常常大大咧咧地坐下来或者站着;但在德国等欧洲国家,生活方式比较规范,人们十分注重礼仪,懒散或过于随意的样子常被认为是无礼的表现。

(二)人体接触的文化差异

身姿语的一个重要领域集中反映在身体接触方面,身体与他人的接触在交际中也无时无刻不在传递信息。由于身体接触已不是个人行为,所以就不能随心所欲了。从孩提时代到成人期,不同的文化教给人们不同的接触方式,哪些部位该接触,哪些不该接触,规矩繁多,差异极大。

握手是最常见的人体接触,这种行为是石器时代穴居人留下的一种遗俗。陌生人相遇,如彼此并无恶意,就放下手中狩猎用的棍棒或石块,让对方摸摸掌心。在人类进化过程中,这些手势逐步演变成两手相握的形式。手掌的张开表示向对方敞开自己的势力范围,而手掌的接触则表示合二为一。今天,在许多国家,握手已经成为一种常用的表示亲热和友好的礼节。但各国握手的习惯不大一样。法国人做客走进房间或离别时都要与主人握手,而德国人只在进门时握一次手;有些非洲人在握手之后会将手指弄出轻轻的响声,以表示自由;在美国,男人之间的握手是很用力的,这可能源于印第安人的角力竞赛;中国人一边讲"你好"一边握手,对此没有什么忌讳;俄罗斯人则不允许两人隔着一道门或跨着门槛握手,他们认为这样做是不吉利的。在西方,参加竞选的政客会用右手握住对方的右手,再用左手搭在互相握住的手背上,试图让接受者感到他的热情真挚与诚实可靠,故被称为"政治家的握手"。

握手不当常引起交际障碍,乃至不必要的误会。有一位驻外人员叙述了这么一段经历:在巴基斯坦任教时,有一次他请学生到使馆看中文电影。一位刚结婚的学生把妻子也带来了。他见到后,主动与学生的妻子握手以示热烈欢迎。但这位学生却非常生气,认为老师主动同他妻子握手太失礼。原来按照巴基斯坦礼俗,男子对陌生女子不能主动握手,老师说出了自己的本意是表示客气与友好后,最终消除了误会。可见握手的概念常因文化的不同而不同。在人类交际活动中,眼睛的信息传递是微妙的,而握手发出的信号却是直截了当的。握肩膀和握胳膊时,实际上是进入了接受者的密切区域,只有在感情极为密切与融洽的人之间才受欢迎。在异性之间,如果女方不主动伸出手来,男性是不能去握她的手的。如果伸左手与人相握,则是无礼的表现。握手的文化是如此丰富多彩,我们必须深入研究,严加区分,以避免文化冲撞和误会。

拥抱与亲吻则是人体接触中最敏感的行为,不同的文化背景产生不同的礼貌和礼仪,其含义是约定俗成的。西方男女在大庭广众之下手牵手、肩并肩、搂腰搭背,甚至拥抱、接吻,他们对此习以为常。而在中东地区的一些民族对此类举动却视为禁忌,妇女要用纱巾从头到脚包起来,走路时目不斜视,不与非亲属的异性握手。在西方许多国家,两个女生见面时拥抱在一起是常见现象;但阿拉伯国家、俄国、法国、东欧国家、地中海沿岸和一些拉美国家,两个男人之间也会拥抱及亲吻双颊。缅甸人、蒙古人和分布在挪威、瑞典、芬兰等国的拉普人会嗅着彼此的面颊表示问候。在东亚及英语国家,男人之间一般只是握手表示欢迎,很少拥抱或亲吻对方。

人体其他部位的接触讲究也很多。出于宗教的崇拜和信仰,佛教徒认为活佛给他们施行的摸顶礼是崇高而神圣的;而在泰国,头部可是千万不能摸的,触及头部简直就是一种罪过。中国人喜爱一个小孩时会亲切地抚摸他的头部或搂搂抱抱,而对美国的孩子这样做就会引起孩子妈妈的反感,尽管她知道这种动作并无恶意,但在他们的文化中,这样做是无礼的表现。可见人体接触的行为也不能"一厢情愿",要因地域及文化不同而变化。

二 手势语的文化差异

手势语是通过手和手指的动作和形态来代替语言交流和表达思想,它是人类进化过程中最早使用的交际手段。手势语非常敏感，而且很多手势语被赋予了文化内涵，也就是说手势语有文化习俗的差异，这种文化差异在跨文化交际中具有重要意义。

（一）手势语的同异解释

人类的有些手势语是具有共性的。比如食指贴着嘴唇，同时发出“嘘”声，是让人安静，不要出声或小点声；两手向前伸出，手掌翻动几下，或两手向前摊出，表示没有了；拇指向上、四指握拳通常表示肯定、赞成，而拇指向下表示否定、不赞成；右手握拳猛击左胸、用手掌摩擦颈背或拍打前额，表示后悔；手在头或高于头的位置左右摆动，手指松弛，稍微伸开，是道别的信号。

但更多的手势语却被赋予了文化的内涵，不同的文化背景赋予了手势语不同的交际功能。中国人竖起拇指表示“好”，伸出小指表示“差”或“坏”，这反映了一种“尊卑有等”、“长幼有序”的文化心态；美国人将拇指朝上表示要求搭便车，将拇指朝下则表示“坏”；而日本人伸出小指却表示“情人”。在美国，人们用挥手来表示再见；而在南美，人们见到这种动作时不但不会离去，反而会向你跑过来。在美国，用拇指和食指捏成一个圈，其余三个指头分开向上伸直，则表示 OK 一词；在日本，这种手势则表示钱；在法国是表示零的符号，或表示“无价值”；在阿拉伯人中，这种动作常常伴以咬紧牙关，表示深恶痛绝。用手指在太阳穴旁边转圈，中国人表示动脑筋，美国人和巴西人则表示发疯。俄国人把手指放在喉咙上表示吃饱了；日本人用此动作表示被“炒了鱿鱼”。美国人用手指着太阳穴表示手枪自杀，反映的是美国私人拥有枪支不足为奇的社会文化背景；日本人用手戳向肚子表示剖腹自杀，反映了日本传统文化中的武士道精神。在新几内亚，将手架在脖子上表示自杀；在中国这种手势表示被人砍头，是古代刑法取“首级”的遗风。

（二）手势语的文化冲突

手势语的使用既然有文化习俗的差异，那在跨文化交际中就要谨慎了，不然就会引起冲突。比如现在我们都知道掌心朝外的 V 形手势代表胜利。这一行为最初是由比利时的律师德·拉维雷用来作为蔑视纳粹的手势，是英语中 victory（胜利）一词的首字母。后来，这一手势经英国广播电台成功宣传，变成盟国部队用来表示胜利的符号，并传遍欧洲，紧紧与反纳粹运动联系在一起。但是，常常有人用反掌的手势来代替正掌手势，这样就会表达完全相反的意思，成为表示侮辱的符号。在第二次世界大战期间，丘吉尔不知道有反掌形式，因此在检阅时，他做了反掌的V形手势，结果自然招来非议。同样，第十五届足球世界杯比赛时，德国著名球星曾对不满意其表现的观众做出极不礼貌的侮辱性手势，激起观众的极大愤怒，因此被德国教练撵出国家队，致使德国队惨败。[①] 又如招呼人过来时，英语国家的人对成年人用手掌向上朝自己方向招动，对幼儿和动物则手掌朝下向自己方向招动。中国人正好相反，即手心向下是招呼成年人，手心向上是招呼幼儿和动物。所以在招呼人的动作上，中西方之间往往会产生误会，应加以注意。

西方国家有很多约定俗成的手势行为，在我们国家是不用的，但我们要懂得它们的含义，以免在与西方人交际时产生误会。比如在胸前画“十”字是英语国家的人常用的习惯动作，人们喜欢用这一方法为自己祝福，乞求上帝保佑或免除厄运，画“十”字的方法是将右手五指捏拢，先后在前胸、腹部、左肩及右肩点一点。他们在饭馆用完餐要付账时，将右手的拇指、食指和中指捏在一起举在空中或在另一只手上做出写字的姿势；在路边对着驶来的车辆伸出一只竖起大拇指的拳头，是在请求搭便车；英语国家的人食指伸出并略微朝上来回摇动，表示不赞成或警告；至于用大拇指点着自己的鼻尖，而把其余四指张开对着人不停地摇动，这一动作在调皮的孩子之间很常见，是对人表示轻蔑、鄙视、嘲弄的意思。

三　表情语的文化差异

表情语指脸部活动所流露出来的情绪、态度的倾向性，是最具表现力的人体语言之一，一切脸部活动的表征都属于表情的范畴，其中以目光最敏感。在言语交际中，一个人的表情来源于对所谈论的事物、现象、观点的反应，同时又是社会身份的象征。表情也是在文化背景中习得的，因而它们的表现因文化

① 引自贾玉新《跨文化交际学》，上海外语教育出版社，1997。

的不同而不同，在什么情况下展示或不展示表情，展示什么样的表情，不同的文化都有其不同的社会规范。

（一）表情语的表达方式

一般来说，人具有喜怒哀乐的情绪感受，而且情绪感受都需要宣泄，这是人之常情。因此，表情的展示具有共性，只不过不同文化的表现程度有差异。中国传统文化讲究含蓄、内敛，人们习惯于控制自己的表情流露，他们对真实感情往往是“藏而不露”。因此，中国人常常对对方的谈话表露出一种难以捉摸的“微笑”，对方难以判断其态度。该高兴的时候不会“喜形于色”，该拒绝的时候“模棱两可”。女性更是如此，即使很开心也只能“掩口而笑”，因为笑不露齿是淑女的行为规范。而西方人则截然相反，他们崇尚个性，性格外向，表情外露，喜怒哀乐往往溢于言表。当然，这只是相对而言的，事实上无论哪个民族都会利用表情这种非言语行为来表情达意，只是展示的方式有所不同而已。正因为如此，不同民族在展示表情方面的文化差异是不容忽视的，也是在跨文化交际中值得注意的一个方面。

在交际中，目光是表情的核心，目光注视的对象、方向、方式都有讲究，注视的时间长短也有不同习惯。英国和美国社会中，一个人在听对方说话时，如果注视说话人，表示“我同意”或“我对你说的话感兴趣”；如果把目光移往别处，可能表示“我不赞赏你的看法”或“我保留自己的意见”。如果说话人注视听话人，则可能表示“我对我说的话有把握”，而从对方移开视线，则可能隐瞒着什么，也可能表示“我不想让你知道我的真实想法”。因此，在英国和美国都强调交际双方要注视对方，要看着对方的眼睛说话，那是一种有教养的风度，美国还有一句“不要相信不敢直视你的人”的格言。同样，来自阿拉伯文化的人们也重视直接的、保持不变的目光接触，并将其看做是良好沟通的基础。他们认为不论与谁交谈，都应目视对方，因此他们总是紧挨着谈话的伙伴站立着，并目不转睛地凝视着他的眼睛。而地中海沿岸的有些国家认为呆滞的眼光会给人带来灾祸，交谈时应尽量避免；希腊人不习惯长久注视他人，这几乎成为一项不成文的法律；美国西南部的那发赫人，也把直视谈话者的目光当做不文明、不礼貌的行为。

（二）表情语的交际误解

不同的文化中人们的眼睛定位不同，这更加深了跨文化沟通的难度，如不注意，就很容易导致误解和冲突。比如在非洲某一地区，一位美国女教师在教学过程中使该部落的长者很不高兴，因为她要求学生注视着她的眼睛，而那里的文化却不允许孩子看着大人的眼睛。印第安人也是这样，他们认为直视比你年长的人的眼睛是不礼貌的，避开目光才表示尊敬，所以他们与人交谈时，眼睛必须东张西望，或背对听众，或目视远处。

又比如西方国家的人演讲时，即使距离很远，也会扫视听众，观察其反应；而此时听众则会以目相迎，表示他们一直在全神贯注地听讲。而西方国家的演讲者在中国演讲，往往会觉得听众的反馈令人扫兴，中国人总是避开眼神交流，以致演讲者以为观众对其演讲没有兴趣。这是因为在中国，正视对方被认为是粗暴无礼，演讲者与听众相互谦恭地回避眼神交流，是很正常的。

其实，眼睛的定位不是固定不变的，而是要看语境，看对象。在美国本土和中国社会，眼睛的定位在有些情景中的表现是相同的。比如遇见陌生人的时候只会偷偷地扫视一下，而不会盯着陌生人，因为这是不礼貌的，甚至带有敌意的。又如倾听长辈说话时，眼神往下低着是适宜的倾听行为，表示对长辈的尊敬；而直视长者被认为是不礼貌的，是带有挑衅性的行为。

即使生活在同一文化圈之中，这种差异也会在亚文化之间产生。在美国社会中，欧裔美国人在发言的时候，通常不会保持直接的、不变的目光接触，他们更趋向于在说话的时候把脸扭转过去，仅仅偶尔回头扫一眼，以便确认与听者的眼神接触；但是当他们在倾听的时候，通常都会保持直接的、不变的目光接触。而非裔美国人在倾听发言的时候所表现出来的眼神行为和欧裔美国人的表现是不同的，他们在说话时眼神通常是专注于听者的；但在倾听他人时会低下头去，也会转过头去。如果一位非裔美国人和一位欧裔美国人谈话，他们的目光接触总是合不上拍，彼此都会觉得出了点儿问题，但都不明其原因。

总之，表情是非常复杂的表意现象。我们从目光差异的背后，可窥视其所映射的不同文化的历史特点、不同地区的风俗习惯、不同民族的心理特点。同时，复杂性又表现为同中有异、异中有同。因此，只有了解各种不同文化中目光定位的不同点与相同点，并加强跨文化交际的实践，熟能生巧，才能避免失误，有效地进行跨文化沟通。

四 体距语的文化差异

人与人之间的空间距离会直接影响个人之间的沟通。随着沟通过程中所保持的距离不同，沟通也会有不同的气氛背景。在较近距离内进行沟通，容易形成融洽、合作的气氛；而当沟通的距离较大时，则很容易形成正式、严肃的气氛。社交情境越正式，人体的空间距离也就越严格，也越能体现人与人之间的社会关系。学者们对不同民族在处理空间距离方面的研究表明，不同文化的人对空间有不同的理解，所以他们在处理空间距离方面的社会规范有不同的选择。

（一）不同民族的人际距离观[①]

这种差异主要来源于文化观念。比如德国人有一种特别明显的"自我意识"，所以他们老是注意间隔，保护私人领域。在德国，住宅是根据最大私人领域这一观念建造的，花园尽可能用篱笆或围墙保护起来，甚至阳台也要覆盖起来，家门从不敞开着。德国人心目中的"私人领域"是一个包围起来的、与任何人不相共处的具体区域。在第二次世界大战期间，德国战俘被安排在集中营里，四个人一间茅房，他们就把茅房分配开来，建立起自己的私人领域，而在那些没有茅房或棚屋的战俘营中，每个德国俘虏就设法造一个自己的住处。德国人始终清楚地知道自己的位置，他们认为只有严格遵守某些行为准则，才能保证有文明的行为。而英国人对空间又有另外一种看法，他们并不太在乎住宅的私人领域。英国人的私人领域是通过严谨的人际关系来保证的，是建立在社会地位的基础上的，讲究"门当户对"。如果两个人没有相当的社会地位，他们就不可能成为熟人或朋友。英国人的这种特点有其历史传统和文化习俗的原因，也许是贵族文化的遗风，也许是保守性格的体现。

现代社会的生活方式也会助长人们对空间的某种反应。比如纽约是一个

① 参见[美]朱利·法斯特《人体语言》，上海文化出版社，1988。

人口密度相当高的城市，因此纽约人对私人领域有一种特殊需求，他们那种“不友好的举止”早已闻名于世，然而这种不友好的举止是纽约人尊重他人私人领域的直接后果。他们不愿侵犯他人的私人领域，所以在电梯里、在地铁车厢里，或在摩肩擦背的街道上，他们干脆互不理睬，以给别人一个方便。纽约人都在自己的私人领域里活动，如果这些领域相互挨得太近，他们的举止便显得特别拘束和呆板，这是为了防止别人误解他们的动机。只有碰到重大事件和危机时期，纽约人之间的“隔墙”才被拆除，这时可以看到纽约人并非“不友好的人”。如几年前发生过一次灾害性停电事故，许多人突然都想到了别人，他们帮助别人，安慰别人，鼓励别人，同时也得到别人的帮助、安慰、鼓励。就在这几个小时的人类之爱中，城市反而焕发出一种罕见的生命力。然而来电了，纽约人又纷纷退回到严格划定的私人领域中去了。

因此，当人们进行交际的时候，交际双方在空间所处位置的距离具有重要的意义，它不仅告诉我们交际双方的社会关系、心理状态，而且也反映出民族和文化特点。不同的民族在谈话时，对双方保持多大距离有不同的看法。这些都说明不同文化背景的人对空间的运用和安排有着各自的模式，从而构成无数文化差异，让空间的使用具有了更为丰富的文化特征。因此，如何了解并懂得尊重对方的空间距离观，在跨文化交际中是很重要的。

（二）体距语差异的文化冲突

虽然人们在交往时对相互间距离的处理几乎是潜意识的，但却具有鲜明的文化特征，有时这种特征还往往是对立的。比如美国是一个远距交流的民族，对个人空间极度敏感。他们把社交和公共距离当做处理个人事务时所使用的空间距离，社交距离是不受感情影响并显示礼貌的距离。保持这种距离既起到对隐私的保护作用，又不会失礼，是相互之间可以容忍、可以理解而且根据关系的变化可以随时调整的距离。在美国，亲密距离除适合于父母与子女之间、夫妻之间外，与其他人交往时很少保持这样的距离，因为这样的距离会使双方感到极度不安。他们与人交际时，如果身体距离超过了个人距离的极限，会让他们产生不愉快的感觉，会被认为是一种侵犯隐私行为。而中国则是一个近距交流的民族，千百年来群体取向的观念使得中国人对个人空间并不敏感。人与人交往一般距离都比较近,所谓"一回生,二回熟"。中国人口众多,到处都会出现拥挤的场合,好在大家都习以为常,并不觉得有什么不自然,更不会想到保护个人隐私的问题。但中国人这样处理空间距离是有条件的,那就是对群体空间十分重视,群体间的距离是不允许随便打破的。中国社会最讲究人际关系的"圈子",圈内圈外有别,交往距离是不同的。从古代的自然村落"鸡犬之声相闻,老死不相往来",到现代社会形形色色的"同乡会"、"同学会"、"校友会"、"行业协会"、"民间团体",以及各行各业的正式组织,群体间的"间隔"是很深的,轻易不会互相"闯入"对方领域。

正因为不同文化背景的人对待空间距离的观念和处理方式不同,所以在跨文化交际中引起误解、导致冲突的现象屡见不鲜。比如在一个国际招待会上,当美国代表和阿拉伯国家代表交谈时,美国人在大厅里不断地向后退,而阿拉伯国家的交谈对象则不断靠近。美国人在试图把他们与交谈对象之间的距离保持在他们认定的"正常"的范围内,在努力调整彼此间的距离,他们觉得面前的阿拉伯人有点"热情过头"。而以近距离交往为准则的阿拉伯人愿意站得更近些,因而就一个劲儿地"逼"着美国人满屋走,竭力想缩短彼此之间的距离,并在心里认为美国人有些"冷淡"。其实双方都没有恶意,也都希望真诚交往,只是生活习俗不同。阿拉伯人似乎对身体接触情有独钟,他们喜欢"拥挤"在一起,无论在家里还是在公共场合都是如此。而美国人则始终注意保护自己的领地,使其不受到侵犯,他们随身携带着被称做"流动领域"的私人地盘,总是与人保持适当的距离。其实多数英语国家的人在交谈时不喜欢离得太近,总要保持一定的距离。西班牙人交谈会凑得很近,拉美人交谈时几乎贴身。英国人与意大利人交谈时,意大利人不停地"进攻",英国人不断地"撤退"。实际上他们交谈时都只不过是要保持对自己适当的、习惯的实际距离。

思考题

1. 什么是体态行为?体态行为在言语交际中有什么作用?

2. 为什么言语交际过程中要善于察言观色?请结合自身体会加以说明。

3. 什么是体距行为?人际交往的空间区域可以分为哪些类型?

4. 什么是时间行为？你认为中国人时间观念不强的说法有道理吗？请陈述理由。

5. 外表行为包括哪些要素？你觉得哪几个特征比较重要？

6. 一个人的仪表指的是什么？它与容貌之间是一种什么关系？

7. 类语言行为指什么？它包括哪几种现象？

8. 为什么说非言语行为是社会关系的标志？请联系生活中的实例加以说明。

9. 为什么无声的非言语行为能独立实施言语功能？实施言语功能需要什么条件？请举例说明。

10. 为什么说非言语行为流露感情是难以掩饰的？请联系生活中的实例加以说明。

11. 身姿语行为中哪些方面最能体现文化差异？请举例说明。

12. 请你仔细观察生活，从文化观念的角度，分析一种身姿语现象。

13. 人类的手势语行为来源于什么？请根据学到的有关知识加以阐述。

14. 请结合跨文化交际的实际，分析手势语的文化差异。

15. 请你仔细观察生活，分析当代大学生使用最频繁的手势语有哪些？

16. 表情语行为指什么？其中最敏感的是什么因素？

17. 东西方表情语行为的根本差异表现在哪里？请从文化背景的角度加以说明。

18. 请结合跨文化交际的实际，分析表情语的文化差异。

19. 请根据你的观察，谈谈美国人的空间距离观。

20. 中国人的空间距离观有哪些明显特征？请从文化背景的角度加以说明。

第八章　性别差异、性别歧视与跨文化交际

第一节　性别差异及跨性别交际

一　性别文化与性别角色[①]

（一）性别文化及其形成因素

1. 性别文化的定义

“性别”一词可分别由英文 sex 和 gender 来表示，不同的是，sex 仅限于表达生理意义，而 gender 表达性别文化中的文化意义和社会意义。sex 代表的意义是始于基因的遗传，加上染色体和性荷尔蒙作用的结果；而 gender 的意义是人们以生理因素为基础，受社会和文化因素、心理因素影响的社会化的结果。简言之，gender 是集生理基因、社会角色（性别角色）和文化身份（性别身份）为一体的概念，是通过社会交际而习得、代代相传的关系系统。因此当我们讲性别文化的时候，准确的概念是 gender。

性别文化是指社会为不同性别所规定的信仰、价值和行为的体系，是社会为不同性别的人们所分别限定的所思、所为、所言、所觉的范围。不论哪一个国家，哪一种文化，在其发展过程中，人们对性别角色，即男女两性适当行为的社会期望构成了相对固定的性别原型，它们在人类生活的许多方面都有所反

---

① 参见贾玉新《跨文化交际学》，上海外语教育出版社，1997。

映，而在两性言语交际能力中的反映最为明显、最为透彻。

人们为什么会用定型的观点和思维模式来看待和对待男性和女性呢？要回答这个问题，我们还必须从文化中找到根源。学界普遍认为，文化实际上是一个大群体在代代相传当中，通过本人和集体的努力获得的知识、经验、信念、价值、态度、角色、空间关系、宇宙关系的积淀，以及他们获得的全部物质的东西。东西方文化固然有很大差异，从大的方面讲有不同的价值观、人生观等，从小的方面讲有饮食文化、服饰文化等；但在对待男人和女人的态度问题上，两者似乎有共同之处。比如从传统的观点来看，东西方文化有关社会分工方面，都是男主女从、男主外女主内；在社会地位方面是男强女弱、男尊女卑；在审美情趣方面则为郎才女貌、男刚女柔的两性气质。在意识形态中，人们倾向于把外在的容貌以及"温柔、贤惠、持家"等所谓"女性特质"看成是女性的价值体现，而把事业有成、社会地位、物质财富、高学历视为男人的价值体现。在语言表述上，男性尽显强悍的男子气，女性则表露温柔的女子气。人们通过交际，在社会化的过程中获得性别身份，进入社会或性别角色，成为不同性别文化的成员。因此，性别文化又称性别交际文化（gender communication culture）。

2. 性别文化的形成

影响性别文化形成的因素是多方面的，但概括起来，主要因素有两个：一是社会和文化因素，一是生理因素。在这两种因素中，生理因素是基础，决定人们的生理差异。生理性别一经确定，起决定作用的是社会和文化因素。性别角色、性别身份以及与之相适应的角色行为，是在社会化的过程中完成的。

每个人从呱呱坠地的那一刻起，天生具备成为某一社会成员的潜能。在与人们的交流中自觉或不自觉地取得周围人尤其是父母亲的认同，习得与性别相应的行为（言语行为和非言语行为），得到社会中其他成员对自己性别身份的认可。作为社会的一员，他（她）必须遵守社会规范，满足社会的期望和要求。然而在社会化的过程中，不同性别的儿童在行为、态度、动机、信仰和价值观等方面必然会受到社会不同模式的规范制约，在扮演不同的性别角色过程中获得不同的性别身份，并习得与其相应的角色行为。

孩子的生理性别一经确定,就有了性别特征的名字,穿不同的衣服,玩不同的玩具,被期待发展成为由生理因素决定的角色:男孩被期待成为男子汉,女孩被期待成为温柔善良的女人。整个社会就对男孩和女孩朝着不同的方向施加影响:男孩被鼓励具有事业心、进取心、独立性和冒险精神,父母亲一般不阻止男孩具有侵犯性的行为,以便消除其被动性、依赖性和恐惧心理;而女孩则被鼓励具有温柔、娴静、细心、整洁、勤俭、不张扬等"淑女"气质。男女不同的性别角色促使他们获得各自的角色行为,成为不同的性别文化成员。

(二)性别身份与性别角色

性别角色是社会规范和他人期望所要求于男女两性的行为模式,也可以说它是孩子们在社会化的过程中获得的与生理性别相适应的、为社会和文化所期望的行为。它可以分为不同的发展阶段,其中儿童性别角色的形成是儿童社会化进程中最重要的组成部分,因而历来是发展心理学家关注的一个问题。我们在讨论性别角色的时候,多数着眼于儿童的性别角色,因为只有儿童性别角色处于形成阶段,受环境干扰最少,因而最具有原型性特征。

讨论性别角色必然涉及一个相关概念——性别身份。性别角色和性别身份是文化和心理两个不同层面上的概念,但两者是不可分割的统一体。性别身份是个体对自己生理特征和社会文化特征的知觉,是对自己性别身份的确定和认可;而性别角色是孩子们在社会化的过程中所获得的与生理性别相适应的、为社会和文化所期望的行为。性别身份是性别角色的内化,性别角色是性别身份的外显形式。

1. 性别身份

性别身份(gender identity)是指个人对自己是男性身份或女性身份在心理上的认同。一般情况是,小孩约在一岁半开始发展对性别身份的认同,开始根据发型、服饰等来识别男、女,也能从父母身上慢慢知道自己的性别身份。而孩童在这方面的发展可通过以下因素影响:第一是生理特征。男女的性别会令行为上有差别,因而受到身边的人不同的对待。第二是社会习得。儿童成长过程中,尤其是一岁半至三岁是性别身份建立的关键期,一方面通过父母亲对自己性别的肯定及接纳,从而慢慢建立自我的性别身份;另一方面透过观察、模仿父母或师长的行为，以及父母对子女的教导，学习两性的角色及特性。

性别身份的建构由各种因素构成，包括性别、种族、阶级、年龄、体能等，也是拥有权力的一种象征。这里的性别作为一个角度或立场，并不是纯生理意义上的性别（sex），而是指社会意义上的性别（gender）。性别不单单是一种天生的差异，更是一种社会化的论述。性别身份建构是一个过程，通过一种自觉性和社会对性别角色所产生的认知所构成，两者之间可以存在反差，有时候个人对自我性别身份的认定，未必在社会获得相应的认同。因此，研究性别身份，必须要了解各种因素之间的差异以及存在的矛盾与冲突。

性别角色的行为遵从一系列传统的男性或女性习惯，比如男孩的娘娘腔或女孩的假小子行为虽然会遭到一些非议，但通常并不伴有性别身份障碍，这种行为通常是正常发育过程中的一个阶段。这其中就体现了一个内心性别身份，它是个体对自己性别属性的主观感受，即清楚地意识到“我是男人”或“我是女人”。

2. 性别角色

性别角色（gender role）是指社会对男女两性的行为期望，也是男女两性的行为规范准则。传统社会给不同的性别划定了不同的社会空间，每个性别都扮演着自己相应的角色，并根据自己的性别对自己进行“包装”。例如男性的性别角色包括成家立业、赚钱养家、勇敢、独立、强壮、理性、果断、有责任心、有事业心；而女性的性别角色则包括贤妻良母、相夫教子、温柔、体贴、牺牲、依赖、重感情等。性别的不同造成了活动的内容和方式也不同，他们都只进行适合于自己的活动。假如某个人经常做的事是护理病人、看护孩子、做饭烧菜、织毛衣、养鸡，那么这个人通常是女人；假如某个人经常做的事是管理社会、经营公司、修理电器、换煤气罐、洗车，那么这个人通常是男人。这说明特定的性别和特定的社会空间是一致的。这种性别化的社会空间迫使人们形成一种概念：在家庭厨房里忙来忙去的男人给人的感觉像个女人，同样在公司拍板决策、指挥他人、颐指气使的女人给人的感觉像个男人。

性别身份是个体对男性或女性的个人感觉，是客观的，是公众对个体是男性或女性的表达。性别角色就是个体向他人或自己展现自己是男性或女性所做和所说的一切。对绝大多数人而言,性别身份和性别角色是一致的。

二 性别差异与交际规范

丹麦语言学家叶斯帕森(Jespersen)最先从语言学角度研究"性别语言"(male/female language),而后不少学者,尤其是从事社会语言学研究的学者如莱考夫(Lakoff)等对女性的语言进行了深入的调查和分析。学者们普遍认为男女之间在言语交际方面是"不同的话语,不同的世界"。男女在语言使用方面的差异在语音、词汇、语法等方面都有所体现,这方面的论述很多,这里不再详述。[①] 我们主要介绍男女性别差异与交际规范方面的内容。

(一) 女性的交际规范及其特点

女性显然有着不同于男性的交际目的和原则。女性言语表述的特点很明显:柔声细语、委婉礼貌、嗲声嗲气、烦琐缜密,有时会让男性觉得莫名其妙,或不可理喻。确实,在日常会话中,女性语言委婉、缠绵,具有情感魅力,但在一定程度上表现出缺乏信心、决断不足的倾向。因此女性交际规范的倾向性表现为情感性特征,具体表现在:相互之间友好相处,彼此包容;互相之间寻求一致或共同点,追求和谐;富有同情心,善解人意,容易移情,对异性高度敏感;淡漠成就,注重关系,倾向于感情用事。

1. 言语交际特征

语言学家们对社会交往中话语状况的考察表明:在话题选择、话语方式、言语策略等方面,女性都有她们自己的特征。具体表现为:

(1)话题选择。传统的性别文化将女性的社会存在界定在婚姻家庭、生儿育女、穿衣打扮、逛街购物等私人领域,因此女性话题常涉及家庭、情感、婚恋、生育、服饰、美容、购物等内容。

(2)话语方式。女性追求文雅、优美、委婉、情感的语体风格,在词语的选择、句式的运用上均有所体现。这种话语方式的使用与女性的教育程度、文化水平成正比。她们往往多选择间接言语行为。其中最突出的表现是多使用非

---

① 参见许力生《语言研究的跨文化视野》,上海外语教育出版社,2006。

疑问的疑问句形式来代替直接的祈使要求。如“请给我一杯咖啡,好吗”、“请递给我那本书,好吗”。

(3)言语策略。女性特别注重遵循交际中的合作原则与礼貌原则,表现较为得体。女性交际的目的在于用言语建立和维系和谐关系,用言语与对方建立平等关系,寻求共同点和一致性,因而女性比男性更多地使用客套的礼貌标记词,如 please、thanks 等。这既体现了女性谦和、礼貌的本性,也同女性的交际目的在于与对方联络感情有关。

2. 言语交际风格

女性在言语交际风格上的特征也很明显。具体表现为:

(1)在交际过程中,女性习惯于用言语行为或非言语行为支持对方讲话,注意倾听别人讲话,以询问的方式参与交谈和争取发言的机会。她们很少打断别人谈话,不争夺发言权,并及时对别人讲话作出反应,以表示全神贯注听别人讲话。因而女性能够成为公认的优秀的交谈对象。

(2)女性间相互交往的方式倾向于维护相互间的关系,典型的女性群体会话是建立在对方话题基础上的,她们更重视谈话中的合作与协调,更注重整体的气氛和交谈对方的反应,对他人的话语往往能够给以积极的回应。由于女性的交往是建立在相互维护的基础上,所以即使当谈话被打断时,她们对话题的控制欲也较低,而彼此的合作性却更强。

(3)书面语表达中,女性陈述的内容多涉及具体的人和事。女性在事件叙述中经常是多层次的,表现清楚,涉及面广,句型多有变化。在情节处理上,大多描写得比较生动、具体,注重细节部分。她们抒发情感多以家庭、爱情、个人处境等为主题,并且易于表现出忧郁、感伤的情调,显得舒缓、和婉、细腻。

3. 言语交际目的

女性交际一般是以建立和谐的关系为目的,因此在女性的世界里,言语是其亲近他人并与之建立良好关系的途径。具体表现为:

(1)女性比男性更抱合作的态度,往往更多地表现有助于配合对方谈话的态度。在对男性提起的话题不太感兴趣或抱有不同看法的情况下,她们也往往趋向于暂时同意或接受对方的观点和看法,随着对方的思路走,积极主动地与对方配合，保持谈话的一致性。即使男性在交谈中突然从一个话题跳到另一个话题，女性也是尽力跟上，从而使得交谈能够顺利地进行下去。

(2)女性在批评别人或与别人争执时，既不显得过分放肆，也不显得霸道、刻薄，原因就在于女性对命令形式的言语极为反感。好冲突、好批评，在女性世界里具有危险性，因为这会导致群起而攻之，从而危及与同伴的关系。因此，女性通常以委婉的方式提出批评。

(3)女性善于创造和保持女性之间的亲密、平等的关系。女性之间的友谊，在很大程度上，是通过谈话来建立的。因此，女性倾向于使用说话者和听话者都包括在内的言语形式，希望以此增强彼此之间的理解和感情。

（二）男性的交际规范及其特点

男性的世界与女性截然不同，他们的社会地位因成员组成和活动方式的经常变化而显得不稳定，每个成员都可能处在统治或被统治的地位。但人人心甘情愿，一个高度个性化和井然有序的活动世界使男孩在五岁前就养成了与女孩迥然不同的交际规则，而且这些规则陪伴他们直到晚年。因此，男性交际规范的倾向性表现为工具性特征，具体表现在以下方面：习惯成帮结伙，组织有序，等级分明；喜欢表现自己的权威、自信、果断，有权力欲望；主动争取并垄断发言权，敢于竞争，赢得听众，突出个人，超越别人；思考冷静、理智，有成家立业的雄心壮志，有解决问题的能力。

1. 言语交际特征

男孩容易结成团体，在团体中非常善于提拔或拥戴一个领导，并乐意接受领导，或挺身而出领导大家。因为男性是乐于加入组织的，又是想努力展示自己才华的，所以男性之间不会出现女性之间那样多的个人恩怨。男性长于理性思考，并且希望在组织中崭露头角，为该组织出谋划策和献身，这就是信仰的力量。男性团体是一种组织严密、分工精细的组织，在其中能感觉到群体的力量。

这种特征反映在交际方面，是男性渴望用言语和行动确定自己的统治地位和领袖身份，直截了当地表示自己的权力欲望。有的学者曾对美国孩子夏令营中的男孩的言语行为进行过调查，发现男孩经常使用以下各种言语行为来体现自己的权威和自信。他们喜欢用命令式的语句，如：

Get up! / Give it to me./You go over there.

喜欢讥讽和嘲弄别人，如：

You are a dolt.

喜欢恐吓并向别人挑战，如：

If you don't shut up ,I'm gonna come over and bust your teeth in!

他们容易拒绝接受命令，善于辩论和言辞角逐，并在辩论中战胜对手。

2. 言语交际风格

男性的交际风格表现为喜欢争取并垄断发言权，赢得听众，在讲话时有排除干扰把话讲完的能力。为了达到目的，他们在说话中经常开玩笑，说大话，哗众取宠。当别人发表意见时，他们总是打断别人的话，抢过话头发表自己的观点。当别人赞同某种议论时，他们容易发表与别人不同的意见，并极力证明自己的正确、可信。在交谈过程中，他们会随意地转换话题，并且强求别人围绕他感兴趣的话题发表议论。

3. 言语交际目的

作为言语交际目的，男性善于用言语和行动使别人信服，体现他们有解决问题的能力和不达目的誓不罢休的决心和意志。男性的这种时时想树立自己的权威的欲望，并要得到别人认同等特点，显然是工具性角色的具体体现。

这一点在学校里表现得尤为明显，有的学者曾对美国学校里男女学生的课堂表现进行过调查，发现男孩女孩在课堂中的言语表现，无论在言语量和言语风格方面都有很大区别。男孩喜欢说大话，每当考试完毕，他们会说试题太容易；而女孩则惶惶不安，担心考试成绩。结果实际成绩并不像他们想象的，也许女孩的成绩更好。课堂上男孩喜欢大声吵嚷，炫耀自己的能力，而且大胆猜测，而女孩则常保持沉默，因为她们从小就受到相关的教育，明白大声喧哗、辩论挑战对女孩来讲是不得体的表现。

三　跨性别交际的文化冲突

既然性别差异是一种文化差异，那么异性交际就是一种跨文化的交际。

任何一种跨文化的交际，都可能因为文化背景的不同而产生交际失误，跨性别交际也是如此。男女性别文化之存在，根本上是由心理定势乃至价值观等方面造成的差异。这就势必使得两性在交际规范、交际风格、交际策略方面造成差异，为两性之间的交际带来障碍。在异性交往时，由于对性别差异缺乏敏感和意识，人们总会自动地以自己的性别文化规则来解释、判断和评价异性的言语行为和非言语行为，从而产生交际规范的性别冲突。

在一个大文化圈内部，跨性别交际属于亚文化（性别文化）之间的交际，产生的交际冲突也是亚文化（性别文化）之间的交际冲突。如果是不同民族之间的异性交往，那么跨文化就有了双重含义，不但是跨性别的，而且是跨民族的。这时亚文化背景（性别文化）和大文化背景（民族文化）同时起作用，这种双重意义的跨文化交际就更加敏感，更容易导致跨性别交际的文化冲突。从实际情况来看，跨性别交际的文化冲突集中反映在以下两个方面：

（一）会话形式与功能判断

两性交际中比较典型的冲突，是双方的话语形式，以及对言语行为功能的判断有差异。比如在日常生活中，人人都会遭遇困难与挫折，但男女面对对方倾诉时的反应是很不同的：女性听到别人倾诉所遇到的问题时，常常努力相互理解，交流情感，倾吐衷肠，排忧解难，并举出自己经历过的相似遭遇来安慰对方，表示同情和理解；男性倾听别人这种陈述时，把这种陈述当做是别人希冀他们提出解决办法，因此会毫不犹豫地以问题解决者的身份参与交际，提供建议，帮助解决实际问题。这两种态度的不同在于：当自己遇到问题向别人倾诉时，女性往往需要对方的理解和同情；而男性则更希望对方能提出一些原则性的解决办法。一个女子向自己的丈夫倾诉时，得到的是对方的一些抽象的建议而不是安慰和同情，她会觉得自己没有受到重视，因而反复强调自己的问题；结果使男性感到自己的建议未被理解和认可，造成交际失误，引发冲突。反之，当一个男性向女性提出问题时，他会等待对方与自己积极讨论，拿出解决方法；而女子却按照自己建立良好关系、表示同情的意义解释框架来交际，拿出她所遇到的相似问题来表示同情和理解。男性常常会抱怨很难与女性沟通，认为她们缺乏逻辑性思维，不能理解交际中的主题，因而与她们讨论没有意义;同样女性会抱怨男性不关心自己,不能理解和分担自己的不快、忧愁。于是跨性别交际误解就产生了。这种误解说到底是男女双方由于会话形式的不同,导致对异性言语行为功能的判断失误。

男女双方对言语行为功能的判断失误表现在很多方面。在交际中,男性会直接提出要求、批评和异议,有时甚至会高声争辩;而女性则是有礼貌地、委婉地表示不同意见或提出要求,有时保持沉默不语。这些不同的交际方式都容易产生误会,导致冲突。交际中女性常使用 yes,其本意并非就一定同意对方的观点或赞赏对方的思想,只是表达自己支持或鼓励对方的谈话,表达的会话含意是:"我正听着呢,请继续说。"而男性却往往出于直接的判断,误解为:"我赞成你的看法。""我完全同意你的观点。"结果当所谈论的事情要付诸实施时,就会发现不是这么回事,从而产生误会,导致不必要的冲突。

事实表明,跨性别交际冲突很多来自于男性对女性言语行为功能的判断失误,在跨国异性交往中这种现象更普遍,集中反映在跨国婚姻的夫妇感情处理上。我们来分析一个典型案例:杰尼是个美国青年,很绅士也很幽默,与中国姑娘小梅结了婚,并在美国定居。他们感情很稳定,没有出现过危机,只不过常常为一些小事发生争吵。比如在结婚纪念日,杰尼给小梅带了束鲜花回来,小梅也正在为他做他最喜欢吃的海鲜汤。但是他进门没多久,电话铃就响了,他接了电话,急匆匆地跑到厨房说他要出去一下,小梅就关切地追问他是什么事,杰尼就很不高兴地说:"It's nothing about with you. It's my business."小梅觉得很委屈:我也不想干涉他的私事,只不过是关心他,他不领情也就算了,倒长脾气了。又比如有一天小梅觉得胃痛,所以请假回家了,杰尼正好休假在家。小梅一进门就向杰尼诉说自己不舒服,杰尼就说:"那你休息吧!"并为她取来了药,然后就去忙自己的事了。小梅当时就觉得很气恼,埋怨杰尼不关心自己。杰尼对此却感到很惊讶,他认为自己已经关照她去休息,又替她取来了药,问题处理得很得当。上述情景可以断定杰尼没有准确地判断小梅的会话含意。小梅追问他为什么要出去,并不是有疑而问,真想知道什么事,只是表示对杰尼的关心;而杰尼却误以为小梅要干涉他的私事。小梅向杰尼诉说身体不舒服,也不是一种简单的陈述,而是希望得到杰尼的安慰与呵护；而杰尼却没有领会这层含义，他是在解决问题，而没有表现出小梅所渴望的行为反应。

（二）话题选择与话题转换

两性交际中另一个比较典型的冲突是双方感兴趣的交谈话题存在较大差异。这是因为从总体上说，男女双方的社会职责和活动空间不一样。无论古今中外，“男主外，女主内”总是一种主流趋势，也是社会合理分工的需要。于是男性较多地追求事业发展，考虑赚钱养家，关心国内外形势，注重自身的岗位职责；而女性较多地顾及家庭状况，关注孩子成长，承担家务劳作，喜欢逛街购物，注重自身形象。这是合理的，也是维系一种和谐的“社会生态平衡”所必需的。但是这样的状态必然导致双方的日常交谈话题出现较大的差异：女性在一起时，谈论话题集中在丈夫、孩子、物价、美容、服饰等方面，她们热衷于生活琐事，喜欢交流内心感受；而男性在一起时，话题则集中在社会、政治、时事、事业、职位、汽车、体育等方面，他们喜欢标榜成功，渴望体现权威。话题差距较大，所以当男女两性交谈时，必然会产生矛盾。

常见的现象是对彼此的话题不感兴趣。在这种情况下，男性往往比较霸道，没有耐心倾听，无端地打断女性的话题，并表现出不屑一顾的态度，感觉她们琐碎啰唆。而女性则认为男性故作高深，强加于人，感情冷漠，缺乏情趣，自以为是，对女性不公平，对生活缺乏激情。

男性和女性对话题的转换也表现出不同的态度。男人似乎常把话题谈得很仔细，一直坚持到把话题讲完；而女性则习惯于将话题逐步发展，话题的转换是渐进式的。女性倾向于注意保持交谈的连贯与顺畅，话题转换较为缓慢；说话的过程中女性比较注意听者的反应，并使其在言语中有所体现；她们也很少打断别人的话，即使打断也会带上一句道歉的话。相比之下男性在交谈中常表现出较强的竞争性，倾向于由自己来控制话题的选择与说话的机会，不肯轻易让出发言权，交谈中跳跃较多，连贯性不强。

男女双方感兴趣的交谈话题存在较大差异，于是“话不投机”就容易导致交际冲突，跨国异性交往也不例外。由于国际交往日益频繁，大批外国人到中国留学或工作，国内的一些大城市的中学都设立了国际部，主要供外籍孩子在中国学习中文,完成中学学业。这类学校的教师一般都是年轻的女教师,事实证明教学效果很好,尤其对外籍男孩子的教育比较有效。但这类学校的男孩子与年轻女教师之间也常常发生冲突。他们很多是住校的,教师除了管他们学习,还要管他们生活,因此很多场合涉及的话题都是些生活琐事。于是这些外籍男孩子就嫌年轻女教师管得太宽、太烦,于是冲突就产生了。比如北京一所学校国际部男孩子采用了一种特殊的方式表示他们的反感,导致交际冲突:每当他们觉得烦了,不想听女教师"啰唆"了,就会故意用一种很纯正的普通话对教师说"听不懂",一个学生这样说,一群男孩子就跟着异口同声说"听不懂",这常常使得那些年轻女教师哭笑不得。究其原委,那些外籍男学生虽然还是孩子,但男性角色意识已经很强,讨厌那些过于琐碎的话题,因此在这样的场合,女教师对他们的管教(也是一种异性之间的交际)往往达不到预期的目的。

第二节　性别歧视与跨文化交际

从社会语言学的观点来看,不同文化中普遍存在的各种语言性别歧视现象,不仅仅是一种符号表达,而且是一种政治化语言(politicized language),一种文化定势(cultural stereotype)、一种权势观念(power ideology)、一种话语结构(discourse)、一种社会心态(social attitude)、一种认知模式(cognitive pattern)。总而言之,是上述种种范畴在语言系统中的反映。在社会语言学家看来,语言性别歧视现象的研究,不单纯是一个语言学的问题。我们应该透过这种表面现象,结合文化学、社会学、认知科学的研究,采用一种崭新的观察视野,揭示语言使用过程中的亚文化现象。由此可见,语言中性别歧视现象的研究,有着极为丰富的内涵和深远的社会意义。语言性别歧视现象的探索和研究集中在英语世界,尤以美国为发源地,我们这里介绍的相关内容主要依据国内学者对此的一些概括和评介。①

① 参见杨永林《社会语言学研究:功能·称谓·性别篇》,上海外语教育出版社,2004。

一 女权运动与语言性别歧视研究

(一)“语言性别歧视”与“性别歧视语言”

20世纪70年代,西方社会中的女性发起了“女权运动”。1970年,全美妇女组织(NOW)为争取平等待遇,举行了一次罢工,打出了一条脍炙人口的口号:Don't Iron while the Strike is Hot!(罢工运动如火如荼,岂能静坐家中熨烫衣物!)随着女权运动的兴起,整个英语世界对语言中普遍存在的性别歧视现象展开了一场力求改革的社会运动。1971年,在福特基金会的赞助下,一份专门以报道女权运动内容与女性研究为宗旨的学术刊物《女士》(*Ms*)在美国问世,刊载了不少语言与性别研究方面的学术论文。与此同时,美国新闻媒体如《纽约时报》与《华盛顿邮报》也开辟了专门的栏目,展开英语中各种性别歧视现象与语言改革的公开讨论,使得民众对此问题开始了严肃的思考。现在,美国各政府部门、教育机构,都已在相应的文牍手册中制定了一系列明确的规定,旨在彻底消除本部门语言使用中的性别歧视现象。20世纪80年代中期,美国国务院、劳工部、美国心理学协会、美国英语教师协会、美国出版协会、科学研究协会、美国语言学协会等机构都出版了专门的指南手册,敦促其成员和所属出版部门使用不含性别歧视的中性语言(nonsexist use of language)。各种学术刊物也纷纷响应,要求作者在所投稿件中,必须采用不含任何性别歧视的文字与说法。与此同时,也有许多新型辞书、手册问世,旨在促进男女社会平等,呼吁进行文字改革,消除语言性别歧视,促进英语健康发展,例如《女权主义英语词典》、《中性写作手册》、《中性交际者》、《中性同义词词典》等。实际上,在英美社会中,不但在教科书本、写作指南、语法手册中都有专门的文字说明,建议大众使用不含语言性别歧视的中性用法,就是在字典辞书编写工作中,对于相关词条的解释,也尽可能采用中性说法,或兼顾男女两性的解释。

一般来说,语言中的性别歧视现象涉及两个相关概念:一个是“语言性别歧视”(linguistic sexism),泛指语言使用中的诸种性别歧视现象;另一个是“性别歧视语言”(sexist language),专指各种含有性别歧视的具体语言表现形式。作为专门的学术概念,“语言性别歧视”可以界定为:不论男女任何一方,一性别对他性别在语言使用上所表现出的一种偏见和态度。而“性别歧视语言”则指以下四个方面中的任何一种表现形式:偏袒一性别,损害另一性别的语言现象(Language that favors one sex over another);诋毁一性别,抬高另一性别的语言现象(Language that belittles one sex);无视一性别存在,凸显另一性别的语言现象(Language that makes one sex invisible);刻意掩盖,极力粉饰社会中普遍存在的性别歧视现象(Language that masks sexual discrimination)。

(二)语言性别歧视研究的发展阶段

美国的语言性别歧视现象研究,是伴随群众性的女权运动,从 20 世纪 60 年代开始的。假如以 10 年为一个考察阶段,我们可以从历时的角度出发,结合英美社会语言学的发展,把语言性别差异的研究大致划分为四个阶段。

第一阶段可以称为“语料搜集与身份验证阶段”,从 20 世纪 60 年代中期到 70 年代中期。这一阶段的研究工作有四个特征,分别涉及观察角度、研究方法、考察内容以及参与群体四个方面。从观察角度来说,基本上是采用女权主义的观察视野,大多数研究都是在对千百年来封建父权思想的批判之上进行的。从研究方法上来说,多半采用内省式研究方式和民俗语言学的方法,一般以书面文字材料为对象。主要目的在于搜集现代英语中含有显性语言性别歧视的习惯用法和表达方式,通过对比分析的方法,对其社会意义进行分析讨论。这一阶段的讨论,除了媒体的积极介入以外,广大民众踊跃参与。因此,第一阶段的研究成果更多地体现在唤醒公众意识、充分认识歧视危害性这一点上,而不是纯粹语言学意义上的研究。一个典型的特征是现象分析缺乏专业性指导,以偏概全;改革措施忽视语言发展历史,易走极端。出现了许多无视词源学研究、主观臆断式的批评意见和改革方案。例如英语中 history 这个词,有人认为由 his 和 story 两个词合成,由此得出“历史”不能仅仅体现“男人的故事”的结论,建议采用杜撰而来的新词 herstory 来替代,以消除语言性别歧视,体现男女平等。

第二阶段可以称为“形式批判与缺省配对阶段”,从 20 世纪 70 年代中期到80年代中期。这一阶段的研究主要是采用形式分析的方法,从构词形式上找出含有“男尊女卑”倾向的词语与用法,然后采用不同的改革措施,减少或消除英语中的性别歧视现象。提出的改革措施与方法不少,常见而又实用的有互补配对、替换植入、改换说法、表明禁忌、回避方法和标新立异等。这一阶段的研究体现了一种“男女共生”的改革原则,因此语言性别歧视研究在语言改革方面,产生了许多的积极成果。例如,有多部旨在消除英语语言性别歧视的字典与辞书在这一阶段问世;政府机关、学术期刊、新闻出版等部门也纷纷制定新的不含性别歧视的语言政策以及相应的文体指南。

第三阶段可以称为“结构改良与语义分析阶段”,从20世纪80年代中期到90年代中期。相对于前两个阶段的研究而言,这一阶段的研究在内容上有了一些新的变化。首先,结构形式上的分析已经逐步让位于语义的研究;其次,语义研究中又特别注重语言社会意义的研究。在这一阶段,社会语言学家充分认识到,如果忽略了语义问题的研究,特别是忽略了人类思维与行为方式如何完成对自然语言系统的解释和说明这类问题的研究,则无法深入研究同语言性别歧视相关的语言学问题。例如社会语言学家吉尼特(Ginet)就明确指出:性别表示的不仅仅是一种概念范畴的存在,而且是一种行为方式的体现。既为行为方式,当然也就包括了思维、判断,以及对于外界的反应。对于了解什么是语言性别歧视现象来说,一个基本的问题是深入理解语言形式是如何获得和传播意义的。由此可见,语义认知的问题应当是社会语言学语言性别歧视研究的主要内容之一。①

第四阶段可以称为“改革反思与认知研究阶段”,从20世纪90年代中期开始。这一阶段的一个重要变化,体现在语言认知研究同语言性别歧视研究之间建立了一种关联。具体而言,这一阶段的变化,主要体现在两个方面:一是基于对前一阶段研究内容的认真反思,加强了实证研究;二是结合语言发展、心理表象、社会心理等方面的研究,扩展了认知探索的视野。例如有调查表明,因受后缀-man的影响,初识shaman者往往以为仅指男性而言。实际

① 转引自杨永林《社会语言学研究:功能·称谓·性别篇》,上海外语教育出版社,2004。

上此词和 senator、scholar 一样，在当代英语中应为中性名词，兼指男女双方。出于同样的道理，henchman 宜用 follower、supporter、helper 替代；herdsman 宜用 swineherd、cattle herder、shepherd 替代。从表面上看，这些两两并行的表达方法，仅仅表现为形态上的不同，不过是换一种说法的问题。其实，这些现象背后还隐藏着语言与认知的矛盾。有实验表明，man 和 he 用于泛指通称形式之时，并不一定在说话人头脑中形成完全匹配的理解概念，通指男女双方。一般情况下，这两个词语在受试头脑中更易产生单指男性一方的联想，指代男人或男孩的几率明显高于指代女人或女孩的机会。

二 性别歧视现象在语言中的表现

由于语言性别歧视研究源于美国，所以对语言中的性别歧视现象，在英语中研究得较为充分。因此这里我们主要介绍英语中关于语言性别歧视研究的成果，并适当论及汉语中的类似现象。

（一）通称名词和第三人称代词

语言表达中，在所指对象性别不明的情况下，或者在所指内容同时兼指男女两性之时，英语中有两种表示通称的说法：一种是名词用法，即采用 man 一词，兼指男女双方；一种是代词用法，即采用第三人称代词 he 的形式，泛指男女。这两种用法，并非语法系统发展的自然结果，而是社会使然的人为产物。英语中以 man 作为非标记形式，兼指男女双方的用法，既非效仿希腊语法、拉丁语法的结果，也不是英语古已有之的规约。实际上，希腊语、拉丁语、古英语中，都有各自独立的一套词语，分别指代人类、女人和男人（human、woman and man）。至少在 17 世纪以前，还远远谈不上是一条语法规则。后来由于语言的变化，这种界限逐渐趋于模糊，英语里才有了 man 身兼两职，既可单独指代男性，又可泛指男女两性，成为通称用法。这种变化结果，如果从约定俗成的角度而言，也未尝说不过去；但是倘若细究起来，这种变化结果就值得反思。因为从生物学、社会学的角度来说，男女两性均为彼此独立的个体而发生、发育、成长，不存在相互替代或包蕴的可能性。从历时语言学的角度来看，明确规定第三人称代词 he 作为英语泛指通称形式，是规定语法学派崇尚拉丁语法的结果，将拉丁语法中语法属性意义的“阳性为先”的含义，篡改为生物学或社会学意义的“男性优越”的解释。这种用法隐含“无视一性别存在，凸显另一性别”的嫌疑，显然是一种性别歧视语言现象。

同时，从语言政治学的观点来说，长期以来广泛存在于教材编写、辞书编撰、语法条例制定，以及习惯用法讨论中的规定主义学风和大男子主义思潮，同这种用法的流行有着千丝万缕的联系。美国学者斯克拉(Sklar)曾经就此问题专门进行过调查研究。在她所调查的当代16种大学语法课本中，只有3本提到第三人称代词泛指用法存在其他替换形式，其余13种语法课本均认为he是唯一可以接受的正确用法。社会语言学家博丁(Bodine)对20世纪70年代美国中学普遍采用的33种语法书里有关第三人称代词泛指用法进行了统计调查，结果发现28种语法课本认为he是英语里唯一正确的泛指形式，排斥he or she以及they用做泛指的习惯用法。①

汉民族的情况也一样，古代汉语中用于表示第三人称代词单数的语言形式不少，但却没有一个单独用来指代女性的。从标记理论来看，古代汉语第三人称代词系统中，阳性代词表现为非标记形式，包含了一般性概括的语义，所以理所当然地应该成为泛指的通称形式；如果要特别指明所指对象为女性，有必要在上下文中采用其他形式标记，才能使得回指照应的意义落到实处。在社会语言学家看来，古代汉语中第三人称代词的用法，实际上表现为一种阳性包含阴性的非互换性权势关系，有明显的“无视一性别存在，凸显另一性别”的倾向性，是典型的语言性别歧视现象。这种现象延续了几千年，直到半个多世纪以前，随着新文化运动的兴起，大批翻译作品问世。与此同时，因受印欧语系诸族语，特别是英语的影响，翻译者深感汉语固有的第三人称代词系统由于缺乏性别的区分，翻译中多有所不便。于是刘半农先生从古汉语第三人称代词的异体字中拈出一个“她”字，赋予新的指称义，使之与外语中的第三人称单数阴性代词形式相匹配，以补汉语代词系统在这方面的不足。②时至今日，虽

① 转引自杨永林《社会语言学研究：功能・称谓・性别篇》，上海外语教育出版社，2004。

② 参见黎锦熙《新著国语文法》，商务印书馆，1992。

然这个创举逐步得到了大家的认可和采用，在书面语里有了阴性阳性的区分，但是"他"和"她"两字由于发音相同，我们仍然无法在口语中明确区分所指对象的性别。

（二）词语形式上的不对称现象

社会语言学语言性别歧视研究还发现，许多英语词语仅有表示男性的用法，没有体现女性存在的形式。这种词语形式上的不对称现象是语言性别歧视的另一种表现形式。例如：

表 8—1

Word of Man	Word of Woman	Word of Man	Word of Woman
chairman	——	seminal	——
Man of the Year	——	virile	——
——	shrew	——	bitchy
——	virago	——	wanton

仔细比较表中各词条的内容和语义即可发现：所有相应的男性所指词条的内容，均含褒义，如 chairman、Man of the Year、seminal、virile；所有相应的女性所指词条的语义，均为贬义，如 shrew、virago、bitchy、wanton。seminal 一词，源于男性的生殖机制，取其引申含义，表示"具有高度原创性"的意思，英语中却没有相应的、来自女性一方的褒义词语。与此相反的是，bitchy 和 wanton 均表示女子"放荡不贞"的含义，英语中却没相应的、表示男子一方的贬义说法。值得注意的是相应的行为方式，到了男子那里，却往往变成了一种社会所宽容的文化现象，如 like a Don Juan，skirt-chasing，dangling，反映出"士之耽兮，犹可说也；女之耽兮，不可说也"的双重道德标准。英语中这种不对称现象十分普遍，不但涉及语言形式和语义表达两个方面，而且种类庞杂，数目繁多。[①]

这种不对称形式还表现在当我们描述同一概念之时，男女所拥有的同义词的数量多寡不一，相差悬殊。例如《罗杰斯分类词典》中形容人物形象"邋遢不洁"(untidy person)一类收录了以下几个词语：slut、slattern、frump、drab、dowdy、draggletail、trollop、bitch，但是现在仍然使用的词语中，没有一个词语

① 转引自杨永林《社会语言学研究：功能·称谓·性别篇》，上海外语教育出版社，2004。

标明是专门用于男性的。同样,英语中表示“女子不贞”的词条内容,也异常丰富,如 of easy virtue、fallen、whorish、on the streets、unchaste、wanton,但是英语中却很少有类似的词语形容“失去童贞”的男子。西方社会中,年老的女性往往受到歧视,以下词语都是表示“年老色衰”社会底蕴的:hag、crone、witch、warhorse、biddy、beldam,但英语中很少能够找得出与其语义相匹配、专指老年男性的字眼。

汉语中也存在类似情况。吕叔湘曾论及汉语中词语搭配的不对称现象,举例中涉及“大”和“小”这对反义词在使用中的不对称。[①]而这组反义词在使用中的不对称也反映了语言性别歧视现象,在日常语言使用中,“大”多数形容男人,如“大丈夫”、“大男人”、“大兄弟”、“大老爷们”;而“小”往往修饰女人,如“小妞”、“小丫头”、“小姑娘”、“小媳妇”、“小女人”、“小寡妇”。古汉语中有一对词语指称丧失配偶的对象:“鳏夫”指失去妻子的男人,“寡妇”指失去丈夫的女人。然而在现代汉语中,“鳏夫”一词几乎不用,而“寡妇”一词却使用频繁,还带有某些暗含的贬义色彩,这不能不说是“男尊女卑”意识的反映。

(三)称谓形式中的歧视现象

一种语言所特有的文化,可以从这种语言的称谓系统和具体用法中得到反映。语言的称谓系统,一旦同说话人的阶层、年龄、性别这些社会因素联系起来时,就从原先纯粹的符号指称意义中游离开来,表示一种具有社会含义的内容。一般而言,不同语言中都存在着姓氏称谓上的性别歧视现象。英美文化中的这种歧视现象,集中体现在女性称谓形式涉及个人隐私方面的信息以及含有消极社会语义这两个方面。

对比表 8—2 中所列的称谓形式,我们首先看到,凡是同男性有关的,都体现了一种社会认定的褒义色彩。例如 lord、baronet、governor、master、sir 均体现了一种权势底蕴:a powerful ruler 或 a competent or powerful man。与此相对应的女性称谓形式,却在不同程度上都有一些引申的贬义色彩。或者用法泛滥、语义贬值,如 as a general term、dame is opprobrious;或者同性行

---

① 参见吕叔湘《汉语语法分析问题》,商务印书馆,1979。

为内容发生联系，如 a sexual and economic dependent 或 a poor woman looking after children。king 在英语文化中是一种权力的象征，而 queen 在不同语境中却有两种不雅的引申含义："身着女性服装的男性同性恋者"（a male homosexual who dresses like a woman）或"情妇"。同 lord、sir 相比，lady 一词作为称谓语，单独出现时带有粗俗无礼、侮辱对方的意思，例如"Look, lady"，而"Look, sir"却表示一种礼貌客气的说法。uncle 一词，虽然没有表现出明显的权势底蕴，但是同 aunt 相比，仍然内含一种社会语用上的优势，暗含性别歧视。aunt 一词从泛指一般老年妇女的用法，进一步引申出了"老鸨"或"妓女"之义。①

表 8—2

Mail Address Form	Meaning Type		Femail Address Form	Meaning Type	
	Positive	Negative		Positive	Negative
king	+	—	queen	—	+
lord	+	—	lady	—	+
baronet	+	—	dame	—	+
governor	+	—	governess	—	+
master	+	—	mistress	—	+
sir	+	—	madam	—	+
uncle	+	—	aunt	—	+

语言性别歧视在英语称代系统中最为集中的表现莫过于 Mr 和 Mrs、Miss 这种对立形式所包含的不同社会语义。人们普遍认识到，传统的称谓形式 Mr 和 Mrs、Miss 之间形成的二元对立，不论是在概念还是在语义上都没有完全体现一种对应关系。其中最为显豁的就是相对于 Mrs 和 Miss 来说，Mr 一词的使用没有涉及所指对象婚姻状态和年龄特征方面的信息，语义特征表现为[±adult]、[±married]。这两方面的内容在现代社会中不属于公众信息的范畴，除非有特别明示的需要，否则应当视为个人隐私范畴的内容而得到尊重。遗憾的是，Mrs 和 Miss 的语义范畴，都跨越了这条社会准则的界限：前者表示出所指对象的年龄特征[＋adult]和婚姻状态[＋married]，后者反映出当

① 转引自杨永林《社会语言学研究：功能·称谓·性别篇》，上海外语教育出版社，2004。

事人的婚姻状态[－married]，形成了一种语言使用的不平等现象。英语称谓形式上的这种缺憾，往往造成语言使用上的尴尬，人们很难找到一个准确得体的语言形式来称呼一个陌生成年女性。面对这种困境，20 世纪 70 年代初期，在女权运动和语言改革浪潮的推动下，英语中出现了一个崭新的称谓形式 Ms，其语义表现如同 Mr，既不显示当事人的婚姻状况[±married]，又没有严格的年龄限制[±adult]，故而可以通用，适用于任何一位女性。同一时期，美国的女权主义者还专门出版了一种论坛性质的学术期刊，刊物名称就叫《女士》(*Ms*)。1972 年出版的《美国学生传统词典》就已经收录了 Ms 这个词条。

汉语中的情况也很相似。比如为了与英语中 gentleman 和 lady 相匹配，现在也有了“先生”和“女士”这一对社会性称谓范畴，但通常只有在正式场合作为称谓时一起使用。在日常生活中，只有“先生”可以作为社会性称谓使用，面称男性对象，“女士”一般不能作为社会性称谓使用，两者是不对称的。又如“严父慈母”的表述，表面上看起来是平等的，但暗含着一种性别歧视意识。“父亲”这一称谓历来是尊严、权力的象征，“母亲”这一称谓有时却会引申出贬义的指称含义，比如旧社会妓院里的“姑娘”习惯称“老鸨”为“妈妈”。再如“大哥”从家族称谓引申为社会性称谓，没有任何消极的含义，通指成年男性；但“小姐”从指称大户人家的女儿引申为社会性称谓就麻烦多多，现在作为社会性称谓的“小姐”一般指称未婚的年轻女性，是一种尊称，但是由于种种原因，“小姐”很多情况下成为色情服务业的代名词，以至于现在绝大多数年轻女性拒绝被人称为“小姐”，认为这是个侮辱性的称谓。

(四) 俗语中的性别歧视现象

俗语是语言的成品，具有独特的认知功用和文化含义，因此学者们认为它是“经验之谈”、“智慧之果”，比喻为“民族之明镜”、“语言的活化石”。作为特定文化中观念意识的反映，俗语不可避免地体现了民族的思维模式、文化差异、语言结构、认知模式之间的交互作用与影响。由于千百年来受到封建父权意识的影响，但凡涉及性别主题，各国俗语里都能找到许多反映“男尊女卑”观念的实例。出于人类认知的共性，这些语言成品虽然使用不同的语言形式，但表现的内容却惊人地相似。下面以英语和汉语中的常见谚语为例来进行简要分析。

首先体现出来的是男女社会地位的不平等,男子处于统治地位,而女子则是被统治的对象,等差显著。如英语的表述:

Man,woman,and devil are the three degrees of comparison.

(男人、女子与魔鬼,三级差别分贵贱。)

A man of straw is worth of a woman of gold.

(金玉女子不抵稻草男儿。)

中国传统伦理强调"男女有别"、"夫唱妇随",强调女子必须遵循"三从四德"、"相夫教子"、"嫁鸡随鸡,嫁狗随狗"。由于男女双方不在一个等次,所以"好男不跟女斗"。

地位不等导致社会对男人和女人的社会价值取向不同,由此,"好男人"和"好女人"的评判标准也不一样。英语中的表述是:

A man is successful. A woman is sexy.

(男人是成功的,女人是性感的。)

汉语中则讲究"郎才女貌",讲究"男儿当自强"、"女子无才便是德"。

社会价值取向的不同,常使女性成为被蔑视的对象,于是产生了很多诋毁、贬低女性的俗语。比如讥讽女性缺乏理性,是情感的动物,英语中表述为:

Long hair and short wit.

(头发长,见识短。)

又如诋毁女子用情不一,英语中说:

A woman's mind and winter wind change oft.

(冬日的风,女子的心,变幻无踪。)

汉语也不例外,宋朝黄六鸿《福惠全书·刑名部》说:"妇人水性杨花,焉得不为所动。"

英汉俗语中有不少内容都是形容女性性情脆弱的,形成了一种"过度概括"的态势,如:

Woman is made to weep.

(女子生来好哭。)

Nothing dries so fast as a woman's tears.

(易干不过女子泪。)

Woman is made of glass.

(女子脆弱,像是玻璃货。)

由于女性地位低下,属于弱势群体,因而易受到侵犯。许多文化中都有将女人比喻为食物、饮料之类的说法。英语俗语有:

A fair woman without virtue is like palled wine.

(美女无德,淡酒一杯。)

汉语中有"秀色可餐"的成语,欺凌女子被比喻为"吃豆腐"。

三 语言性别歧视与跨文化交际

(一)语言性别歧视的社会语言学解释[①]

语言性别歧视是各种文化中普遍存在的现象,语言性别歧视现象的背后,隐藏着多重影响因素,有的是权势结构方面的,有的是社会文化方面的,有的是社会心理方面的,有的是学校教育方面的。由于这个原因,近些年来,语言性别歧视的问题,同种族歧视现象一样,被视为一个重要的社会问题,往往同意识形态的讨论联系在一起。社会语言学的研究为我们提供了理论解释,说明语言性别歧视现象的存在,有其深刻的政治经济和社会文化根源。

1. 文化定势"男尊女卑"模式的直接反映

社会语言学认为,由于千百年来封建父权主义观念的影响,社会对于妇女的能力价值、行为举止产生了一种先入为主的偏见,最终成为一种文化模式和思维定势进入社会成员的价值体系。首先,语言性别歧视现象存在于许多文化之中,反映了一种语言普遍性规律;其次,在绝大多数情况下,这种文化模式体现了一种权势文化造成的社会不平等现象,都是通过牺牲女性一方的权益而得以实现和维持的。依据社会学"归类标示理论",社会文化模式的定型,往往表现为社会对少数民族、妇女群体这样一些弱势群体产生负面的、消极的看

① 参见杨永林《社会语言学研究:功能·称谓·性别篇》,上海外语教育出版社,2004。

法。长期以来,由于在政治经济上始终属于一个弱势社会群体,妇女在文化教育领域所处的地位和在社会中所扮演的角色,很难与男性为主的权势群体抗衡。因此,语言性别歧视现象,不仅仅是一个语言使用的问题,而是一种根深蒂固的社会文化意识的反映,是千百年来父权观点或大男子主义占统治地位的结果,也是妇女长期以来,在政治、社会、教育、经济、文化等方面遭受不平等待遇的直接表现。

2. 权势话语"双重标准"评价的必然产物

语言固然有约定俗成的一面,但是就语言在具体社会语境中的使用而言,不可避免地带有不同的意识形态倾向以及价值判断色彩。千百年来,大男子主义作为一种霸权话语模式的存在形式,处处反映出"唯我独尊,舍我其谁"的价值观念。从历时的角度去考察,我们会发现各种语言中,专门用于女性的贬义词数量大大超过用于男性的。同时,我们还能发现,从词义的演变构成来看,许多最初表示中性含义的词语,随着时间的推移,用于女性所指时,时常演变为贬义词语。值得注意的是,当一个词语分别同男女所指发生联系之时,往往具有不同的引申含义。这种词语的引申用法,多半含有贬损女性的社会底蕴;对于男性一方来说,则显得宽容大度,未必苛求。由此可见,社会生活中普遍存在的大男子主义思潮,通过各种话语模式,试图推行一种"双重标准",体现了一种强权政治对于弱势社团的压迫与歧视。这种根植于政治文化、习俗观念上的"双重标准",体现了强势文化对于弱势文化的一种"文化歧视"。这种文化歧视,又通过语言的折射,演变成为一种观念定势。这种观念定势,还通过社会语用机制,成为社会化、制度化过程中的一个主要内容,重新进入我们的价值系统,最终形成了语言性别歧视现象"社会化"、"制度化"、"化石化"的结果。

3. 社团内部"性别角色"认定的具体表现

"性别角色"的概念对语言性别歧视现象的产生起了推波助澜的作用。社会语言学对于这一概念的理解,往往同自 20 世纪 50 年代以来流行于西方国家社会学中的"劳动分工"理论的解释是分不开的。依据这一理论,男人的社会价值,取决于他实际能力的大小,具有典型的工具性评判特征;妇女的存在价值,取决于她社交功能的充分性,带有明显的情感性评判特征。20世纪70年代以来,角色理论作为一种动态研究手段,广泛用于性别研究的方方面面。按传统观念的解释,女性在社会中只能充当"贤妻良母"的功能角色;语言作为文化传统的历史沉积、社会生活的直接反映,当然也就存留了大量反映社团内部"性别角色"认定的习惯说法。许多同女性相关的词语,不是用来表示一种社会次要角色,就是带有一种贬义的文化底蕴,难以摆脱遭受语义降格的命运。社会学的研究表明,这种现象的形成,还和西方社会中社会性别图式的形成过程有一定的联系。男女在生物学意义上的区别,因受传统观念、社会文化、行为模式、社会角色,甚至言语特征的影响,在具体的社会活动中,男女社会成员都被赋予了彼此有别的社会性别特征。随着社会化过程的发展,作为社会中的一分子,男女双方都根据社会的要求,不断调节自己的行为,使其更加符合社会性别对于各自的要求。在此过程中,我们的头脑中也逐步形成了一种社会化了的性别图式,用于判断、分析、解决相关的认知问题。

(二)中国国情与性别角色变异

20世纪50年代以来,中国的社会形态发生了很大的变化,尤其近30年的改革开放,更使中国的面貌发生了翻天覆地的变化,而其中最值得关注的变化之一,就是女性群体在中国社会中的崛起。

1. 关于"男女平等"的观念

新中国成立以后,政府大力倡导男女平等,并在各个方面加以贯彻。于是"男尊女卑"的封建思想和观念受到批判,妇女的觉悟迅速改变;很多没有感情基础的不合理的婚姻解体,并在男女自由恋爱的基础上重新组合;女孩获得了与男孩一样的学习、就业以及其他各种发展机会;大批女性冲出家庭,走向社会,享受和男性一样的待遇和机遇,参与社会的建设和发展。这一切无疑是一个巨大的进步,广大女性获得了解放,支撑起中国社会的"半边天"。传统的"男主外,女主内"的社会格局,以及男性的"大男子主义"受到了严峻的挑战。

改革开放以来,西方现代文化的渗透,使中国人,特别是中国女性接受了新的价值观念,她们追求独立的社会地位,与男性展开了竞争。职业和性格不再是区分男女的可靠标志。不少女性进入了国家各级政府担任领导职务,女老板、女经理、女教授、女博士那就更多了。“女强人”在社会拼搏中逐渐改变了原有的性格特征，明显地具有男性的性格特征，这样也就在很大程度上改变了她们的性别角色。同时带来的必然现象是，在家买菜、做饭、带孩子的不一定是女人，也许变成了男人。他们不得不模仿女人的仔细、耐心去完成这些家务。在这个过程中男人们也不得不习得一些女性的性格特征，使自身的性别角色发生不同程度的变异。

由于中国社会的妇女解放是一种政府行为，在中央集权的政治背景下，女性群体的崛起效果特别显著，传统“男尊女卑”的观念在很大程度上发生了逆转。因此，虽然汉语中的语言性别歧视现象也很多，一点不亚于英语或其他语言，但由于女性群体的崛起，社会地位的实际改观，掩盖了语言性别歧视现象的负面效应，没有也不可能像英语国家那样引发全社会对性别歧视现象的关注。可以说，在这方面中国同英语国家的现实是不对称的，汉语中的性别歧视现象不可能凸显为社会问题。

2. 关于“计划生育”政策

新中国成立以后，一度在错误观念的指导下，盲目追求人口数量。结果导致中国人口急剧膨胀，以致在当时国力还不很富裕的条件下，产生了人口危机。于是到了 20 世纪 70 年代，政府当机立断，毅然在全国范围内实行“计划生育”政策，规定一对夫妇只能生一胎，这样做有效地抑制了人口的恶性膨胀，避免了人口危机的发生。然而，任何事情都有两面性，“一胎化”政策有效地控制了人口增长，却使中国社会诞生了一代代“小皇帝”。中国社会诞生的一代代“小皇帝”对中国社会的发展，必将产生直接的和长远的影响，其中不容忽视的一点就是孩子性别角色的变异。原因很简单，当孩子的生育处于正常状态，父母的心态也是平常的，他们会努力地培育孩子，但也不会刻意地追求很多不合实际的“期望”，一切顺其自然。而当夫妇只有一个孩子而且只能生一个孩子的时候，夫妇的“期望”就升值了。于是盲目地追求孩子的成才，普遍产生了“望子成龙”、“望女成凤”的心态，在城市里尤甚。因为大家都只有一个宝贝孩子，于是孩子们倒真的是“男女平等”了，从小就在一个较为优越的环境中生活，而且性别角色模糊了。所以，现在的女孩和男孩在智力、体力、学历等方面区别越来越小,男孩和女孩的性格及行为特征的差别在很大程度上被掩盖了。女孩子和男孩一样调皮,一样贪玩,一样说话、行事。同时,男孩因为没有了异性的“参照系”,性格及行为模式也发生了变异,在年轻人阶层普遍崇尚“中性”特征是一个值得注意的倾向。

儿童阶段是一个人习得性别角色、认知性别身份最重要的时期。由于整个社会、家庭对男孩、女孩的“一视同仁”,男孩、女孩在性别角色的习得过程中感悟到一种新的平等观念,并且在很大程度上改变了社会性别角色的平衡状态。而孩子们的性别观念一旦形成,随着年龄的增长,还会一代代延续下去,独生子女在这方面的深远影响是不容忽视的。因此,“计划生育”政策虽然属于人口政策,却对普遍存在的性别歧视现象起到了“矫枉过正”的作用,这也是汉语性别歧视现象不可能引发社会问题的间接原因。

(三)跨文化交际的措施与对策

由于特定的文化背景以及特定的时代条件,20 世纪 70 年代在美国兴起了女权运动,并引发了全社会对语言性别歧视的关注,在英语国家,尤其是美国,语言性别歧视就凸显为社会问题。这个文化群体的成员,尤其是女性成员,对性别歧视问题就特别敏感,因此在跨民族、跨性别交际中,就要十分谨慎,避免不必要的文化冲突。关于跨文化交际的措施和对策,大致有两个方面值得注意。

1. 关注英语国家语言性别歧视的研究

从国内来看,通常容易介入跨文化交际的主要是海外留学生或定居华人、涉外或驻外工作人员、对外汉语专业和外语专业的教师和学生,以及赴国外教授汉语、汉文化的相关人员。为避免跨文化交际冲突的发生,提高跨文化交际的效果,应该在外语专业、对外汉语专业、出国人员培训等教学中开设一定的课程、编写一定的教材,介绍美国女权运动的背景和现状,介绍美国社会有关职能部门关于语言性别歧视的相关规定和措施,介绍社会语言学关于英语语言性别歧视现象的研究成果。这样做能使有关人员了解、熟悉这方面的情形,避免跨文化交际中不必要的交际冲突。其中尤其要关注语言学家为避免语言性别歧视而提出的一些对策与方法。比如到 20 世纪 80 年代,美国语言学家从构词形式上找出含有“男尊女卑”倾向的词语与用法，然后采用不同的改革措施，减少或消除英语中的性别歧视现象。常见而又实用的有如下一些方式[①]：

(1)互补配对。例如：采用 man and woman 的形式替代通性名词 man 的用法；采用 he or she 的形式，替代第三人称代词 he 表示泛指的用法；复合构成一个新词 mistresspiece，以便同 masterpiece 抗衡。

(2)替换植入。例如采用新的名词后缀-person 替代含有性别歧视的名词后缀-man；采用 gentlelady 替代 lady，以求同 gentelman 一词并驾齐驱，拥有同样如“仁慈、文雅、礼貌、节制、慷慨”的社会底蕴。

(3)改换说法。例如：采用 they 或不定代词 one 表示泛指的用法；英美文化中，使用 girl 一词指称成年女性时含有歧视底蕴，就使用 lady 或 woman 代替 girl 的称呼用法。

(4)表明禁忌。英语中有些词语用于男女对象之时，含有不同的社会意蕴，使用的时候应当注意话题语境、所指对象。例如 professional 一词用于男性之时，表示“专业人士”，用于女性之时含有贬义，是“妓女”的委婉表达方法。

(5)回避方法。采用其他可利用的中性语言形式与表达方式，避免使用传统上一些有标记的语言形式。例如可以利用上下文关系，采用名词加代词的方法，表明当事人的性别特征，如：The author has published three collections and this is her fourth one. 避免直接使用含有表示女性身份后缀-ess 的词语，如 authoress、poetess。

(6)标新立异。这类词语多半是生造的，例如：采用 genkind 代替 mankind，使用 tey 作为中性泛指代词。这类用法，反映了一时的时髦，经过实践的考验和大众的认可，留存下来的并不多见。比较成功的是称谓形式 Ms，既表明当事人的性别身份，又不涉及其婚姻状态。

2. 避免跨民族、跨性别交际的文化冲突

在跨文化交际中，我们也时常能发现一些涉及性别歧视的交际冲突案例。

---

① 参见杨永林《社会语言学研究：功能·称谓·性别篇》，上海外语教育出版社，2004。

但事实表明:第一,语言性别歧视现象本身一般不会直接引发交际冲突,真正导致交际冲突的是语言形式背后体现出来的说话人的预设、态度和评价,深层原因是对性别角色的认知解释;第二,在跨民族、跨性别交际中,敏感的一方不是我们,而是来自英语国家的女性成员。因此,要避免跨民族、跨性别交际的文化冲突,就要在意识形态上端正对性别差异的认知,尤其涉及性别差异的话题,要慎重对待,不要引发不必要的交际冲突。下面发生的实例也许对我们有一些启发作用。

上海一家外资公司聘请了一位美国女专家,60 多岁了,在上海生活了好多年,也会用汉语进行日常交际。有一次她逛大商场,看到新推出的一款时尚牛仔裤,很感兴趣,打算买,而接待她的正好是一位男性营业员。这位被营业员称为"外国老太"的美国女专家买衣服比较挑剔,左挑右选折腾了好久。那位男营业员耐着性子为她服务,看她老是觉得不中意,就对这位美国女专家说:"这种款式适合女孩子穿。"这句话的会话含意是:你这个老太还赶什么时髦?这位美国女专家听出了言外之音,就恼了,于是两个人就发生了争执,一直闹到经理部。美国女专家指责那位男性营业员的"罪名"是"歧视老年妇女",这就与性别歧视挂上了钩。后来经过经理的调解,总算圆满地解决了纠纷,这位美国女专家也买到了称心的牛仔裤。事实上那位男性营业员并没有歧视她的意思,只是出于中国人的一般观念,觉得年纪大了不适合穿太时尚的服装。然而由于对方恰恰是一位美国的知识女性,也许对性别差异特别敏感,所以就产生了这样的成见。假如那位男性营业员判断出对方的身份,注意说话的会话含意,也许这样的交际冲突就可以避免了。

上海某高校有几位来自美国的女留学生,经过两年的汉语强化训练,具备了较强的汉语听说能力,第三年就插入中国本科生班就读中国语言文学专业。一年下来,虽然她们的听说能力已经不错了,但要真能跟上中国学生,理解中国的语言文化,差距还很大。临近考试,负责她们学习的一位男教师就关心地询问她们的感觉,想知道她们与中国学生同卷考试能否通过。那几位美国女学生都不由自主地抱怨中国语言文学"太难了"。这位男教师听了就说:"那好吧,我们另外替你们出试卷,降低点难度,你们女孩子大老远地跑到中国来,能学到这样程度已经很不错了。”没想到那些女生听了很反感，跑到学校外事处“投诉”，说这位男教师歧视女生。这位男教师觉得很冤枉，自己根本没有歧视她们的意思，好心好意替她们着想，反而不讨好。分析起来，这位男教师当然不可能歧视她们，只是出于我们一般对女孩子的评价依据，觉得她们不容易而已。但她们理解的会话含意不一样：是否男孩子就一定学得更好？经过再三解释，她们才明白了他的本意。可见在跨文化交际中，涉及性别话题要相当谨慎，避免不必要的交际冲突。

思考题

1. 什么是性别文化？为什么人们习惯于用定型的观点和思维模式来看待和对待男性和女性？

2. 性别文化的形成因素包括哪两个方面？它们的关系如何？

3. 什么是性别身份？它具有什么样的性质？请举例说明。

4. 什么是性别角色？它具有哪些特征？请举例说明。

5. 女性言语交际规范的总体倾向有什么特点？你同意这样的概括吗？

6. 女性言语交际规范的特点具体表现在哪些方面？请男生加以观察并举例说明。

7. 男性言语交际规范的总体倾向有什么特点？你同意这样的概括吗？

8. 男性言语交际规范的特点具体表现在哪些方面？请女生加以观察并举例说明。

9. 跨性别交际的文化冲突主要表现在哪些方面？请结合自身经历加以说明。

10. 请根据你自己掌握的知识简述美国20世纪70年代兴起的女权运动及其后果。

11. 如何解释和区分“语言性别歧视”和“性别歧视语言”这两个概念？

12. 美国的语言性别歧视研究经历了哪几个阶段？各有什么特征？

13. 简述性别歧视现象在语言中的表现。

14. 为什么说英语中的通称名词 man 和第三人称代词 he 的用法有性别

歧视倾向?

15. 请举例说明汉语中体现性别歧视的词语形式不对称现象。

16. 请举例说明汉语称谓语使用中存在的性别歧视现象。

17. 为什么在俗语中会存在性别歧视的表述?请你再找出一些汉语中的实例。

18. 当代社会语言学是如何解释语言性别歧视现象存在的社会、文化根源的?

19. 英语和汉语都存在语言性别歧视现象,但为什么在中国却没有引发社会矛盾?

20. 语言性别歧视研究对跨文化交际有什么实际意义?

主要参考文献

［美］基辛　《当代文化人类学概要》，北晨译，浙江人民出版社，1986。

［美］马林诺夫斯基　《文化论》，费孝通等译，中国民间文艺出版社，1987。

［美］司马贺　《人类的认知》，荆其诚等译，科学出版社，1986。

［美］朱利·法斯特　《人体语言》，陈玉鹏译，上海文化出版社，1988。

［瑞士］费南迪尔·德·索绪尔　《普通语言学教程》，张绍杰译，湖南教育出版社，2001。

蔡文辉、李绍嵘　《社会学概要》，台北五南图书出版有限公司，1991。

陈松岑　《社会语言学导论》，北京大学出版社，1985。

陈　原　《社会语言学》，学林出版社，1983。

程琪龙　《认知语言学概论——语言的神经认知基础》，外语教学与研究出版社，2001。

戴庆厦主编　《社会语言学概论》，商务印书馆，2004。

戴昭铭　《文化语言学导论》，语文出版社，1996。

费孝通　《美国与美国人》，生活·读书·新知三联书店，1985。

冯天瑜等　《中华文化史》，上海人民出版社，1990。

冯天瑜、周积明　《中国古文化的奥秘》，湖北人民出版社，1986。

高文达、高质慧主编　《台湾学者论中国文化》，黑龙江教育出版社，1989。

高一虹　《语言文化差异的认识与超越》，外语教学与研究出版社，2000。

桂诗春　《新编心理语言学》，上海外语教育出版社，2000。

郭　熙　《中国社会语言学(增订本)》,浙江大学出版社,2004。

何善芬　《英汉语言对比研究》,上海外语教育出版社,2002。

何　新　《中国文化史新论》,黑龙江人民出版社,1987。

何兆熊主编　《新编语用学概要》,上海外语教育出版社,2000。

胡明扬主编　《语言学概论》,语文出版社,2000。

胡文仲　《文化与交际》,外语教学与研究出版社,1994。

胡文仲　《跨文化交际学概论》,外语教学与研究出版社,1999。

胡壮麟主编　《语言学教程》,北京大学出版社,1988。

贾玉新　《跨文化交际学》,上海外语教育出版社,1997。

姜望琪　《当代语用学》,北京大学出版社,2003。

李泽厚　《中国古代思想史论》,人民出版社,1985。

李战子　《话语的人际意义研究》,上海外语教育出版社,2002。

梁漱溟　《中国文化要义》,学林出版社,1987。

林语堂　《中国人》,浙江人民出版社,1988。

刘焕辉　《言语交际学基本原理》,江西教育出版社,1997。

刘述先　《文化哲学》,黑龙江教育出版社,1988。

刘　啸　《圣贤语录与文化现象》,中国青年出版社,1989。

柳　肃　《礼的精神:礼乐文化与中国政治》,吉林教育出版社,1990。

钱冠连　《汉语文化语用学》,清华大学出版社,1997。

宋　莉主编　《跨文化交际导论》,哈尔滨工业大学出版社,2004。

王得杏　《英语话语分析与跨文化交际》,北京语言文化大学出版社,1998。

乌丙安　《中国民俗学》,辽宁大学出版社,1985。

吴为善　《透视汉语交际技巧》,上海古籍出版社,2005。

熊学亮　《认知语用学概论》,上海外语教育出版社,1999。

许力生　《语言研究的跨文化视野》,上海外语教育出版社,2006。

许余龙　《对比语言学》,上海外语教育出版社,2002。

杨永林　《社会语言学研究:功能·称谓·性别篇》,上海外语教育出版社,2004。

余志鸿 《传播符号学》,上海交通大学出版社,2007。

张 黎 《文化的深层选择:汉语意合语法论》,吉林教育出版社,1994。

赵蓉晖 《语言与性别》,上海外语教育出版社,2003。

郑立信、顾嘉祖 《美国英语与美国文化》,湖南教育出版社,1993。

祝畹瑾 《社会语言学译文集》,北京大学出版社,1985。

祝畹瑾 《社会语言学概论》,湖南教育出版社,1992。

后　记

2004年初，为了进一步提高留学生的教学层次，扩大留学生的教学规模，上海师范大学整合了语言学及应用语言学学科点、对外汉语本科专业的教学科研力量，在原国际文化交流学院的基础上，组建了对外汉语学院。我也从人文学院调入了对外汉语学院，从事对外汉语本科专业的教学工作。在本科专业的课程设置中，考虑到专业特点和人才培养需要，我们开设了"跨文化交际"课程，列为专业必修课，由我担任主讲教师。至今已在四个年级进行了有效的教学实践，事实表明该课程具有理论性和实用价值，受到学生的欢迎。2005年该课程被列为校级精品课程，2008年该课程又被列为上海市精品课程建设项目。为了完成课程建设目标，我逐步完善了课程讲义，组织学生编写了跨文化交际案例，组建了有青年教师参加的教研团队，并正在进一步完善多媒体教学课件以及相关的电子教辅资料。在这个过程中，为了强化对外汉语专业本科教材建设，在商务印书馆的积极支持下，组织启动了对外汉语专业本科系列教材的编写工程，《跨文化交际概论》就是其中的一种。于是在原先讲义的基础上就有了这本正式教材。

"跨文化交际学"是一门年轻的综合性学科，它整合了文化学、社会学、交际学、语用学等相关学科，以及文化过滤、认知心理、人体语言、性别角色等领域的研究成果，逐渐成为一门独立的新兴学科。20世纪60年代信息技术和交通设施高度发展，人类交往空前频繁，不同国家、民族和地区的交流日益广泛，人际空间距离大大缩短。但是空间距离的缩短并不意味着人们心理距离可以瞬间缩短。人们意识到不能再用传统的文化观念和思维方式来理解和解释日新月异的世界;同时文化差异滋生了众多的交际失误、矛盾和冲突,反而使人们的心理距离加大。矛盾和冲突的背后不仅仅是利益的争夺,也不仅仅是意识形态的分歧,而是文化和价值观念上的隔阂。美国作为一个多民族、多元文化的发达国家,自然而然就成为跨文化交际研究的兴起之地,"跨文化交际学"就在这样的背景和环境中诞生了。20 世纪 80 年代,中国的改革开放加强了国际间的学术交往,外语界的学者和教师成为国内首先接触到跨文化交际研究的一批人,他们理所当然地成为了这一学科的研究主力。他们在教学的过程中认识到跨文化交际能力的培养应当成为外语教学的重要内容,外语教学必须与文化相结合。现在我国高等院校的外国语专业几乎都开设了这门课程。但是,正如王宗炎先生所指出的,"收集采购之功多,提炼转化之功少",我们还没有形成具有中国文化特点的理论。只有学习和借鉴而没有发展和改造,不结合自己文化特点,是不可能把跨文化交际研究建成一门适合中国国情的学科的。

我在编写教材时,想得最多的是:对外汉语专业的"跨文化交际"与外语专业有什么不同?答案也是很清楚的:两个专业都需要跨文化交际的理论、知识和能力的培养,但侧重点是不一样的,这种不一样取决于培养目标和学生就业的差异。外语专业的人才更多地充当的是跨文化、跨语言交际的"中介角色",也就是说他们能够熟练地使用不同的语言,同时还应该懂得不同的文化,才能帮助不同语言、不同文化的人们达到交际的目的。而对外汉语专业的人才,是在新的历史条件下肩负教授汉语、推广汉文化的重任,他们不是"翻译",而是"教师"。因此,对外汉语专业的教材不能完全照搬外语专业的框架,而要适应本专业的特点。

基于以上考虑,本教材遵循这样几个基本原则:(1)适当淡化纯理论的探讨,重在实际案例的分析;(2)弱化对西方文化的系统介绍,强化中国文化的阐述;(3)在分析传统文化差异的基础上,尽可能多地分析中国改革开放以来所产生的文化变异现象;(4)转变立足"翻译"的思路,着眼于现时的口语交际。不过要真正做到上面所设定的原则,还是有不小的难度的。国内的跨文化研究基本上还停留在对国外理论的介绍方面,着眼于中国国情的跨文化研究还相当薄弱；教学方面的立足点主要针对外语专业，没有顾及对外汉语专业的特点和需要。因此，作为对外汉语专业的教材，我们这本《跨文化交际概论》肯定存在不足之处，需要不断地修订、完善。

《跨文化交际概论》能够顺利出版，首先要感谢"对外汉语专业本科系列教材"编委会专家们对本教材的多次审议和指正。其次要感谢商务印书馆的周洪波先生、袁舫女士和戴军明先生。此外还要感谢对我国跨文化交际研究作出贡献的学者、专家，本教材参考了他们的研究成果，限于教材的编写体例，可能在行文中未能一一注明，敬请谅解。

最后要说明的是，目前国内从事对外汉语专业教学研究的大多是来自汉语或中文专业的教师，所以对跨文化交际并不是很熟悉。为了保证编写质量，我没有像其他教材那样组织很多编写人员，只请了严慧仙副教授（浙江科技学院）作为合作者。严慧仙副教授从事过多年的高校英语教学，堪称第二语言教学的专家；现在主要从事对外汉语教学与研究。我想作为合作者她是比较合适的。具体分工如下：第二章、第五章、第七章、第八章由严慧仙副教授撰写，第一章、第三章、第四章、第六章由吴为善教授撰写，最后由吴为善教授统一调整、修改并定稿。

吴为善
2008 年 3 月 1 日